堀川修平

気づく 立ちあがる 育てる

日本の性教育史におけるクィアペダゴジー

はじめに

性的マイノリティを「特別扱い」せず、全てのジェンダー・セクシュアリティの子どもが大切にされる学校は、どのようにしたら創ることができるのでしょうか？

本書は、これらの点を考えるために、日本の「クィアペダゴジー」はいつから、誰によって、どのような内容で始まったのか？ ということを描き出しながら探ってみたいと思います。

タイトルにあるクィアペダゴジーという言葉は、多くの方が初めて聞いたかもしれませんので、簡単に説明をします。クィアペダゴジー（Queer Pedagogy）とは、「ヘテロノーマティブ（異性愛中心的な性規範）な教育実践や学校のあり方を改革し、ジェンダー・セクシュアリティといった〈性〉に関わる権力性を問い直す教育実践」のことをさす言葉として本書では用いています。ちょっとわかりにくいので、もう少しかみ砕いて説明しましょう。

ヘテロノーマティブな教育実践とは？

まず、「ヘテロノーマティブな教育実践」とはどのようなものでしょうか。

例えば、学校では沢山のおたよりが配布されますね。その配布物を配る時に、「このおたよりは、お母さんに渡してね」と言葉かけする先生がいたとしましょう。

ちょっと待った！ お父さんのひとり親家庭も存在していますね。そのことに留意して「お母さんか、お父さんに渡してね」と言葉かけをすればいいんだ！ と思った方。それでも実は不十分なのです。お母さん・お父さんではなく、おじいちゃんやおばあちゃん、おばさん・おじさんと暮らしているということもあるかもしれませんし、施設で生活している子どももいるかもしれません。「両親」がいたとしても、どちらも「お母さん」「お父さん」という可能性もあるわけです（単なる「可能性」の話ではなく、そのようなカップルで子育てをしている「現実」があります）。

ここで立ち止まって考えておきたいのは、この先生が「家族は異性愛の両親がいて〝あたりまえ〟」と思い込んでしまっていることです。このように「異性愛」が〝あたりまえ〟に存在しているものとして考えて、学校や家庭、社会のシステム（制度）を決めていくことをヘテロノーマティブ（異性愛中心主義）と言います。

学校においては、先の例のように生活指導に関わるところでヘテロノーマティブな考え方が現れることもありますし、もちろん、授業実践の中でも現れることもあります。それは、先生の言葉かけと言ったレベルでもありますし、先生や子どもたちが用いる教科書や参考書と言った教具、授業テーマである教材にも表れるのです。

例えば、家庭科で「家族」を教材とする時、昨今徐々に「異性愛の両親がいる核家族」以外も取り扱われるようになってきました。しかし、国語科で取り扱われる小説に登場する家族はどうでしょうか。また、英語科や社会科、算数科などで登場する「挿絵」ではどうでしょうか。まだまだ「お母さん」が家にいて、「お父さん」が働きに出ている、というようなことが前提になっているのではないでしょうか。

本書で着目する「クィアペダゴジー」とは、このようなヘテロノーマティブが前提となっている学校のあり方や授業、生活指導などを「それでいいの？」ととらえ直し、行動に移す教育実践（Pedagogy）です。

「かわいそうな存在としてのＬＧＢＴ」を理解する？

先の例のように、確かに教科書の中では「異性愛の両親がいる核家族」以外も取り扱われるようになりました。しかし、異性愛の両親がいる核家族が「普通」で、それ以外は「普通ではない」けど存在しているよね、というように取り扱うのでは、実際「普通ではない」とされた子どもたち（そしてそのように育てられた大人たち）は、いつまでたっても「付け足し」の存在として取り扱われることになります。

このようなマイノリティの「付け足し」は、これまでさまざまなところでなされていますし、性的マイノリティに関しても、２０１０年代以降、文部科学省が進んで「付け足し」している状況にあります。

文部科学省によって「児童生徒が抱える問題に対しての教育相談の徹底について」という通知が２０１０年に出されました。この通知は、性同一性障害を事例として示したもので、この通知を受けて、２０１３年には「学校における性同一性障害に係る対応に関する状況調査」が実施されました。そして、２０１５年には「性同一性障害に係る児童生徒に対するきめ細かな対応の実施等について」が、また２０１６年には「性同一性障害や性的指向・性自認に係る、児童生徒に対するきめ細かな対応等の実施について（教職員向け）」が次々に通知されています。

この２０１６年通知には、次のように書かれています。

性同一性障害に係る児童生徒への対応は重要ですが、その対応に当たっては、他の児童生徒への配慮も必要です。例えば、トイレの使用について、職員用トイレの使用を認めるなど、他の児童生徒や保護者にも配慮した対応を行っている例があります。このように、性同一性障害に係る児童生徒への配慮と、他の児童生徒や保護者への配慮の均衡を取りながら支援を進めることが重要です。（『性同一性障害や性的指向・性自認に係る、児童生徒に対するきめ細かな対応等の実施について（教職員向け）』９頁）

自らの「足」に着目する

もしも、差別によって抑圧されているマイノリティの生き方を問うのであれば、まず、かれらを「踏みつけている」自分の「足」に気づき、かれらから足をどかすことを学ぶのが重要です。しかし、この通知からは、その「足」は退かさずに、「支援してあげよう」と手を伸ばすことをうながしているのです。つまり、こんにち文科省は、性的マイノリティを「特別扱い」して、既存のヘテロノーマティブな学校に「付け足す」よう促しているのです。「付け足し」の存在であるとは、正当に取り扱わないということです。だからこそ、他の児童生徒が、付け足されるマイノリティに対する「特別扱い」に対して不満に思わないようなレベルや方法での「支援をしてあげる」という姿勢に立っています。

本書では、このように、性的マイノリティを「特別扱い」し、既存の差別構造を問い直さない教育、つまりクィアペダゴジーとは似て非なるものを「ＬＧＢＴ教育」と呼ぶことにします。

よくあるＬＧＢＴ教育実践として、「普通」だと思い込んでいるマジョリティたちに対し、〝性的マイノリティは、「わたしたち」とはちがう存在であって、かわいそうな「かれら」を知ってあげましょうね〟というようなものがあげられます。「ＬＧＢＴのＬはレズビアンの頭文字。レズビアンとは〜という人たち」といったように、性的マイノリティというカテゴリーや、かれらの特徴を教えこんで、おしまい、というものです。まるで昆虫図鑑に出てくる虫の名前や生態を覚えるようです。

もちろん、カテゴリーの名前やかれらの生き方を学ぶことは重要ですが、覚えることが「目的」となってしまっては差別の解消には進みません。むしろ「特別だ」と認識することにつながってしまうおそれもあります。人権問題として マイノリティ問題をおさえる時に重要なのは、相手を「かわいそうだ」と慈しむこと、共感することでもなければ、差別問題は、差別をしている一個人の問題であるととらえ、その人を異常視して排除したりすることでもありません。

そもそも差別とは何であるのか、どのようにして差別が生まれ、存続しているのかということには目をむけず、「性的マイノリティを差別してはいけない」というお題目をただただ唱えるような教化（edification）では、むしろ差別の解消には進まず「心のもちよう」という形で問題が個人化されてしまう危険性もあります。このような「やっている」ようにみえて、実は、既存の差別構造を問い直していないものを「ＬＧＢＴ教育」と呼んでいるのです。ＬＧＢＴ教育には、クィアペダゴジーにあるような「マジョリティの問い直し」は存在していないわけですね。

以上までで、本書のキーワードとなる「クィアペダゴジー」と、それと似て非なるものである「ＬＧＢＴ教育」の違いをまとめました。まだ腑に落ちていないという方もいると思いますが、この本を読みながら「そういうことだったのね！」と理解を深めてもらえればと思います。私が四の五の言うよりも、実際に試行錯誤を重ねた３人の教師の姿を見るほうが納得も行くかと思います。かれらもはじめから「これが正解」と確信をもって実践をしていたわけではありません。さまざまに思考し、行動し、時にマイノリティ当事者から批判され、それでも教育実践を続けていくなかで、性教育実践を練り上げていきました。

本書のねらいと構成

それでは本論に入っていきたいと思いますが、その前に本書のねらいを再確認しておきましょう。本書は、性的マイノリティを「特別扱い」せず、全てのジェンダー・セクシュアリティの子どもが大切にされる学校は、どのようにしたら創ることができるのか。その糸口を探るために、日本のクィアペダゴジーはいつから、誰によって、どのような内容で始まったのかということを描き出しながら探りたいと思います。

日本では、性教育実践の中で、まず同性愛者と教師との関係が問われてきました。それをきっかけに、徐々にほかの性的マイノリティとの関係を問う流れになりました。本書では、クィアペダゴジーの歴史の「はじまり」にあたる同性愛／同性愛者に関わる性教育実践を中心に、3部構成で見ていきたいと思います。

まず、日本の性教育の歴史と、そこでの同性愛／同性愛者の扱われ方について、「第1部　気づく」で整理したいと思います。

本書が中心として見ていくのは、現代日本、特に1970年代以降の「科学的な性教育」と呼ばれる性教育実践です。それ以前は「純潔教育」と呼ばれるような性道徳を基盤に置いた（もちろん、異性愛中心主義の）性教育実践でした。この流れを大きく変えていくのが、日本性教育協会（JASE）と〝人間と性〟教育研究協議会（性教協）です。性道徳ではなく、性科学や医学を基盤に置いた「科学的な性教育」を進めたJASEと性教協。この2つの団体は、同性愛／同性愛者のことをどのようにとらえていたのでしょうか？

これらをふまえたうえで、「第2部　立ちあがる」では、本書が着目する3人の教師―木谷麦子さん、貴志泉さん、原田瑠美子さん―と、かれらが活動していた性教協「同性愛プロジェクト」（1988‐1991）を対象として考えてみたいと思います。

この「同性愛プロジェクト」がどのように設立されたのか、そしてその活動の中で同性愛者から批判された「アンケート問題」とはどのような出来事であったのか。3人の教師は、そもそもどのような人たちで、このプロジェクトに関わるなかで、どのように価値観を問い直し行動を変容していったのか。これらが第2部で取り扱う内容です。

そして「第3部 育てる」では、この「アンケート問題」以降の活動をメインに、3人の教師が「問い直し」を実践に集約させていった過程、そして、その性教育実践を検討したいと思います。

このような実践は、かれらによって『新しい風景―性教育と同性愛』（1991。以下『新しい風景』と表す）という冊子にまとめられました。実は、この冊子を手に取ったことが、この本のもととなった私の博士論文のスタートとなっています。この3人の教師は、いわゆる「性的マイノリティ」ではない人たちです。「なぜ、当事者でもない人が、その当時〝性的倒錯者〟と認知されていた同性愛者のことを性教育実践として取り扱ったのか？」というのが、博士論文『日本の性教育実践における同性愛／同性愛者のとらえなおし――〝人間と性〟教育研究協議会「同性愛プロジェクト」（1988-1991）を担った教師たちのライフヒストリーに着目して――』（東京学芸大学、2021）を執筆するに至った重要な課題意識になっています。

本書は博士論文の構成や記述などを再検討して大幅に書き直しています。それは、「内容は気になるけど、難しいのはちょっと…」と、二の足を踏んでしまうような方にこそ、この本を読んでもらいたいという思いが強くあるためです。

先行研究（これまで研究がどのように進められ、どのような課題を残しているのか）や方法論の選定に関する「研究的なお作法」に関わる点は、第1章でまとめて触れることとしました。もちろん、第1章は読み飛ばし、第2章の本論から読んでいただいても結構です。

なお、博士論文との大きな違いとして、ライフヒストリーの示し方があげられます。博士論文では、3人にそれぞれ10回弱ライフヒストリーに関する聞き取りを行い、そこで得られたデータを存分に用いました。本書は紙幅の許す限りでデータを掲載しています。本書を最後まで読まれて、かれらのライフヒストリーといった一次史料を「もっと詳しく知りたい」と思われた方は、博士論文を手に取っていただければと思います。

凡例

本書では、性別二分法を避けるねらいで「かれら」と表記します。また、社会モデルの立場から「障害」と表記します。文中の引用について、今日においては差別的に用いられる/思われる表現がありますが、当時の社会的文脈を理解し、差別に抗うための学びにつなげるため、そのままの表記としました。

聞き取りから得られたデータや史料に登場する固有名詞は、プライバシーの観点から伏字（■）やイニシャルではない仮名で表記しています。

本書で用いる史料の一つである性教協会員会報は、第1号から53号までは『〝人間と性〟教育研究協議会会報』、第54号から『会報〝人間と性〟』の名称ですが、本書では『会員会報〝人間と性〟』の表記で統一しています。

目次

第2部　立ちあがる

第3部　育てる

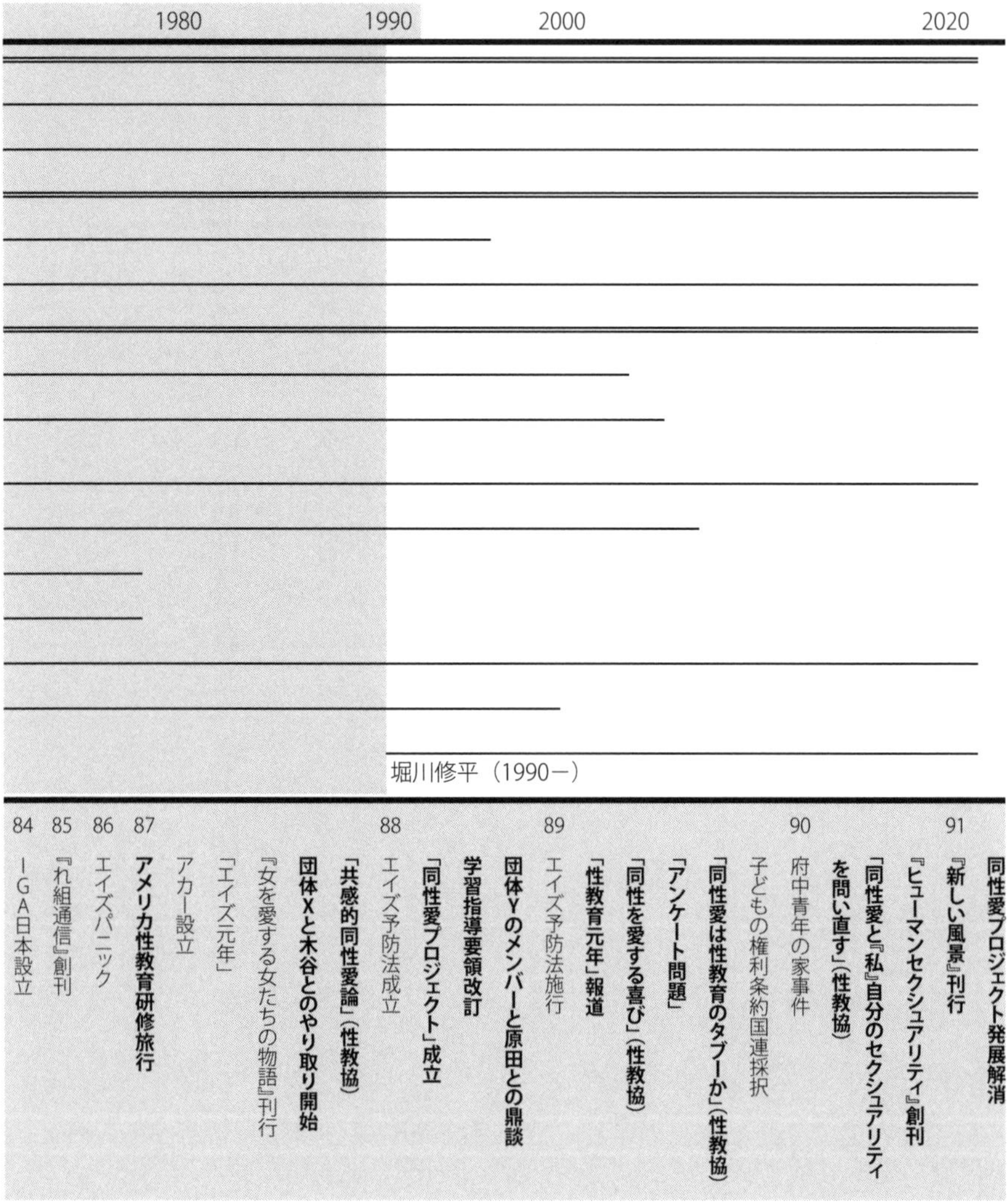

84 IGA日本設立
85 『れ組通信』創刊
86 エイズパニック
87 **アメリカ性教育研修旅行**
アカー設立
「エイズ元年」
『女を愛する女たちの物語』刊行
団体Xと木谷とのやり取り開始
「共感的同性愛論」（性教協）
88 エイズ予防法成立
「同性愛プロジェクト」成立
学習指導要領改訂
団体Yのメンバーと原田との鼎談
89 エイズ予防法施行
「性教育元年」報道
「同性を愛する喜び」（性教協）
「アンケート問題」
「同性愛は性教育のタブーか」（性教協）
子どもの権利条約国連採択
90 府中青年の家事件
「同性愛と『私』自分のセクシュアリティを問い直す」（性教協）
『ヒューマンセクシュアリティ』創刊
91 **『新しい風景』刊行**
同性愛プロジェクト発展解消

巻頭年表

現代日本におけるクィアペダゴジーに関する年表（本年表作成にあたり、本論文で得られたデータの他に、JASE『日本性教育協会30年史：戦後日本の性教育史年表』2002、南定四郎作成『同性愛学』2002（未公刊）、堀川修平「〈声明〉が出されるとき、わたしたちは——"人間と性"教育研究協議会40周年史年表にみる『性と人権』」（エイデル研究所『季刊セクシュアリティ』101）を用いている。**太字**で示したのは性教育関係の出来事である）

1920　1940　1960　1970

- 原田瑠美子（1947－）
- 原田シゲ（1926－）
- 石井和彦（1927－2021）
- 貴志泉（1954－）
- 貴志壽（1926－1997）
- 貴志の叔母E（1938－）
- 木谷麦子（1958－）
- 木谷章子（1923－2002）
- 木谷茂生（1923－2004）
- 南定四郎（1931－）
- David P. Mcwhirter（1932－2006）
- 村松博雄（1926－1978）
- 朝山新一（1908－1978）
- 村瀬幸浩（1941－）
- 山本直英（1932－2000）

69　ストーンウォール事件

71　リブ合宿
『性教育学』（黒川義和ら編）
村瀬「人間の性」開始（和光高）
「若草の会」設立

72　**JASE設立**
『現代性教育研究』創刊
『現代性教育研究月報』創刊
第1回ウーマンリブ大会開催
新宿リブセンター開設

73　『ADON』創刊

74　優生保護法改正案廃案

75　国際婦人年
国会初の性教育問題取り上げ

76　『すばらしい女たち』創刊

78　**『性教育指導要項試案』作成**
『ザ・ダイク』創刊
『ひかりぐるま』創刊

79　**『性教育指導要項成案』発表**
『生徒の問題行動に関する基礎資料』発表

80　**『性教育指導要項解説書』刊行**

81　**全国私学性教育研修会（和光高）**
アメリカで未知の「奇病」発見

82　**性教協設立**
「奇病」AIDSと命名
優生保護法改正論議の高まり

83　**北欧視察旅行（性教協）**
『人間と性の教育』創刊

第1章

「自己紹介」としての研究的位置付けの紹介

どうして、あなたはその研究に取り組んだのですか？ 研究者であれば必ず一度はこのように問われたことがあるのではないでしょうか。研究における根源的な問いといってもよい「どうしてわたしがそれをする／したのか」という「課題意識」を、第1章では描きたいと思っています。

私の研究でも、同じような問いを3人の先生に尋ねていきました。実は、その中で、お話を伺った先生方からも「それを聞くあなたはどのような人物なのか？」ということを逆に尋ねられることが幾度もありました。質的な研究、特にその人がどのように生きてきたのかということを聞き取る研究において、それを聞く目的はもちろんのこと、聞き手となる研究者が何を大切にしたいと思っているのか、どのような人物であり、どのような行動をしてきたのかということは共有する必要があると私は思っています。

このようなことは、『教師のライフヒストリー』（晃洋書房）という研究書を執筆したアイヴァー・グッドソン（Ivor Goodson）も同様に指摘していることですし、私の研究を指導してくださったジェンダー史研究者の加藤千香子さんや性教育史研究者の田代美江子さんも、研究する「わたし」自身を問う大切さを繰り返し指摘してくださりました。

本書の第1章でも「この本を書いた堀川という人物は、どんな人物なのか？」ということを示しながら、そんな私が行った先行研究と方法論の整理を「自己紹介」的な観点から示したいと思います。そのために以下では、教育学研究者である杉田真衣さんとの対談である『性の多様性』を通じて自分を問い、社会を問う」（『季刊セクシュアリティ』96号、74-85頁）を引用しながら整理します。

1 どうして私がこの研究を？

経験①　ジェンダー・セクシュアリティ、「性の多様性」についてポジティブに学ぶ

私が本書の目的を設定するまでに、3つの大きな学びがありました。1つ目は、ジェンダー・セクシュアリティについてポジティブに学ぶ経験があったこと。2つ目は、社会科学的認識と「特権」について学ぶ経験があったこと。そして3つ目は、さまざまな教師との出会いによって「教師観」を問い直す学びを経験できたことです。

まず、1つ目ですが、ジェンダー・セクシュアリティについて学んだのは、大学入学以降のことです。大学以前に性について学ぶ経験は意外と身近にありました。

1990年生まれの自分にとって、自分の小中高時代は「性教育バッシング」真っ只中。でも、出身の小学校のホールみたいなところに「こころとからだ」という掲示コーナーがあって、季節ごとに性教育実践が貼り出されていたんです。例えば、からだの名前を知っておこうというようなテーマで、ワギナとペニスとか「ちゃんと」書いてあって。今思い返すと、性教育が身近に、そして当たり前に存在していたんです。小学校の実践や、自分の両親が幼いころから性をポジティブに語ってくれた経験からか、性に対してはそれほどネガティブな感覚はなかったけれど、中学高校では性教育をちゃんと受けてない。

日本においては2000年代前半に性教育バッシングが巻き起こりました。1990年生まれの私にとって、2000年代前半は小学校高学年から中学時代にあたります。このような危機的な状況に自分自身は置かれていたのですが、私にとっては性を学ぶこと自体身近なものでした。しかし、このように幼少期から性を学ぶ機会があった私でさえ、「異性愛」以外のことは学校でも家庭でも学ばずに育ってきたのです。

そんな自分が受けてきた性教育実践も、異性愛中心の実践だったわけです。中学生の時に自分が「普通じゃない」と気付いたあと、大学に入るまでは、自分のセクシュアリティをポジティブに受け止められなくて。もし小学校で性の多様性についての情報があったら生き方が変わったかもなとか、今でも思います。

ここでいう「性の多様性」とは、いわゆる「普通の男女」と言われるようなシスジェンダー・ヘテロセクシュアルという属性を持つ人だけでなく、多様なカテゴリーに属す人びとがいるということ、なおかつ、性を構成する性的指向、性別自認、性表現といった要素が、それぞれグラデーション状に存在していて多様であるということを表す言葉です（「性の多様性―LGBT とSOGIE」『季刊セクシュアリティ』103号、38 - 39頁）。

このような性の多様性は、私だけが教えてもらっていなかったのか。それとも、その当時の日本社会全体を見ても、学ぶ機会が存在していなかったのか、この点をまず整理したいと、私は思いました。

経験②　差別理解の方法―社会科学的認識と立場性について学ぶ

2つ目の経験は、社会科学的認識と、立場性について学ぶ機会を得たということです。「社会科学的認識」といった時、まず頭に浮かぶのが水田洋『社会科学の考え方』（講談社、1975）です。この本は、2013年に大学院に進学して初めて読んだ本でした。学部時代は、先生に言われたことをただこなす「いい子」として過ごしていましたが、そのような私にとって、「人間は、社会を作り、社会のなかで生活し、社会を変革する。かんたんにいえば、それが人間の生活なのであり、人間が自己を実現しようと、永遠に努力する過程なのである。この過程で人間は、生きるために（人間らしく生きるために）、人間について、社会について考える」（はじめに）という水田の言葉は、社会とは何か、その社会で生きるとはどのようなことなのかを深く考えさせる衝撃的なものでした。

このような社会科学的認識と、自分自身が悩んでいたセクシュアリティに関する受容の問題は深く関わるものです。「あなたの生きづらさはあなたの気のもちよう次第」というような「自己啓発」的な書籍やセミナーが跋扈するこんにち、単に個人的の気のもちようではなく社会の問題としてとらえる視点は、性差別を乗り越えようとするために活動をしている人たち、そして自分自身を省察するのに重要であることは言うまでもありません。

このように自分自身を問うといった時、「立場性」を的確にとらえていく必要があります。私が立場性について言語化できるようになった背景に、D・グッドマン『真のダイバーシティを目指して―特権に無自覚なマジョリティのための社会的公正教育』（出口真紀子監訳、上智大学出版、２０１７）があります。この本に登場するキー概念である「特権」について、私は対談で次のように語っています。

「特権」という概念を主軸に置くことと、〝「ＬＧＢＴ」を教えない〟ということですね。まず、特権って何かって言うと、「ある集団に属すことで労なくして得ることのできる権利」のことです。これは、ダイアン・グッドマンっていうアメリカの社会公正教育の研究者が定義している。例えば男性であるとか、異性愛者であるとか、シスジェンダーであるとかということは特権であって、それを持たない人たちは社会の中で「劣位」集団に置かれる。しんどい立場におかれる。

私たちは何かしら特権集団に属しているんですよね。僕自身はゲイ？　バイセクシュアル？　って揺らいでいて、いまはゲイって言葉でくくって表すことの方がしっくりくるわけなんですけど、確かにゲイは性的指向という点ではマイノリティかもしれない。けれど、ジェンダーで見た時に男性であることや、性別自認で見た時

にシスジェンダーであること、それに、日本で暮らしている日本人であり、「健常者」であるということは、それぞれ特権集団に属するわけですよね。優位に立つことが可能なわけです。でも、それって社会の仕組みに自分がどっぷりとつかっているとなかなか気付かない。自分が誰かの足を踏んでいることに気付けていないこともあるわけです。

差別・被差別問題について学びを深めていた私ではありましたが、「特権」という概念に出会ったことで、自分自身の差別者性、しかも「無自覚な差別者性」を強く認識させられました。また、宮地尚子『環状島 トラウマの地政学』（みすず書房、2007）もそのような意味において私にとって重要な1冊です。問題に関わることのできる「当事者とは誰か」ということ、問題を語ることができるのはどのような条件下に置かれた人物なのかということを考える際、いつもこの本を強く思い出します。これらの視点は、本書でものちに見ていく3人の教師の人となりや立場性について考える時に有用でしたし、その学びがなければかれらの経験や思いの歴史を描き出せなかったとも思っています。

経験③ 「教師観」を問い直す学び

そして重要なのが次にあげる3つ目の経験です。というのは、この経験がなければ、博士論文の考察対象に教師をおくことはなかったと思うためです。そもそも、私自身、教師や学校に対して次のように感情を抱いていました。

学校の何に対して一番疑念を抱いていたかと言うと、教員の「ホンネとタテマエ」だったんです。学校って人権教育を必ずしますよね。「人権は大切」って言っているわりに、「ホモって気持ち悪いよな」とか「あいつはレズみたいだな」とかって教員が話していて、自分は性的マイノリティだなって認識した時に、結局教員が人権侵害してるじゃんと思ったわけです。

残念なことに、私の出会ってきた教師の多くが、（本人にとっては無自覚であるのかもしれませんが）人権侵害をしていましたので、教師という人びとが何かを殊勝に語っても「タテマエに違いない」と思っていました。しかし、大学時代に出会った大学教員たち、そして民間教育研究団体に参加する熱心な教師たちの姿を見て、「世の中には真剣に人権保障のために活動する〝先生〟たちが存在しているのだ」と考えを改めました。

「大人になってからじゃ人は変わらない」という人もいますが、教師の人間性や課題意識が伝わる授業によって、幾つになっても人の価値観を変容させる可能性があるのではないでしょうか。学部生の時に手に取った教育学の初学者向けの本には、教育とは学校内外でなされる、発達への助成的介入であり「一人ひとりの人間にこの社会を自立して主体的に生きていく力を手に入れさせようとする働きかけ」（田嶋一ほか『新版　やさしい教育原理』有斐閣、２００７、28頁）だと書かれていました。ある行為が「教育」的営みであるとするならば、大人になってからであったとしても、教育は大きな可能性を持つと私は考えています。

性的マイノリティと「性的マジョリティ」との関係性は？

このような３つの学びの経験が、私自身の課題意識に強く影響を与えています。

博士論文を書き始めた当初は、性的マイノリティと「性的マジョリティ」は、いつ／どのように関わっていったのか、という点を明らかにしようと考えていました。それは、マジョリティからマイノリティへの〝支援〟や〝理解〟という言葉のニュアンスに引っかかりを感じていたためです。〝性的マイノリティの中でも「特権」を持つ者〟と〝性的マイノリティを利用したいマジョリティ〟によって、〝利用できる（とマジョリティから認識されている）性的マイノリティ〟を利用するような関係性にあるのではないか。もしそうだとしたら、そのような関係でない時はなかったのか、マジョリティが自らの差別者性に自覚的になりながら、性的マイノリティと関わろうとしなかったのか。

このようなモヤモヤを抱いていた時に出会ったのが『新しい風景』という冊子でした。この『新しい風景』は、私も所属している性教協に存在していた「同性愛プロジェクト」という組織が1991年8月に刊行した冊子です。現在においては、その存在を知らない会員も多くいるようなこの冊子。もちろん、研究論文でこの冊子を取り扱ったものも、管見の限り見られません。ですので、手に取った時に、性教協に同性愛プロジェクトという組織が存在していたということに何よりもびっくりしました。

ここで「していた」と書いた通り、現在このような組織は存在していません。この「同性愛プロジェクト」は1988年から1991年まで存在していたということがその冊子の記述から読みとれましたし、どうやらこの同性愛プロジェクトを中心で担った3人の教師は、いわゆる「性的マイノリティ」ではない人たちだということも読みとれました。

冊子の内容の面白さに惹かれたのはもちろんのこと、「なぜ、当事者でもない人が、その当時〝性的倒錯者〟と認知されていた同性愛者のことを性教育実践として取り扱ったのだろうか？」という疑問が、先にあげたマジョリティとマイノリティとの関係性という点に関わって浮かび上がりました。「同性愛プロジェクト」や『新しい風景』の分析によって、先に抱いたモヤモヤが解消できるのでは？　そのように考えて、博士論文の方向性を展開させていきました。

2

先行研究の整理からつかんだこと

見落とされてきた現代日本性教育の歴史

「男性＝人間」ととらえられ、性差による差異が捨象されていたことを指摘し、そこに存在する「人間」がどのようなジェンダー・セクシュアリティ史的背景を経て形成されてきたのか、学校教育や家庭教育、社会教育が人間にどのような影響を与えてきたのかということに着目してきたのが「ジェンダーと教育」史研究です。

日本の教育史研究を担ってきた教育史学会は『教育史研究の最前線』という書籍を2度刊行してきました。２０１８年に刊行された『教育史研究の最前線Ⅱ』で、教育史研究者の小玉亮子は「ジェンダーと教育というテーマは、教育史研究においてここ15年で目覚ましく研究が進んだ分野の一つ」であると述べています。（小玉亮子「はじめに」教育史学会編『教育史研究の最前線Ⅱ』六花出版、２０１８、１７６頁）

しかし「ジェンダーと教育」に関わる領域では、なぜか性教育史研究は1本も触れられていません。２０００年以降、現代日本の性教育に関する歴史研究は、教育制度研究者の広瀬裕子や、性教育史研究者の田代美江子、茂木輝順によって積み重ねられてきましたし、鹿間久美子や伊藤修毅・朴恵貞、及川英二郎が萌芽的な研究をしてきました。加えて、性教育の歴史は、ＪＡＳＥや性教協などの性教育団体によっても描かれてきているのにもかかわらず、です。

「現代日本性教育史研究」の到達点と課題

日本の性教育に関する歴史研究は、研究の担い手が少ない現状ではあります。そのこともあってか、何をもって「現代日本性教育史研究」というかは、これまで議論が深められてこなかったという限界も抱えてきました。ですので、私の博士論文では、まず研究の射程を定めることから始めることとなりました。

私にとっての関心は、１９７０年代以降、つまり「科学的な性教育」が広められていった以降の歴史です。敗戦前後の研究は、田代や茂木による研究が詳しいため、それらの研究成果を参考にしました。また、「クィアペダゴジー」についての歴史研究は存在していませんが、今日なされている性教育実践をクィアペダゴジーの視点から考察した研究として、渡辺大輔による「教育実践学としてのクィア・ペダゴジーの意義」（菊池夏野ら編著『クィア・スタディーズをひらく１』２０１９、晃洋書房、１３４‐１６５頁）や「学校教育をクィアする教育実践への投企」（『現代思想』２０１５、青土社、２１０‐２１７頁）がありますので、参考にしています。

上記にあげた先行研究を整理したことで見えてきた到達点は次の通りです。それは、これまでの先行研究では、１９７０年代以降の日本の性教育の歴史を描くために、当時のジェンダー・セクシュアリティ史的状況へ着目するという視点を持ってきたこと。性教育を担ってきたＪＡＳＥと性教協という性教育団体を対象とすることで日本の性教育状況を描き出そうとしてきたこと。そして、教育現場での教育実践そのものの考察がすすめられてきたということ。そしてこれらの到達点を整理したことで見えてきたのは、性教育の担い手への着目が不十分であるという課題があることでした。

そもそも、日本には「性教育科」という教科はありません。教師たちは、保健体育科、理科、社会科、国語科、家庭科などの教科や特別活動、生活指導の中で子どもたちに性教育が必要であると各々考えて実践を試みてきました。

端的に言えば、誰からか望まれて実践をしたのでも、教科としてせざるを得なかったからしたのでもなく、担い手たる教師本人が何らかの理由のもとで「やらねばならぬ」と思った教育実践が性教育実践であるということです。

そこで本研究では、教師が「これは性教育実践だ」と表明したものを性教育実践としてとらえて分析することにしました。本研究では、教育実践の担い手たる教師が「自分の実践は、性教育なんだ」と認識している教育実践とはどのようなものなのか、何を大切にしてつくられた実践なのかを見ることで、教師が込めた思いや、教師その人自身に着目することがよりできると思い、対象を絞ってみたのです。

このように、性教育を性教育たらしめるのは、担い手の教師の課題意識によると私は考えましたが、「人」への着目にこだわった研究者はわたし以前にも存在しています。それが、田代美江子でした。

性教育の担い手の不在を越える

日本教育史研究者の田代は、これまで明治初期から1970年代に至るまで、性教育が如何にして性教育理論者や、性科学者、性に関わる社会運動家たちにどのように受けとめられてきたのかという、日本における性教育論に着目して研究を積み重ねてきている研究者です。私にとっては、修士論文の研究指導者であり、性教協での活動仲間でもあります。

田代の研究成果は、単著としてまとめられていないものの、近現代における日本の性教育をおさえる上で重要な研究を重ねてきていると考えています。特に、「日本教育史における『セクシュアリティと教育』研究の課題と展望」（『日本教育史研究』23、日本教育史研究会、2004、69-88頁）は、これまで出された田代論稿の性格を示したものです。田代はこの論稿の中で、日本教育史研究では、「性のタブー視」という課題と、制度史研究に偏ってきたことによって「教育という営みの中に確かに存在するはずの人間そのものへのまなざしの弱さ」という課題を抱えていたと指摘しています。

1点目の「性のタブー視」に関しては、教育という営みの中で、セクシュアリティと見なされる知や言説が抑圧され、十分な史資料が産出されにくいという指摘に関わります。加えて、「性のタブー視」が教育史におけるセクシュアリティ研究自体をタブー視することにつながっているという、「二重の抑圧」があるということを田代は指摘しています。

そして、もう1点の課題というのが、既存の教育史研究は、教育という営みの中に確かに存在する人間そのものへのまなざしが弱いという批判です。この批判が、私の視点とも重なっています。

田代は、教育史研究の研究対象が、教育思想や教育制度を中心としていたことと関わり、そこに存在したはずの人間が捨象される、あるいは、登場したとしてもその人間が「人間＝男性」として無批判にとらえられていたということを批判したうえで、とりわけ教育史研究においては、「ジェンダーやセクシュアリティに深く関わる産育やセクシュアリティ形成をふくむ人間形成の問題などは、未だ教育史研究として認知されにくいのが現実」だと批判しているのです。

田代はこのような視点でこれまで研究を進めてきましたが、その田代もおさえきれていなかったのが性教育を担った教師のセクシュアリティ観に関わる実践の変容や実践を担った教師その人がどのように人間形成してきたのかということでした。

本研究では、「現代日本性教育研究」とは、①性教育の担い手の課題意識と実践の構築の背景にある、ジェンダー・セクシュアリティ史的状況へ着目し、②ある団体において、担い手が果たした役割、団体と個人との関係との記述、③性教育の担い手の思想や、かれらの行動が変化した過程への着目を通して、歴史を描き出すもの、と定義をすることとしました。

なお、②に関しては、ＪＡＳＥや性教協ではなく、母親学級などの保護者主体の学習会や、学校内で独自に構成された研究会なども存在しているでしょう。昨今、学生主体の団体で性教育に取り組むかたもいますので、そのような団体も視野に入れる必要が今後あると思っていますが、今回は、ＪＡＳＥと性教協、特に「同性愛プロジェクト」が存在していた性教協を対象にしました。これらの定義自体、今後現代日本性教育史研究が積み重ねられていく中で議論されていく「たたき台」になると思っています。

分析枠組みと方法

以上のような先行研究の整理をふまえて、本書は「はじめに」で記した3部構成をとることとしました。

3部構成をとったのは、本研究が対象としたい同性愛プロジェクトに着目してクィアペダゴジーが関わる現代日本性教育史を描くとするならば、①同性愛プロジェクトが誕生した背景にあるジェンダー・セクシュアリティ史的背景をふまえ、その同性愛プロジェクトを担った教師その人たちに着目し、かれらがどのようにして教師となったのか、そして性教育実践に取り組むことになり、同性愛をとらえるようになったのか、それらが性教育実践としてどのようにまとめられていったのかを明らかにし、②同性愛／同性愛者について考えるようになった背景にどのような出来事があったのかを描き出し、その出来事の前後でかれらにおいてどのようなとらえ直しが起こったのかを明らかにするということが必要だと考えたためです。

第1部では、性教育を担っていた教師たちによって同性愛／同性愛者がとらえ直される前の性教育における状況の記述を行います。その際、1970年代の第2波フェミニズムや、1980年代のHIV／AIDS問題、そして同性愛者による社会運動などのジェンダー・セクシュアリティ史的背景への着目はもちろんのこと、先に見た2つの性教育団体、JASEと性教協において同性愛／同性愛者がどのようにとらえられていたのかを整理します。具体的には、JASEや性教協の性教育に関する活動やその時代における性に関する諸問題に関わる資料を用います。

第2・3部では、日本の性教育実践において同性愛／同性愛者がどのようにとらえられ、教師たちがどのように自らを問い直したのかを明らかにするために、1970年代から1990年代前半という時期におけるジェンダー・セクシュアリティに関わる歴史的背景と、その時代において性教育実践をした教師のライフヒストリーとに着目し、その実践内容そのものを描き出すこととします。具体的には、先の資料に加えライフヒストリーに関わる資料を用います。

本研究がライフヒストリーを聞き取るうえで重視したのが、次の4点です。

1つ目は、ジェンダー・セクシュアリティ史的背景の記述です。かれらが実践を創り出していったその社会背景に、どのような出来事、とりわけジェンダー・セクシュアリティに関わる出来事があったのかをおさえるため、また、3人の教師の思想や行動に影響を与えたものを考察するためにも、ジェンダー・セクシュアリティに関わる社会情勢に着目することは必須です。

2つ目は、教育史的背景に関する記述です。かれらによる同性愛／同性愛者のとらえ直しの成果が性教育実践としてまとめられていたことを考えれば、おのずとその実践がなされた時代の学校文化や教育制度に着目することは必然となります。

3つ目は、かれらが創り出した実践内容に関する記述です。かれらは、同性愛プロジェクトを担う前にも性教育実践をしていました。性教育実践に着目することで、同性愛／同性愛者のとらえ直しがより鮮明に描き出せるでしょう。

そして４つ目が、かれら自身に関する記述です。本研究では、この第３・４の点を明確に記述していくためにも、ライフヒストリー法を選定することとしました。ライフヒストリーとは、対象者が語るライフストーリー（人生、生涯、生活、生き方）を聞き取った研究者が、それを再構成し時系列的に編成する手法のことをさします（桜井厚『ライフストーリー論』弘文堂、２０１２、６-９頁）。このライフヒストリーに関わる資料としては、口述で得られるもののほかに、自伝や日記、手紙などの個人的記録も含まれます。このような教師のライフヒストリーに着目した研究として、グッドソンによる〝Life Histories of Teachers—Understanding Life and Work〟（『教師のライフヒストリー：「実践」から「生活」の研究へ』）があげられます。

かれらのライフヒストリーに着目して教師の価値観を見ていくと、被抑圧者《マイノリティ》へのまなざしを得るきっかけや、フェミニズムなど性に関わる問題へのアンテナの感度の強さなどは、それぞれのライフヒストリーに強く結びつくものであることが分かってきます。ですから、かれらのライフヒストリーを無視してしまうと、教育実践内容はもちろんのこと、そこでの同性愛／同性愛者のとらえ直しは十分に描けないのです。

かれらのライフヒストリーを描き出すために、聞き取り調査で得られた口述資料ならびにライフヒストリーに関する諸資料と、同性愛プロジェクトならびに、かれらの性教育実践内容に関する資料を用いることとしました。聞き取りの引用は［○○回］と示し、その詳細である日時、聞き取った内容に関する概要は巻末資料に記載しています。

第1部　気づく

第2章
「普通」の人たちにとっての同性愛者

先生、私のこと、「本当に」ホモだと思っていたのかな――。本書を書いていた時に、ふと考えて筆を止めました。高校時代、大変お世話になった担任から「ホモ川」と呼ばれていた私。先生は、私が同性の友人とじゃれていたのを見て、そのような〝ニックネーム〟を付けたのですが、それは冗談であったのでしょうか。それとも、見抜いていた、ということだったのでしょうか。私自身、その当時すでに非異性愛者だなあと思っていたこと、そしてそのニックネーム自体には不快感はなかった（もちろん、不快に思う方もいると思いますし、このエピソードを学生に話すと自分のことのように憤慨してくれる方もいる）のですが、はたして、先生に私の存在が「見えていた」のか。

そもそも、教師は目の前の子どもをどのような人間としてとらえているのでしょうか。殊に、セクシュアリティは目に見えるとは限りませんし、「調書」に書かれて申し送りされるとも限りません。教師が「普通」と思いこんでいる価値観で子どもと接することで無自覚に人権侵害してしまうこともあるわけです。

本章では、性に関わる教育である「性教育」に携わる人びとが、どのようなセクシュアリティ観を抱いていたのか。特に、同性愛／同性愛者をどのようにとらえていたのか見ていきたいと思います。

1　ＪＡＳＥ設立当初の同性愛者のとらえられ方

日本初の性に関する法人、ＪＡＳＥとは？

財団法人日本性教育協会（ＪＡＳＥ）は、１９７２年2月29日に文部大臣の正式認可を受けて誕生した、日本初の「性に関する法人」（『財団法人日本性教育協会10年史』１９８１、6頁）です。このＪＡＳＥは、純潔教育ではない「〃真の性教育〃を望む声の高まり」を受け、そしてその一方で優生保護法「改悪」に関する法案提出に代表されるような「性をめぐる社会状況の変化」を受けて誕生しました。

ＪＡＳＥの設立に携わったのは、朝山新一や黒川義和、間宮武、村松博雄といった性科学・医学研究者や、内田常雄（元厚生大臣）や篠崎信男（元厚生省人口問題研究所長）といった政府機関関係者、富田光一（財団法人日本性教育協会事務局長）や林四郎（株式会社小学館専務取締役）といった出版に携わる人びとでした。のちに見る性教協が学校教育現場で活躍している教師を中心として設立されたことと差異があります。ＪＡＳＥ自体は、性教育に関わる性科学・医学研究者と、かれらをバックアップする政府機関、出版社を中心にした組織という特徴が見いだせます。

ＪＡＳＥの設立目的、そして団体の活動目的は、機関誌である『現代性教育研究』創刊号の「巻頭言」に次のように書かれています。

性に関する価値観と風俗は急速に多様化し、変貌しつつある現代――この風潮の中で我が国のみならず、世界各国とも若者と成人の間には性意識、性行動に大きな断絶があります。これに対して、共通理解の尺度と対話の広場がないのが現状です。

このような状況の中で、家庭・学校・社会のそれぞれの場において、性に関する望ましい認識が育てられ、適切な教育について研究が行われることが待たれておりましたが、この度文部大臣の認可を得て「財団法人日本性教育協会」が発足致しました。私どもは、①性教育に関する基礎的な調査・研究を行い、内外の資料を収集・分析するデータバンクの開設、②性教育に関する研究会、講演会、講習会などの開催、③性教育に関する雑誌、図書、資料の出版――を通じて望ましい性教育についての研究をすすめ、社会の向上に貢献することを目指しております。(JASE『現代性教育研究』創刊号、1972、1頁)

1970年代日本のジェンダー・セクシュアリティをめぐる状況

JASEが設立された1970年代の日本におけるジェンダー・セクシュアリティをめぐる状況に関して、特筆すべき点は複数あげられます。

1970年代は、第2波フェミニズムの時代です。ここでいう第2波フェミニズムとは、「女権獲得運動」としての第1波フェミニズムに対するもので、私的/公的領域を〈性〉という軸でとらえ直す運動であると言えるでしょう。これら第2波フェミニズムは、「ウーマン・リブ」とも呼ばれます。1970年11月14日開催のティーチイン「性差別への告発」や、同年12月8日「女は侵略へ向けて子供を産まない育てない」デモ、また、1971年8月の「リブ合宿」、1972年5月「全国リブ大会」など、ウーマン・リブは、一挙に広がっていきました(井上輝子ら「ウーマンリブの思想と運動―関連資料の基礎的研究」『東西南北:和光大学総合文化研究所年報』2006年号、134・158頁)。このようなウーマン・リブを中心的に推進した〝ぐるーぷ闘う女〟や、〝集団エス・イー・エックス〟などが主体となって、1972年には、〝リブ新宿センター〟が開設され、「優生保護法改悪阻止」闘争などが全国的に展開されていったのです。

優生保護法とは、「優生上の見地から不良な子孫の出生を防止する」つまり、病気や障害をもつ子どもが生まれてこないようにすることと、「母性の生命健康を保護する」こと、女性の妊娠・出産する機能を保護するという目的のために、不妊手術と人工妊娠中絶を行う条件と、避妊具の販売・指導について定めた法のことです（SOSHIRENホームページ）。「不良な子孫の出生防止」という、障害者への差別、ならびに、国家が子どもを〝産んでよい人〟と〝産んではいけない人〟を選別するという形で、「女」の体を管理するという意味合いがあり、優生保護法の2つの目的「不良な子孫の出生防止」と「母性の生命健康の保護」は、一つに結び合わされていたのです。

このような優生保護法を「改悪」しようとする国家の案に反対した一連の運動の中で、「産む産まないは、女の自由」という標語や、「子殺しの女はあたしだ」というアジテーションが生まれ、ピル解禁の要求などの女性の身体をめぐる議論や、「産む性」のとらえ方についてのさまざまな議論が巻き起こりました。このような議論は、女性を「子殺し」に追いつめる社会状況を問い直すものであり、「女」たちは運動を通じて連帯し、時に議論を交えて「女」の権利について活発に社会運動を起こしてきたと言えるでしょう。

このように1970年代は、日本において性の解放が目指された時代でした。とりわけウーマン・リブと呼ばれる女性による社会運動、性の解放運動が活発化した時代であって、JASEが誕生した1972年には、優生保護法「改悪」に関する法案が国会に提出されてもいます。

ここで考えたいのが、ウーマン・リブと性教育との関係です。ウーマン・リブやフェミニズム理論は、男性中心社会、そして学術界における男性中心性を批判的に検討してきました。JASEは、フェミニズムによって男性中心の学問であると指摘されてきた医学を基盤においていた団体です。医学という学問が利用され、女性の声が長らく無視されたり、むしろ「性の国家管理」という形で女性たちはその「母体」となりうる身体が管理されてきたのです。

ウーマン・リブといっても、様々な団体が存在しており、その団体の特色がありますので、例えば、女性による共同育児の実践や、産婦人科医に対する「患者の権利」の要求などを行った「東京こむうぬ」の武田美由紀による、「きれいごとの性教育はもうたくさん！―『現代性教育研究』は男社会の性教育だ」（『現代性教育研究月報』25、１９７４、12-14頁。なお、このなかでは「竹田美由紀」とあるが、誤植）のように、そもそも女性の置かれている日本社会が、ジェンダー不平等な状況であることを指摘しながら、「優しさも、考える余裕も奪われて、何が子どもに性教育かあ？　私は自分でせいいっぱいやがな」と、男性中心の学術界からの「提言」を痛烈に批判しているものもあります。

　その一方で、頭ごなしに性教育実践者や、ここでみるＪＡＳＥを批判するのではなく、むしろ「要望」を突き付ける形で、共闘しようと試みている榎美沙子（「中絶禁止法に反対しピル解禁を要求する女性解放連合」［中ピ連］）なども存在していました。

　榎は複数回『現代性教育研究』誌上に登場し、その中で、ピルの問題や、性教育実践を進めるうえでの「要望」を以下のように示しました。「『性教育という言葉だけでマユをしかめる人もいるんですよ』と、協会事務局の人から聞いたこともある。そういう人たちから、現場で苦しんでいる教師まで、幅広い意見を吸い上げることも大切なことである。性教育というものの重要さを認識させるためにも、この作業は必ずやらなければならない。だが、この役割は、もう十分、協会は果たしたのではないだろうか。今後は、だれのための、誰の立場に立った性教育を推進するのかという、旗幟を鮮明にする時期に来ているのではなかろうか。そして、己が信ずる道に従って、一層、性教育のために尽力されることを望みたい」（榎美沙子「旗幟を鮮明にした性教育を」『現代性教育研究』13、１９７５、25頁）。この語りからは、性教育（実践者）を頭ごなしに否定するのではなく、むしろ性の権利獲得のためにうまく共存・共闘していく姿が見て取れるのではないでしょうか。

　このような榎らの語りに応答する形で、ＪＡＳＥ側も優生保護法「改正」案に対して反対の立場で活動をしていました。「最近、ウーマン・リブの人たちが主張している『産まない自由、産む権利』ということを、私たちは、もう一度真剣に考え直してみる必要があると思うのです」（「性科学の確立と人口教育の再認識を！――第４回性教育夏季セミナーのオリエンテーション〝グローバルな立場からの性教育〟から――」『現代性教育研究月報』27、１９７４、1-3頁。この語りは、村松博雄によるもの）と提示しており、この点に関してはウーマン・リブと同方向を向いていたといえるでしょう。

つまり、1972年という、ウーマン・リブや優生保護法「改悪」への抵抗といった、ジェンダー・セクシュアリティに関わる社会状況のもとでJASEは誕生し、その活動にも影響を受けていたことがわかります。

国会における性教育への着目

1975年2月26日には、衆議院予算委員会第2分科会で性教育の問題をめぐって社会党の山中吾郎によって、永井道雄文部大臣と安嶋彌文部省初等中等教育局長に対して質問がなされていました。

山中：性教育というのは、広くいえば人間性の教育であり、教育の理念やあり方と密接な関係を持っているものだと思うのですが、従来の日本の教育を見ると、科学教育においては、物理・化学などの物質科学が中心になっている。したがって、もう少し生物を中心とした科学教育――生物学・生態学的な科学教育に重点を置き、人間の研究を離れた物理・化学中心の教育から生物中心の科学教育へと方向転換していく必要があるのではないかと思います。そして、そういう中で、性道徳的な、あるいは純潔教育的な偏見のない、人間の本性を直視する教育――ほんとうの科学情報に支えられた教育ができるのではないかと思うのですが、いかがでしょう。

このように、1970年代は、ウーマンリブだけでなく、性教育への関心の高まりがありました。しかし、これまでジェンダー・セクシュアリティ研究において、性教育への関心の高まりがあったことは十分に指摘されてきませんでした。

国内における性教育への関心の高まりの背景には、JASEによる『現代性教育研究』や『日本性教育協会月報』（『現代性教育研究月報』）の発刊だけでなく、マスコミ各社によるJASEへの取材要請への協力や、各機関での資料や情報の紹介・交換などの援助に関わる、主に国内にむけた性教育の「啓発活動」がありました。ただし、JASEの特徴を語るうえで、国内における啓発活動だけをあげるのでは不十分です。JASEは、団体設立当初から、海外の性教育を積極的に学び、国内の性教育の理論的基盤を整えようとしていた団体であることも指摘しておきます。

海外研修で学びを深める

１９７４年には、初の海外性教育研修団が組織され、ヨーロッパ諸国への研修旅行を実施しています。間宮武を団長、黒川義和を副団長とし、学者、教師、医師、「保健婦」ら計27名が参加し、１９７４年5月10日～24日の15日間で各地を訪問しました。ＪＡＳＥ特派記者の羽山孝子は、この訪問記を「ヨーロッパ性教育研修団の15日間」(『現代性教育研究』10、１９７４、10-14頁)にまとめました。それによれば、5月11日から13日まではデンマーク(コペンハーゲン)、14日はスウェーデン(ストックホルム)、15日から16日は西ドイツ(ハンブルグ)、17日から18日はイギリス(ロンドン)、19日から20日はフランス(パリ)、そして21日から23日はイタリア(ローマ)にそれぞれ滞在し、ＪＡＳＥと協力関係にある関連団体、学校、行政機関、専門家の全面協力により、授業参観、教師・専門家との意見交換、質疑応答、先進国の教材・教科書の購入など多面にわたる研修を行ったというのです。

海外性教育研修は、１９７４年以降も複数回実施されています。１９７０年代に限ってみても、１９７５年(第2回)、１９７６年(第3回)、１９７７年(第4回)、１９７９年(第5回)と5回にわたって行われているのは、積極的に国外の性教育状況をおさえるためになされていたことで、注目に値します。渡航先も、第1回のヨーロッパ(イギリス ロンドンの国際家族計画連盟［ＩＰＰＦ］本部など)に続いて、第2回はアメリカ(ＳＩＥＣＵＳやキンゼイ研究所など)、第3回はヨーロッパ(デンマーク家族計画協会、スウェーデン性教育協会［ＲＦＳＵ］、ＩＰＰＦなど)、第4回はオーストラリア(ラスデン州立大学など)、そして第5回はハワイ(ハワイ大学)と、それぞれ性教育、性科学理論の拠点でした。

このような海外研修のねらいについて、第1回のヨーロッパ海外研修の特集が組まれた『現代性教育研究』第10号の報告特集では、次のように語られています。

家庭でも学校でも、80パーセント以上の父母と教師は、性教育が必要だと認め、全国各地の小・中・高校で性教育の先駆的試みが始まっている。しかし「性教育とは何か?」という基本理念と、「いつ、誰が、何を、どう教えるか?」という具体的実践法については、率直に言って暗中模索の段階、というのが我が国の実状である。

今回の研修団は、このような現状から一歩踏み出すために、また、我が国の性教育のあり方とその未来を、国際的な展望から再検討するために、現職の教師をはじめ、性教育に関心を持つ人たちの要望にこたえて企画されたものである。（羽山孝子「ヨーロッパ性教育研修団の15日間」『現代性教育研究』10、1974、10頁）

つまり、海外研修は、日本で歩み始めたばかりの性教育を広げていくために「性教育とは何か」という基本理念と、具体的な実践法を獲得することが目的でした。

「性教育指導要項」ならびに「解説書」の作成

ＪＡＳＥの初期を支えた村松博雄・朝山新一という2人の研究者が相次いでこの世を去った1978年は、ＪＡＳＥにとって大きな一年になったと言えます。この年は、現代日本性教育史からみても、もう一つ大きな出来事がありました。それは、「性教育指導要項―試案」が8月に発表されたということです。

「性教育指導要項―試案」とは、学校における性教育の定着を図るため、子どもたちの発達段階に即した教育目標と内容の明確化を目指してＪＡＳＥ内に設置された「性教育カリキュラム委員会」（黒川義和、田能村祐麒理事を主軸とした）によってつくられた、性教育指導に関わる方針のことです。幼保、小中高と分類され、それぞれ「目標」、「内容」、「内容の取扱い」、「指導計画作成上の留意点」が記された、いわば、学習指導要領に類似するものだといえるでしょう。この試案は、1979年8月に「性教育指導要項―成案」として改訂され、翌年1980年8月には、この成案に関連した『性教育指導要項解説書』が小学館から刊行されています。

ＪＡＳＥは１９７２年の設立から一貫して〝科学〟を根底に置いた性教育理論と実践を研究するだけでなく、それらを『現代性教育研究』や『日本性教育協会月報』（『現代性教育研究月報』）、また『性教育指導要項―成案』や『性教育指導要項解説書』という刊行物にまとめ、国内で啓発活動を行いました。それは、「望ましい性教育」について研究をすすめ、性差別なき社会のために貢献することを目指していたためでした。

ＪＡＳＥにおける同性愛／同性愛者へのまなざし

このようなＪＡＳＥにおいて、同性愛／同性愛者はどのようにとらえられていたのでしょうか。性教育に関する研究雑誌かつＪＡＳＥの機関誌的役割を果たしていた『現代性教育研究』において、同性愛／同性愛者は、創刊号（１９７２）から登場しています。その初出は、渡辺信一（横浜市教育研究所指導主事）による「実態調査　現代児童・生徒の性行動」でした。

> 小学生の時からの〈見せっこ〉もある。（中略）これらが、遊びとして、性エネルギーのはけ口にとどまっている限りでは、（しつけとしては感心しないが）性的にはそれほど問題視することはないかもしれない。しかし、下手をすると、同性愛（ホモ・セクシャリティ）におちこむ恐れがないとはいえない。（渡辺信一「実態調査　現代児童・生徒の性行動」『現代性教育研究』１、１９７２、54頁）

渡辺は、「子どもたちの実態を直視することから始めよう」というのですが、その中で「男子の仲間同士で」という項を立てて上記のような発言をしています。「下手をすれば」同性愛に「おちこむ」という表現からも、渡辺の同性愛／同性愛者観が見てとれます。このように『現代性教育研究』は、その初出時から同性愛を差別する問題を含んでいたのです（なおかつ、渡辺はこの発言の続きとして、「この男同士の性遊戯は、戦前に比べて最近はむしろ少なくなっている。男女共学で、始終女の子と話もすればつき合ってもいるし、女の子へのいやがらせの性遊戯もしている、ヌード写真も見られるということで、解放されているということが、男同士の性的行動を少なくしているのだろう」と、性暴力を無視・軽視するととらえられる発言もしています）。

同性愛／同性愛者への偏見は、渡辺以外の論者、しかもいわゆる「権威」と呼ばれるような人びとによっても繰り返しなされていました。例えば、政府組織であった「純潔教育懇談会」の委員を務め、ＪＡＳＥの設立者の一人であった間宮武は、『現代性教育研究』第３号（１９７２）に掲載された「現代性教育原論　第1回性教育夏季セミナー再録講演　わが国における性教育のあり方」において、以下のように語っています。

性が多様化した現代、あるいは生活事情が多様化した現代においては、個人個人の事情に即応した性教育を考えなければなりません。従来は、性倒錯といわれて排除されてきた同性愛とか、フェティシズム（異性の身体、服装の一部によって性的満足を得る）、ペドフィリア（幼児嗜愛）も、ある種の人間にとっては自然な行為だということを認めねばなりません。（間宮武「わが国における性教育のあり方」『現代性教育研究』3、1972、124-127頁）

この文章自体は、ＪＡＳＥの夏季セミナーという、性教育の啓発のための肝煎り事業でなされた報告を再掲したものですが、同性愛者への蔑視が訂正されることはありませんでした。他にも、医学博士であった奈良林祥も「男の子の性に関する7問7答」（第36号、1979、90-91頁）にて、「Q7　ホモ、サドなど、いわゆる〝変態〟について」という質問について、以下のように答える中で、自身の偏見を露呈しているのです。

ホモ、サド、マゾやパンティー集めなど、性的に異常な男の人がいるそうですが、どんな原因で、そうなるのですか？（東京都　R子）

A　偏見による抑圧こそ問題です

ここに挙げられたことひとつひとつが、かなりのページ数を費して説明されなければならない問題ばかりで、一括して原因を語ることなど、とても不可能です。

が、最初に申し上げておく必要があるのは、ホモセクシュアリティ（同性愛）は、もはや今日では、変態とはもちろん、異常とも呼ばれないのが、性を扱う専門家のほぼ一致した世界的傾向である、という点であると思います。（略）人間は霊長類という複雑な生きものですから、男に生まれたといって、自動的に女を愛したくなる男に育つ、ということはないわけで、男に生まれても、家庭環境いかん、育てられ方いかんによっては、ホモセクシュアリティにもなる、ということです。ちょっぴり生んでたっぷりいじる今日的子育ての中で、一人息子ゆえに母親にたっぷり、じっくり過保護にされれば、同性愛者になる可能性が高くなるでしょう。（略）（奈良林）

奈良林は「偏見による抑圧こそ問題」といいながらも、結局のところ、母親が「過保護」に息子を育てることによって「同性愛者」になってしまうと言います。もちろん、このようなデータに根拠がないことは今日においては言うまでもないことですが、その当時は、「科学的な正しさ」のもとで、同性愛者に「ならない」ための方法を述べることは、ある意味「普通」であったことがわかります。

これに付け加えるとすると、研究者だけでなく、『現代性教育研究』の編集者もまた、同性愛/同性愛者に対して差別的な姿勢であったといえます。というのは、先に見た海外研修の報告である「医師と教師のための夏季集中講座　多元的な価値観と異る文化における〝人間の性〟へのアプローチに学ぶ（JASE第5回海外セミナー報告　ハワイ大学）」（『現代性教育研究』36、1979、112頁）で編集部に所属していた富田光一が次のように述べています。

「わが国で同性愛と性転換は、まだ興味本位の風俗的な問題です。しかし、アメリカでは個人の権利の問題として社会的な課題となっています。（略）日本人の感覚としては、『アメリカの性の荒廃は、ここまで来たか？』というところです。」

このように、同性愛者の人権保障に関わる動きを「性の荒廃」と編集者自身が述べていることも指摘しておきます。

朝山新一の「助言」にみえる同性愛嫌悪《ホモフォビア》

このような例は枚挙に暇がありません。例えば、次のような文章がＪＡＳＥを牽引した研究者たちから、正しい「性教育学」の知識だと述べられていました。

普通は異性に向けられるべき性愛が、同性のみに向けられるものである。男性の場合にはウラニズム、女性の場合にはレスビアニズムという。思春期に見られる同性愛は、異性愛が発達するまでの一過性のものが多いので、これは成人に見られる真の同性愛と区別して考えなければならない（略）最近、週刊誌などで同性愛を合法化しようとする記事がふえているが、性の本質から考えるならば正常な姿ではない。法律で処罰するのはゆき過ぎであるとしても、精神医学上の問題であることには間違いなかろう。（黒川義和・藤本巌・安井庸之助『性教育学――その体系化と実践をめざして』明治図書、1971、263頁）

このような同性愛／同性愛者への嫌悪は、ＪＡＳＥの設立者の一人である朝山新一の発言、第1回夏季セミナーの「パネルディスカッション　性教育の問題点をめぐって」からも見て取れます。

朝山　性は人間関係だから、相手の立場や感情を考えれば、性をコントロールしなければならない場合がある。その対人関係の配慮を教えることが必要なのである。それから現実の問題として、社会的な色々の問題がある。誘惑、危害、強姦、混交、ホモ、もう一つは近親相姦……こういったものが、最近非常にふえてきている。（略）ホモがナチュラルな人間の関係かどうかといえば、決してそうは言えない。だから、子どもたちにそういう例を示して、「きわめて少数だが、こういう人もいる。あなたは好きなようにしたらいい」……あとはもう、子どもの選択に任せたらいい。それ以上のことを言いたかったら、「ああいう人には、ああいう人なりの自然な生き方がある。でも本当の幸せは、お父ちゃんとお母ちゃんみたいなヘテロ・セクシュアルだよ」ぐらいのことを言っておけばいい。ホモ・セクシュアルな人にとっては、それが一番自然で、幸せな道なんだから、「異常だ」ときめつけるのは人権侵害です。（『現代性教育研究』3、1972、145-151頁）

朝山の「助言」からは、同性愛者の他者化に加えて、異性愛中心主義へと収斂するような回答が見て取れます。「本当の幸せ」は父母のような異性愛であるというのですが、この発言自体が科学的ではないですね。朝山自身は科学的な性教育を推し進めようとした張本人ではあるのですが、「ナチュラル」「自然」という点と「本当の幸せ」という点を重ね合わせながら、異性愛こそが「本当の幸せ」であるという性道徳的な規範を広げてしまっています。

このような朝山の同性愛／同性愛者観は一貫しています。先の間宮の発言と重ねて考えると、同様な姿勢は、第8号（1974）の、ある母親との鼎談「子どもの性被害を未然に防止するために」からも読みとれるのです。

朝山　例えば『現代性教育研究』の第6号で、三島由紀夫さんを分析しています。三島さんは小さい時から、おばあさんに育てられた。体は弱くて、いい子で優れているが、男の世界を知らないで育った。結局、ホモになります。そうしてボディビルや剣道をやる。小さい時、特殊な家庭環境の中にとじこめられると、一つの〝型〟にはめられてしまうわけです。

[redacted]（主婦）たとえば、男性同士、兄弟で非常に仲がいいのは、異常なんでしょうか。

朝山　そうとも言えませんね。私は他人に迷惑をかけない限り、レスビアンであろうとホモであろうとかまわんと思います。しかし、相手に幼児や子どものように意志のない者を選んで働きかけるのは防止しなければならない。（『現代性教育研究』8、1974、67頁）

朝山も間宮同様に、家庭環境の如何によっては「結局ホモになる」と述べており、それに加えて、同性愛者が「他人に迷惑をかけな」ければ「かまわん」と上から目線で「許可」をしているわけです。ほかにも、朝山は、第30号（1978）で「Q16　ホモの原因と防止法は？」という問いに対して、次のように答えています。

A　異常ではないが家庭の人間関係が原因
（略）思春期前には心理的調整で、ホモはなおりますが、中・高校生の年齢期では固定的で、もとの性のふるまいにかえすことは困難です。「性は生殖のためにある」という考え方からすればホモは正常ではないが、個体間の心理的な愛情の満足という点からみれば、異常な性関係とはいえません。ホモを異常者として差別の目でみないよう、反省してみる必要があります。

　母が優勢で父不在（父との男の子のふれあいのない）の家庭にホモが出る率が高い事実があります。ホモを育てる主な要因は、家庭の人間関係にあります。そのことに注意し、ホモを異常者扱いすることから、われわれの頭を解放しなければなりません（朝山）（『現代性教育研究』30、1978、21－22頁）

　朝山にとっては、「善意」にあふれる回答であったのかもしれません。しかしながら、「ホモは正常ではない」という回答に見えるように、「異常者として差別の目で見ないよう、反省してみる必要がある」といいつつも、そこに研究者としてのある種の「建前」と、朝山自身のホモフォビアとが共存していたということはここで指摘したいと思います。なお、朝山は、1978年11月7日に亡くなっているので、これが朝山における同性愛／同性愛者論の「到達点」となりました。「われわれの頭を解放しなければなりません」ともあるように、朝山自身も同性愛／同性愛者に関するさまざまな差別問題から「解放」されたいと思っていたのかもしれませんが、その点は現時点においては不明のままです。

「同性愛を『不道徳で不健全な風潮』だなどといえる根拠は、何もないというべき」

ＪＡＳＥ『現代性教育研究』誌上では、同性愛／同性愛者に関して「異常視」するものばかりであったことは見てきた通りですが、ここで一つ触れておきたい文章があります。それは、管見の限り、唯一同性愛／同性愛者を異常視しなかった文章で、39号（１９８０年４月）に掲載された、「世界の性革命と生モラルに関する10問10答」という巻正平（１９２２－１９９５。執筆当時：相模女子大学助教授）によって記されたものです。巻は、「Ｑ５ 性に関する〝異常〟と性情報の氾濫」の中で、「ホモ、レズ、サド、マゾや低俗な性情報の氾濫など、性について不道徳で不健全な風潮を、このまま放置していいのでしょうか？」という質問に対し、以下のように答えています。

Ａ．この問いは、どうやら「ホモ、レズ、サド、マゾ」を無条件に「不道徳で不健全な風潮」としてきめつけて、少しも疑っていないように思われます。（略）ホモ、レズということばは、その言葉自体に軽蔑の意味がこめられているので、ここでは正確にホモセクシャリティ、レズビアンという言葉を用いることにしましょう。いや、それよりもホモセクシュアリティ、レズビアンの両方をカバーする日本語「同性愛」を用いた方がいいかもしれません。（略）古代ギリシャに限らず、古今東西、いかなる時代にも、いかなる場所にも同性愛は存在し、同性愛を不自然だとする理由は見いだせないというのが真実です。（略）「不道徳で不健全な風潮」は、むしろ、人間の自然な性生活をゆがめている、今日の性的抑圧状況であるといってもいいのではないでしょうか。（巻正平「世界の性革命と生モラルに関する10問10答」『現代性教育研究』39、１９８０、14頁）

『現代性教育研究』内において、このように同性愛／同性愛者をとらえている記述は、これ以外に見当たらないのですが、先に見た朝山らと同時代にも、たしかに「異常視」する回答者たちとは一線を画していた人物がいたことは押さえておきたいと思います。

2 性教協における同性愛者のとらえられ方

〃人間と性〃教育研究協議会とは？

日本性教育史を語るうえで、ＪＡＳＥと性教協は、性教育実践を広げ深めた団体としておさえるべき団体です。ここから中心に見ていく性教協は、日本私学教育研究所の性教育部会に所属する教師たちによって立ち上げられた、教師を中心とした民間教育研究団体です。

そもそも性教協の設立発起人である山本直英（吉祥女子高校）や窪田務（関東高校〔現：聖徳学園高等学校〕）、村瀬幸浩（和光高校）は、私学に勤務し、その勤務校でそれぞれ性教育実践に取り組んでいました。村瀬によれば、山本の勤務していた吉祥女子高校では１９６８年からすでに社会科や保健体育科などの複数の教科チームによる学校ぐるみの性教育実践が、また、関東高校に勤めていた英語科教師の窪田務は、特別教育として１９８１年段階ですでに高校２年生に年間26時間におよぶ性教育実践を職員全体の了解のもとで展開していたといいます。同様に、村瀬は総合学習「人間と性」を、和光高校で始めていました。これら私学におけるそれぞれの性教育実践が、点と点がつながるような形で組織化されていったのが性教協であったことをまずおさえておきましょう。

それでは、性教協はどのような思いで設立されたのでしょうか。「アピール（設立趣意書）」には次のように書かれています。

性は人間にとって、その生き方や人格を左右するほどに重要な課題である。しかしながら今日、性をめぐる社会や文化の状況は危機的・退廃的ともいわれ、そうした中で性教育の必要性が叫ばれてきた。

しかも、この性教育への期待の中には、道徳主義的・純潔至上主義的な傾向も根強く、歴史を逆行させる恐れすらみられる。私たちは現在性の状況が、とりわけ子どもを混乱させていることを憂慮するものではあるが、それが人間の歴史の中で解放の側面を持っていることも見逃してはなるまい。

私たちが考える性教育の基本方向は、日本の歴史が歴史的に作り上げてきた性への偏見を払拭し、ヒューマンセクシュアリティとしての豊かな性を人間の一生の中に積極的に位置づけ、さらに実りある人間関係を築いてゆく力を培うことにある。それは憲法と教育基本法にある男女の対等性を基礎に、科学と人間の尊重の思想をこの分野の教育に貫くことでもある。そのために私たちは歴史的遺産を受け継ぎ、関係する諸分野の学問的成果を学び取りながらお互いの研究と実践をすすめ、日本の社会に人間性豊かな性文化を創造していくためにこの会を設立する。

1982年4月

この趣意書から読みとれる性教協の特徴は、次の3つです。

第1に、先に見たように1970、1980年代という時代の性を取りまく社会状況をふまえて設立されています。1980年代は、「女性差別撤廃条約」（1979年採択、1985年日本批准）を契機とする、両性の平等の実質的な実現の時期でした。日本においては、女性差別撤廃条約を批准するにあたって、男女雇用機会均等法の成立、国籍法の変更などの両性の平等の実現へ向けた動きが進展していった時期です。それは、社会及び家庭における男性の伝統的役割を女性の役割と共に変更することが求められることになったためであり、つまり、ジェンダー平等の実現を女性だけの問題とせず、男性の生き方の変更を迫るような時代でした。

第2の特徴として、性教育の基本的な理念を示したこと、それは、子どもの人権の尊重に徹していこうという姿勢が明確に打ち出されているということです。そして第3に、「現場主義」という点を重視している点です。性教協会員の職種は、教師が中心であるものの、性教育という教育活動の特性上、医師や助産師、看護師、学校以外において子どもと関わることのできる社会教育主事や、電話相談員、児童養護施設職員なども会員として参加しています。医師中心であったJASEを意識して設立されたことが村瀬の語りからもわかります。

だからその役員には基本的に医者を入れないと。医者を入れると、医者ベースで引きずられていく心配もあるし。「医者に教育を求めるということは大いにしよう。けれどお医者さんを役員にしたり、中心メンバーに入れないようにしよう」と。「教師でやろう」と話し合ったんですよ。「その代わり高校でも中学校でも小学校でも、できるだけ幅広い学齢の子どもたちを相手にしよう」ということで一致しました。（横山陸「村瀬幸浩」佐藤文香ら編著『ジェンダー研究を継承する』人文書院、2017、490頁）

北欧視察旅行の実施、スウェーデン性教育協会と同性愛

性教協もまた、JASE同様に設立当時から国外に性教育を学びに行く取り組みを企画していました。次章で着目する1987年のアメリカへの性教育研修もそうですが、設立翌年の1983年には既に、北欧（スウェーデン、ノルウェー、デンマーク、西ドイツ。参加者32名）への研修旅行を催しています。

これは設立者のひとりである山本直英の意向だったのですが、これらの国が選出された理由として、スウェーデンを「地球上で一番男女平等が実現した社会」（性教協会員会報『〃人間と性〃』6、1983、4頁）と山本がとらえていたことが関係しています。山本だけでなく、研修旅行団長の佐橋憲次も「スウェーデンは、女性解放という点で、今、世界中でみて、男女平等ということが100%、人によっては100%じゃないよという人もいるけど、非常に高いレベルで男女平等が行われていることだけは確か」（性教協会員会報『〃人間と性〃』7、1983、2頁）と述べているように、国外への研修は、性教育理論を学

ぶことはもちろんのこと、1980年代の性と人権を社会問題としてとらえていく視点にもとづいていたことがわかります。

このような北欧視察旅行において、殊に同性愛／同性愛者へのまなざしを考察する上で重要なのが「スウェーデン性教育協会」(Riksförbundet För Sexuell Upplysning：以下、RFSUと表す）の訪問でした。

RFSUとは、1933年に性教育実践者であるElise Ottesen-Jensen（1886-1973）らによって設立された、スウェーデンの性教育において最も影響力のあるNPOで、スウェーデンにおいて学校を含めた性教育を推進してきた団体です。

本書で取り扱う同性愛差別問題についても積極的に活動を進めていました。RFSUは、同性愛の非犯罪化を重要な課題と据え、1978年には異性間における性交の最少年齢と同性愛における性交の最少年齢を同等にするよう働きかけ、1979年には、同性愛を性的異常者として差別しないようにスウェーデン厚生省に働きかけてもいます。このRFSUは、スウェーデン性的マイノリティ権利のための同盟（RFSL（the Swedish Federation for Lesbian, Gay, Bisexual, Transgender, Queer and Intersex rights）：1950年設立）とも関係の深い団体であり、同性愛差別の問題に積極的に取り組んだ団体でした（中澤智恵「スウェーデンのNorm-criticalな性教育の現状と課題」『日本教育社会学会大会発表要旨集録』(66)、2014、502-503頁)。

北欧視察旅行で訪れた際に入手した『将来の展望、現実、行動—性、共生、社会についてのRFSUの考えと現状—』(Vision Reality Activities RFSU's Ideas and Position on Issues of Sexuality, Living Together and Society：スウェーデン性教育協会編1981）にも同性愛について記述が複数見られます。

この冊子は、「RFSU（スウェーデン性教育協会)」という企画で、会員会報11号（1983）から41号（1988）まで、6年かけて計22回翻訳され連載されています。この連載では、北欧視察旅行で得られた性教育理論・実践に関する情報の共有が試みられていますが、22回連載された「RFSU」特集にある同性愛に関する記述は、その後とりたてて取り扱われることはありませんでした。実際、同性愛プロジェクトですら、この「RFSU」特集や、北欧視察旅行での経験自体が、プロジェクトの設立に直接影響を与えたとは言っていません。そのような意味において、これらの貴重な情報は、会員にとっても、また多くの幹事たちにおいても重視されていなかった、あるいは、日本の現状とは「遠い話」としてとらえられていたと考えられます。

教師には見えない？　同性愛者の姿

「遠い話」と書きましたが、性教協が北欧視察を行った１９８０年代においては、すでに日本でも同性愛者による社会運動が進められていました。また、それを知らなかったとしても、社会運動で活躍する同性愛者のほかにも、芸能界や性風俗において活躍する同性愛者は広く認知されていたはずです。しかしながら、同性愛者は教師にとって「見えない」存在であったのでしょう。であるからこそ、第３章で見る１９８７年のアメリカ研修での体験が、多くの参加者らにとって、驚くべきこととしてとらえられたのだと考えられます。

このような同性愛／同性愛者の不可視化は、かれらの実践からも読みとれます。その一つが１９８０年代に出された『人間と性の教育』（１９８３）です。これは、性教協における初のシリーズ本ですが、これにおいても、先のＪＡＳＥ同様の考え方が前提となっていました。第４巻「恋愛と結婚、家族」の巻末に書かれたＱ＆Ａには次のような記述があります。

⑥同性の先輩に夢中なのだが

女子高ですが、上級生に熱をあげる生徒がいます。プレゼントをもらったり手紙をもらったりして困る、と上級生からの相談も受けますが、どんなものなのでしょうか。

Ａ思春期の一段階、気にせずに

一過性のものです。その生徒が同年齢の同性ともよい関係にあり、学校生活に適応しているなら心配ありません。人間の異性愛は、いろいろの段階を経て育つものです。

赤ん坊の時は、身の安全と快適さを保障し、自分の存在を喜んでくれる親（あるいはその代理）に対して、無条件の愛着を示します。その愛着は性的なものではありませんが、性愛の源ともなるものです。成長して、その愛着を直接異性へ移すのではありません。その前にまず、同性の友人を持ちます。多くの場合はグループを形成し、特に仲のよい親友も生じます。友人の影響力は親よりも大きくなり、その友人たちとの一体感をバネにして、親離れが成立します。

　そして、思春期が進むと、異性への愛を育てていくわけですが、異性と接する機会が少ない所や、異性への恐怖・抵抗がある場合、同性の年長者への愛着ということが起こりやすくなります。これは女性の方が起こりやすいのですが、思春期の女子のロマンチックな心情によるところも大きいといわれています。

　スポーツのクラブの先輩に夢中になり、そのスポーツが好きでもないのに参加してマネジャーをやったり、弁当を差し入れたりしますが、それも健全な発達の段階にあり、やがて異性へと愛着対象は変わっていきます。ですから、レズビアンではないかと心配する必要はない場合が大部分です。また、こういう先輩たちは、通常そうしたファンが多数います。その対処のしかたで、ファンたちに混乱が生ずることもありますが、それも、その先輩、後輩の双方にとって貴重な体験となるでしょう。（『人間の性と教育』第４巻、２３７頁）

　このQ＆Aからは、一過性なものは「健全」な発達段階に位置づけられ、「レズビアンではないかと心配する必要はない」ということ、むしろ「一過性」ではない「レズビアン」は「心配する必要がある」ということが読みとれます。その問題性に加えて、この当時の実践が、異性愛かつ、自分の性別に違和のないシスジェンダーを前提とした実践になっていたということも指摘しておきたいことです。

　「異性への関心がだんだん強くなる思春期には、自分と異なる性について少しでも多くの事柄を知りたいという欲求が高まってきます」、「やがて男性は女性を、女性は男性を人生のパートナーとして選択する日が来るであろう」、「パートナーである女性とともに性について悩み、語り、悲しみや喜びを共有していく、そうした異性関係をつくり出す力を持つことがとても大切」、「異性にこころをひかれたり、性的なことや異性に対する関心を持ったり、異性に対する接近欲・接触欲を持ったりするのが、この時期」、「人間の性行動は、異性に向かい、異性を求め、交わることによって真の充足を味わうことができる、そこには単なる生理的欲求にとどまらない、いわば人間として存在していることの確認ともいうべき欲求、つまり、ここのところに人間の生の人間たるゆえんがある」など、これらはすべて『人間の性と生』にある文言ですが、挙げればきりがないほど〝人間＝異性愛・シスジェンダー〟が「当然のこと」として書かれています。

見えないか、それとも「異常」に見えるか

以上のように、日本の性教育を牽引してきた2つの団体において、同性愛／同性愛者がどのようにとらえられていたのかを整理しました。

ここで1点指摘しておきたいのは、ここまで見てきたＪＡＳＥ・性教協における同性愛／同性愛者に関わる記述において、「女性同性愛」（レズビアン）についての記述が非常に少ないことです。管見の限り、レズビアンに関しては、先に見た「女子校」の記述のほかにみられません。ここからは、性教育者のジェンダー観が読みとれます。かれらにとって「同性」である男性同性愛者に関する記述は多く見られ、一方で女性同性愛者に対する記述はほとんどありません。

性教育者だけでなく、相談者である保護者における子どもへの関心に性差があることも指摘できるでしょう。男の子を「ちゃんと育てる」という思いが、当時の保護者（とくに相談者として出てくるのは「母親」ばかりで、「父親」がほとんど出てこないことにもジェンダー差が表れています）にあったと考察できます。

本章では2つの団体を見てきました。この2つの団体が日本の性教育を純潔教育から「科学的な性教育」として展開してきたことは、言うまでもありません。１９７０年代当時は、同性愛が病理としてとらえられていたのも事実です。かれらが「科学」にこだわり性教育を展開したため、「科学的に正しい」とされた事実を鵜のみにして論を展開したことも不思議ではありません。

しかし、たとえ「科学的に正しい」と思われているからといって、すでに社会に存在している人たちに対して、一方的にレッテルを貼るということは考えねばならないことです。

性科学者、性教育者たちに見えていた男性同性愛者は、「異常」という評価がなされ、十分に見えてすらいなかった女性同性愛者たちは無視されてきた。このような状況が大きく問い直されていくのが次章で見ていくアメリカ研修でありました。

第3章
画期としての1987年と同性愛プロジェクトの誕生

みなさんは、お休みの日はなにをして過ごしていますか？　映画を観に行く。美術館でゆっくり過ごす。あるいは、スーパー銭湯に行って、お昼からビールを飲んだり。いやいや、家から出ずにゲーム三昧も捨てがたい。

「多忙化する教師」の問題性は、本書で取り上げるまでもなく、さまざまな所で議論が深められてきたことですが、そのような多忙な教師だからこそ、休みの日くらいはゆっくり過ごすものだ。そのようにとらえている学生と出会うのは少なくありません。かくいう私自身、「教師も人間なのだから、休みの日ぐらいは何もせずゆっくり過ごしているのではないか」と、学生時代は考えていました。

そんな私が、学生時代に民間教育研究団体を知った時、とても衝撃的であったのを覚えています。「教師って、休みの日まで勉強するの!?」教育学を少しでも学べば、教師が教材研究の時間を確保し、目の前の子どもたちのために切磋琢磨しているのは言うまでもないことなのですが、そんなことも知らなかったのです。

本章で見る1987年のアメリカ性教育研修旅行も、そのような「休み」をつかって自主的になされた学習の機会です。今日の教師が置かれている状況とは異なるのですが、このことを「自費でアメリカまで、性教育の研修に!?」と、学生に伝えると驚きのコメントが続出します（私も初めて資料を見た時、同様に驚きました）。

さて、教師たちは、どうしてわざわざアメリカまで？　本章ではこの点を描き出すことから始めてみましょう。

1 「アメリカ性教育研修旅行」の目的と旅順

性教協は、１９８７年にアメリカ性教育研修旅行（以下、「アメリカ研修」）を催しました。実のところ、アメリカ研修こそが、教師たちがすすめてきた性教育において同性愛／同性愛者が欠落していたこと、そして同性愛者を排除・抑圧していたという気づきを与える契機となったのです。

性教協のメンバー有志は、１９８７年の8月10日から20日にかけて、性教育や性に関わる研究を進めている場を訪問すべくアメリカに旅立ちました。参加者は34名で、旅順は図表３‐１（次頁）の通りです。

このアメリカ研修の目的は「外国性教育事情視察」でした。というのも、積極的に海外視察を行うことで、日本国内の性教育状況を相対化でき、海外の実践を自分たちの性教育実践に取り入れたいという思いが、設立者の山本直英にあったためです。山本は、過去に自身が海外研修に行った際、「目からうろこが落ちるどころか、ひとかわむけて脱皮するカルチュアーショック」（『会員会報〝人間と性〟』６、１９８３、４頁）を経験したとも話しています。

SIECUSとキンゼイ研究所

アメリカを研修先としたのは、国際的な性教育団体が存在するためでしょう。その一つが、ＳＩＥＣＵＳ（Sexuality Information and Education Council of the United States）です。この団体は、１９６４年に医師であるカルデローン

図表３-１　アメリカ研修の旅順

日程	内容
8月10日	成田空港発　インディアナ大学キンゼイ研究所（以下「キンゼイ研究所」）着
11日	キンゼイ研究所でのレクチャー（1日目）
	8：30 - 8：45　プログラムの外観とイントロダクション　(Paul Pearsall Ph.D) 8：45 - 10：00　レクチャー①　キンゼイ研究所の概要　(June M. Reinisch Ph.D) 10：00 - 10：30　休憩 10：30 - 12：00　レクチャー②　霊長類の性行動　(Leonard A. Rosenbulm Ph.D) 12：00 - 14：00　昼食（インディアナ・メモリアル・ユニオン・カフェテリア） 14：00 - 15：00　レクチャー③　性医学の新動向　(Paul Pearsall Ph.D) 15：00 - 16：00　休憩 16：00 - 17：30　レクチャー④　性的指向　(David McWhirter M.D.) 17：30 - 19：30　夕食 19：30 - 21：00　レクチャー⑤　キンゼイ研究所コレクションの概観　(June M. Reinisch Ph.D ／ Pamela Buell M.A.)
12日	キンゼイ研究所でのレクチャー（2日目） 9：00 - 10：00　レクチャー⑥　セクシュアリティにおけるクロスカルチャー　(Terry Tafoya Ph.D) 10：00 - 10：45　レクチャー⑦　青年期の性と性教育　(June M. Reinisch Ph.D) 10：45 - 11：30　レクチャー⑧　月経周期と環境の要素　(Stephanie A. Sanders Ph.D) 11：30 - 12：00　閉会式
	ニューヨークへ移動（23時過ぎ着）
13・14・15日	ニューヨーク大学　SIECUSでのレクチャー（3日間）
	①歓迎と導入　ロバート・パーンハム学部長　モグリア教授夫妻 ②合衆国の性教育の概観　アン・ウィルボーン＝モグリア博士 ③幼稚園から中学までの公立学校でのプログラム　ジェリー・アペルソン氏 ④低学年の性教育　ロナルド・モグリア博士 ⑤思春期の性教育　ロバート・シルベストーン博士 ⑥思春期の生徒と一緒に動く教育法　ペギー・ブリック氏 ⑦思春期向けNY市のプログラム　カレン・デナード氏 ⑧ラテン系青少年向け性教育　ダイアナ・ディマロー博士 ⑨幼稚園から12歳までの性教育教材　レイ・ハリングビー氏 ⑩性教育用視覚教材　マーク・ショーン博士
16・17・18日	サンフランシスコへ移動 The Institute for Advanced Study of Human Sexuality でのレクチャー ：「脱感作」のフィルム鑑賞
	カストロ通り観光
19・20日	サンフランシスコ発　成田着

(『会員会報“人間と性”』34、1987、2 - 9頁。ならびに『1987 Kinsey Summer Institute Agenda』、貴志泉によるアメリカ研修の写真アルバムをもとに筆者作成)

(Mary Steichen Calderone, 1904-1998) やカーケンダール (Lester Allen Kirkendall, 1904-1991) などによって設立された非営利民間団体です。

設立以来、性に関する情報提供や教育などの啓発活動を行っているSIECUSは、フェミニズムやゲイリベレーションにも深い理解を示し、ゲイやトランスジェンダーら性的マイノリティの人権獲得運動として名高い「ストーンウォール事件」にも積極的に関わりを持った、アメリカにおける性解放運動の拠点になった団体です（堀川祐里・堀川修平「アメリカの性教育と『包括的性教育のためのガイドライン』」『季刊セクシュアリティ』65、2014、79-91頁）。

SIECUSによってこれまで第3版にわたって示されてきた『包括的性教育のためのガイドライン』(Guidelines for Comprehensive Sexuality Education Kindergarten through 12th Grade：1991年初版）が、今日、性教育の指針として扱われている『国際セクシュアリティ教育ガイダンス』（ユネスコを中心にして制作）に大きな影響を与えていることからも、国際的に性教育を牽引してきた団体であることがわかります。

加えて、SIECUSを設立したカーケンダールは、日本の性教育とも深い関係を持つ人物です。1971年にはJASE設立の中心人物である朝山新一と懇談を、そして1980年にはJASEの10周年記念講演を行っていますし、1985年にはJASEの15周年記念講演のために来訪しているのです。このような点からも、日本の性教育に思想的影響を与えているといえます（鹿間久美子「L・A・カーケンダールの性教育思想の研究」新潟大学『現代社会文化研究』(34) 2005、91-106頁）。

村瀬幸浩も語るように、性教協の設立メンバーであった村瀬や山本は、SIECUSやカーケンダールを意識しながら「人間と性」（ヒューマンセクシュアリティ）という概念を自らの会の名前に掲げたのであって、そのような点からも、性教協がSIECUSを訪問場所とした理由が読みとれます。

また、キンゼイ研究所も重要な団体の一つです。キンゼイ研究所とは、キンゼイ (Alfred Charles Kinsey, 1894-1956) によって1947年に設立された性に関する研究所ですが、このキンゼイの業績は何といっても『キンゼイ・レポート』でしょう。『キンゼイ・レポート』とは、1948年と1953年の2度にわたって出された、アメリカの白人男女約1800０人の性に関する調査報告のことをさします。この『キンゼイ・レポート』は、①セックスの多様性、②マスターベーション、③同性との性体験、④「正常」なセックスの4点を調査によって明らかにしました。

とりわけ③同性との性体験に関して、『キンゼイ・レポート』では、「約50％の男性、約28％の女性が、同性と何らかの性的体験があった」ということを示しました。その後の調査ではこのデータよりも少なく出る傾向にあることや、調査方法に限界があるなど、いくつもの批判がなされてはいますが、そのインパクトの大きさは「一大スキャンダル」であったといえます。このようなＳＩＥＣＵＳやキンゼイ研究所のほかにも、歴史のある性教育関連団体が複数存在していたことが、アメリカ訪問の理由の一つとなっているのでしょう。

ＨＩＶ／ＡＩＤＳという課題

アメリカ研修の目的には、長年続いている性教育研究所における研究蓄積を学ぶということだけでなく、ＨＩＶ／ＡＩＤＳのような最新の状況を目で確かめてくる意味があったのだと考えられます。

日本においては、1981年の時点で既に、アメリカでの「奇病」の情報は全国紙で取り上げられていました。それは、朝日新聞における「ホモ愛好者に凶報」という記事です（新ヶ江章友『日本の「ゲイ」とエイズ─コミュニティ・国家・アイデンティティ』青弓社、2013）。その後、1983年9月4日のサンケイ新聞による「米で原因不明の文明病、〝日本上陸〟を警戒」という記事には、「ＡＩＤＳ」という表記がすでになされており、「ＡＩＤＳ」は「ホモ愛好者を源にして伝染している〝文明病〟」であり、厚生省は「ホモ外人との接触を慎み、水際で上陸を防ぐしかない」とし、「外人の多い盛り場、宿泊施設は要注意。海外旅行の際、ホモのたまり場などへ出入りしないこと」と注意を呼び掛けています。このような記事が出され、ＨＩＶ／ＡＩＤＳとゲイに対する偏見が結び付けられて語られていたため、「普通」の人にとっては、エイズはじぶんごとではない遠い話だったわけです。

そのような「普通」の人にとって松本事件・神戸事件・高知事件といった1986年の「エイズ・パニック」は、「エイズはまさに遠い海外から身近な家庭へと忍びこんでくる病」という認識につながる出来事となったのでした。

そして、１９８７年1月には、このような状況を受け、厚生省のエイズ対策専門家会議委員長であった塩川優一（１９１８‐２０１６。当時：順天堂大学名誉教授・リウマチ学）は、以下のようにコメントしています。

> 異性間の性的接触で患者が出たことは、わが国でも新たなエイズ対策が必要になってきたことを意味する。一部の男性同性愛者だけでなく、ごく普通に生活している人たちにも危険が広がる恐れが出てきたからで、私たちも日本にとっての「エイズ元年」と深刻に受け止めている。（朝日新聞、１９８７年1月18日記事）

塩川は、このコメントを出した１９８７年を「エイズ元年」として位置づけ、１９８７年1月28日には、厚生省が各都道府県に向けて「ＡＩＤＳ調査の実施について」を通知しました。そして矢継ぎ早にＡＩＤＳへの対応はとられ、１９８７年3月31日には国会に、「後天性免疫不全症候群の予防に関する法律」（通称：エイズ予防法。１９８８年12月21日成立、１９８９年2月17日施行）が提出されたのです。

このようなエイズ・パニックは、いわゆる「普通の人」にも大きな影響を与えたのですが、その「普通の人」の中には、続いて見ていくように、性教育関係者も含まれていました。

ＨＩＶ／ＡＩＤＳと性教育者

性教協におけるＨＩＶ／ＡＩＤＳに関する記事の初出は、１９８４年6月20日発行第14号「第３回性教協定期総会議案（活動のまとめと新年度の方針について）」でした。そこには、１９８３年から84年にかけての情勢として、優生保護法改訂、少女雑誌のセックス記事規制、男女雇用機会均等法案、離婚率の上昇などのほかに、「この他にも『ジャパゆき』とよばれる東南アジアからの売春婦をめぐる問題、ＡＩＤＳ騒動、体外授業《ママ》、代理出産、バイオテクノロジー問題」が性をめぐる問題として取り上げられています。

この「ＡＩＤＳ騒動」とは、１９８２年のアメリカでの「騒動」をさしています。ここでの「騒動」は、あくまでも海外の話という意味でのものであったのでしょうし、日本における問題としては受け止めていなかったことが推察されます。だからこそ、この「情勢」でも、ＡＩＤＳについて十分に展開されていないのですし、性教協の会員会報で次に取り扱われたのは、１９８７年４月20日発行第31号「情報のページ」（13頁）と時間があいてしまっているのです。

この「情報のページ」は、山本によって書かれました。ここでは、次のようにＨＩＶ／ＡＩＤＳが語られています。

会員の皆さんも、手もとにかなりエイズの情報を持たれて、すでにエイズ教育を手がけられた方もいられることと思う。文部省、厚生省・教育委員会からのさまざまな指示伝達もはじまってくる。どうやらここしばらくは（昼・男３人が集まると売上税を語り、夜３人集まるとエイズを語る）といわれるように、教室でもエイズを語らないではいられなくなる状況に向かうだろう。予防対策としては（エイズ患者又は疑わしい者・男性同性愛者や職業売春婦、エイズ多発国の住民との性的接触をしない）とか、（多数相手との性的接触を避け、コンドームを使用し、肛門性交・口腔性交・ディープキスはしない）という情報が伝わってきている。

さて、ここでエイズ教育に関わるプラス・マイナスを考えておこう。

《＋》（１）性教育の取り組みを促す。（２）人間の性についての関心を高める。（３）エイズの防止に役立つ。（４）性の商品化（　《ママ》など）を防ぐ。

《－》（１）戦後の性教育のように脅しの教育となりやすい。（２）性教育がふたたび純潔教育や青少年の性非行防止対策へと走りやすい。（３）人間性（ヒューマンセクシュアリティ）の暗い面だけが強調されて、セックス観がゆがめられる。（４）人権侵害が起こりやすい。

このマイナス面に気をつけるためには、それ相応の性教育の視角と力量が教師に要求されよう。

また、足並みを合わせるように、同号巻末の「事務局だより」(16頁)では、村瀬が次のように語っています。

「学校でエイズ教育を」のかけ声のもとビデオ販売も含めて周囲の動きが急です。〝エイズパニックシンドローム〟という言葉もあるように、これが性恐育に利用されたり、ホモセクシャルや血友病患者への排除・差別につながらないように監視の眼を光らせなければなりませんね。

山本がいうマイナス面の(4)「人権侵害が起こりやすい」と、村瀬の言う「ホモセクシャルや血友病患者への排除・差別」は呼応しています。先の法案のほかに、1987年2月には、文部省から「エイズの予防に関する知識の普及について」が学校現場において通知され、エイズ教育を推進させる役割を担っていたことが分かります。そして、この2つの記事が出された次の会員会報にあたる1987年6月20日発行第32号に掲載された「第5回性教協定期総会議案(活動のまとめと新年度方針について)」における「情勢」で、性教協として、男女雇用機会均等法に続く第2の問題として「エイズに関わる問題」が提示されました。そこでは「エイズは我々教師にも問いかけていると思う。『クラスの子どもがこの病気にかかったとき、あなたは教師としてどう立ち向いますか』と書かれているのです。HIV/AIDSに関わって、人権侵害が起こらないようにという注意を促すのは、「性と人権」という点を重視した性教協の組織的性格が関わっていると考えられます。

このようにHIV/AIDSをとらえている性教協ではあったのですが、アメリカ研修の目的には、それまでHIV/AIDSと結びつけられて差別されてきた同性愛について積極的に学ぶということは含みこまれていなかったのです。にもかかわらず、このアメリカ研修が、性教協のメンバーに同性愛/同性愛者について考えるきっかけを与えたのはどうしてでしょうか。

2 同性愛／同性愛者との邂逅

「彼の言葉」で目が覚めた

まず押さえておきたいのは、アメリカ研修において、同性愛者と「出会い」があったと同性愛プロジェクト刊行の『新しい風景』の巻頭に書かれていることです。ここでの「出会い」とは何を意味しているのでしょうか。

1987年の夏まで、同性愛はその、見落としてしまっていることの一つだった。（略）日本の現在の情報のあり方から言えば、「同性愛」という言葉を知らない人はまずいない。同性を愛する人たちが「現実にいる」ということも知っている。知識として「知って」いる。しかしそこには日常的な実感はない。自分の隣にいる人、目の前で話している人のセクシュアリティは異性愛だと、意識さえせずに決めてかかって疑わない。性教協のメンバーも、ほとんどがそうだった。性にかかわる人権問題としてゲイ・ムーヴメントに関心を持っていたとしても、実感の点ではそんなものだった。だから彼の言葉には、文字通り「目の覚める思い」がしたのだった。
（同性愛プロジェクト『新しい風景』1991、1頁。）

ここからも分かるように、「出会い」とは「現実にいる」ということへの気づきという意味ではなく、「見落としてしまっている」ということに気づくことという意味でした。それでは、かれらはどのようにして「出会った」のでしょうか。

この文章には「彼の言葉」によって「目が覚めた」とあります。この「彼」こそが、このアメリカ研修で一番初めに訪れた、キンゼイ研究所の講義を担当したマクイーター（David P. McWhirter, 1932 - 2006）でした。

マクイーター博士とは、Human sexualityを専門分野とした研究者であり、カリフォルニア大学サンディエゴ校で研究を進める傍ら、キンゼイ研究所にも所属した人物です。

これまで、日本における性教育研究では、このマクイーターについては言及されてきませんでした。彼が何者なのか、引き続き研究を進めなければならないのですが、少なくとも、このマクイーターによる「カミングアウト」が、かれらの「目を覚ました」ということが、参加者の一人であった木谷麦子さんの語りや『新しい風景』からも読みとれます。

「三度見」に象徴されること

キンゼイ研究所での講義は、通訳を介してなされていたと木谷さんは言います。想像していただければ分かるかと思いますが、英語での講義、特に初めて学ぶような知識は、日本語での講義を聞く以上に、意味を理解しにくい状況です。それに加え、キンゼイ研究所での講義は、日本から移動した次の日から始められていました。しかも、朝の8時半から途中休憩が複数回入りながら行われた講義で、かつ、夕食前のほぼ「最後の方」でなされていたのです。これだけの情報でも、このマクイーターの講義が決してよいコンディションでなされたわけではないということが分かるでしょう。この時の状況を、木谷さんも次のように語っています。

> 木谷：あの時めっちゃ眠かったですね（笑）。ジェットラグある上に一日のもう最後の方だったから疲れきって、その、大して英語力ないのに、通訳がいるといっても、英語も聞くじゃないですか。それで頭も疲れちゃって。（略）基本的に私の記憶では、っていうかそこだけ覚えているのかもしれないけど、60年代のゲイリブの始ま

りと流れみたいな話だったかと思うんです。だから、話の内容そのものは、私は、実はそんなにものすごく「えーそうなんだ」と初めて聞いた話ではなかった。日本でいくつか聞いていたことを、こう確認した、補足されたっていう感じだったんですよね［第10回］

この講義においてマクイーターがどのような内容を話したのかは、正確には把握することができませんでした。というのは、この研究にあたって木谷麦子さん、貴志泉さん、原田瑠美子さんのお三方にお話しを伺うことに加えて、貴志さんからは当日配布された膨大な資料を譲っていただいたのですが、その資料集の中にもマクイーターの講義録資料は収められていなかったためです。

ですので、推察するに、木谷さんがインタビューの中で話しているような内容は、マクイーターが編著に関わった〝Homosexuality/Heterosexuality: Concepts of Sexual Orientation〟（１９９０）や、パートナー関係にあった医療心理学者のマッティソン（Andrew M. Mattison, １９４８‐２００５）との共著〝The Male Couple: How Relationships Develop〟（１９８３）の内容に重なると考えられます。

時差ボケかつ、翌朝から行われた研修のほぼ最後になされたコンディションの悪い講座の状況を一変させたのが、マクイーターの最後の一言であったといいます。

木谷：で、最後に、「私も、同性のパートナーと十数年来一緒に住んでいて、彼が教室の後ろに来ていますよ」って言われて、パーッと目が覚めるという。で、こうやって、「えー!」みたいな感じになって…。［第10回］

このインタビューは、Ｚｏｏｍを利用したインタビューだったのですが、画面の向こう側で、木谷さんは、前と後ろを二度見ならぬ「三度見」をする動作をしていました。そして、木谷さんはもう一歩踏み込んで説明を加えていました。

木谷：私、その前に日本でゲイバーにも行ってたし、そこでゲイカップルも見てるんだけど。多分ストーンウォールの話も、そこで聞いてるんですよね。だから、ストーンウォールについて聞くのがそんなに新鮮じゃないし、なんだったらゲイカップルも別に初めて見るわけじゃなかったんですけど。

でもなんか、やっぱり、夜の二丁目のゲイバーで見るのとは…違う。完全な明るい日の下で自分の日常の続きでいきなり、予測しないところに登場したっていう感じで。もうほんとにね、今だったらなんでそんなことしたんだって思うくらい、マクイーターさんを見て、パートナーさん見てっていうのを、三回くらい、三度見くらいしましたよ。それくらいインパクトがある、私にとってはありましたね。

最初は、英語で言われて、分かるじゃないですか。で、そこでまず一度見るわけですよ。ただ、そこで、私、自分の英語のヒアリングにあんまり自信がないから、「え、ほんとにそう言った？」みたいな感じで、翻訳されている間に、あと二度見をするっていう。そんな感じで、三度見しました［第10回］

熱いものがこみあげてきた

実は、この衝撃は、木谷さんだけの話ではなかったのです。当時性教協の代表幹事であった高柳美知子は、『月刊生徒指導』「ずっしりした手ごたえのアメリカ性教育研修」という報告で、この時のことを次のように語っています。

「性の方向付け」（筆者補足：性的指向のこと）ということで、ホモとヘテロについていかにも学者らしいおだやかな口調で淡淡と講義なさったダビット博士（筆者補足：マクイーターのこと）の結びの言葉は、「私はホモです。12年間、男性と一緒に暮らしています」。その瞬間、私のなかに熱いものがこみあげてきた。

どのようなおつもりがあってそうした表白をなさったのか知る由もないのだが、今の私の熱い共鳴をなんとか相手に伝えたい、といって拍手するのもおかしいし……と、いささか戸惑っているうちに、同行者の一人から、質問の手があがった。どうぞ思い深い質問であるように、と祈りたい気持ちであった。しかし、その内容は、「ホモはやはり異常なのでは……」というもの——。性を人権としてとらえている性教協のメンバーにして、こうした認識しか持ち得ていないとは！さびしく、腹立たしく、そこにいあわせていることがつらかった。

だが、ホモといえば、すぐさまオカマと称する女装した男を思いうかべて冷笑するのが大方の日本人の反応であれば、彼一人を責めるのは酷というものであろう。エイズ患者を報じるマスコミの口調も、どこかヤユ的で、あんにその人の過去に正しくない性行為があったからだ、といわんばかりである。性愛における「異常」「正常」とは何か——性教協においても、今後、おおいに討議を巻きおこしていかなければ、と痛感することしきりであった。（高柳美知子「ずっしりした手ごたえのアメリカ性教育研修」、『月刊生徒指導 10月増刊号』学事出版、1987、182‐191頁、傍点ママ）

性教協の代表幹事という立場から、この時のことを性教協外部に報告しているのですが、高柳は、マクイーターを除く他の7名の講師について「触れる余裕のないのが残念」と、この時のキンゼイ研究所の報告をマクイーターに絞っています。「紙幅の都合」とはいえ、一人に絞るというのは冒険的だと私は思うのですが、逆に言えば、高柳にとっては、それほどこの時のインパクトが大きかったのだとも考えられます。

このように、アメリカ研修においてまず訪れたキンゼイ研究所で、参加者は大きな衝撃を受けていたのです。それは、マクイーターによる「カミングアウト」という身近な形で同性愛者と出会ったことでした。そして、この時の衝撃が冷めやらぬ中、続くサンフランシスコでも参加者は大きな衝撃を受けることになったのです。

サンフランシスコにおける「脱感作」フィルム教材

参加者一行は、キンゼイ研究所からニューヨーク大学のＳＩＥＣＵＳへ赴き、その後、サンフランシスコへと移動します。そこで訪れたThe Institute for Advanced Study of Human Sexuality（ヒューマンセクシュアリティに関する先端研究所）で、かれらは次のような経験をしたのです。

いままでの規模から考えると小さな建物だが、博士課程を持つ四大学院のうちの一つで、私達の他にも研究団体が来ていた。ここでの目的は「脱感作」のフィルム。性教育の指導者となる人の心から、性への拘泥をとりさるものだ。西アジアの宮殿のように大きなクッションを敷き詰めた中に埋まり、緩やかな音楽の流れる美しい画面を見る。そこにはさまざまな性交の場面が映しだされる。（『会員会報〝人間と性〟』34、１９８７、７頁）

ここでいう「脱感作」とは、行動療法の一技法である系統的脱感作法のことでしょう。不安の対象となる状況や物に対し、それらを対象者の主観的刺激の強弱によって階層化する、また、脱感作と呼ばれるリラクゼーションを学び、十分にリラックスした状態で階層的に低い不安対象に暴露する技法である「脱感作」で、かれらは「さまざまな性交の場面」、「若い男女、有色人種、老人、身体障害者、多数の性交、等々」を見ていました。

木谷：サンフランシスコでは、ＨＩＶの予防啓発のビデオを何本か見せられたんですが、それもしっかり同性同士が出てきました。一つは、コンドームを使いましょうっていうカジュアルな感じのＣＭ風の演出のビデオでした。最初は男女がベットに入ってセックスをしてて、コンドーム使おうね、そうだねって楽しい感じで。そうするとそこに、男の人がもう一人来るんですよ。そしたら、今度、男性同士がコンドーム使いましょう。で、三人でコンドーム使いましょうって、にこにこして終わるんです。

あと、もう一つは感染予防を実行しているところの実録ビデオでした。それは、男性のマスターベーションパーティーのビデオなんです。要するに、究極の予防ですよね、HIVの。20〜30人ぐらいかな、広い家に集まってみんなで家具全部にシーツを掛けるところから始まって、それから半裸や全裸になってマスターベーションしあうという。よく見てると、あれ、ここに映ってる人、いま説明してる教授だよね、みたいな。ここでも、「映像」は非日常でもありえたけど、自分の座ってる同じ床の上に登場人物が生身でいるという、日常体験になったかな。[第2回]

特別な形ではなく「普通」に同性愛者、両性愛者、そしてポリアモリー的関係にある人びとが出てくる。出演者は全員ボランティア、しかも、その映像に出てくる人の一人が、目の前で解説している教授。これが2つ目の衝撃であったといいます。そして、3つ目の衝撃は、このフィルムを見た「サンフランシスコ」で起こっていたのです。

昼のカストロ通りという空間、社会運動との出会い

ゲイの街といわれるサンフランシスコのカストロ通りは、誰もがかなりの好感を持って受けとめたようだ。私達が訪れたときは、ちょうど日曜の午後とあって、仲睦まじいカップルでにぎわっていた。スマートな躰つきにセンスのいい服装、優しいまなざしとくれば、だれしも好感をもって不思議はない。居並ぶ商店もシャレていて、恰好の遊歩道である。ゲイであることを表明する七色の虹の旗が、ここ、かしこにひるがえり、思わず足がとまる。(略)ゲイというだけでの偏見・差別にエイズ現象が加わり、暴力行為、解雇、住居拒否、種々のサービス拒否などがおきているという。こうしたなかでのゲイ表明、それも、美しい虹色の旗をかざしてのそれに、思わず胸が熱くなる。(高柳美知子「ずっしりした手ごたえのアメリカ性教育研修」、『月刊生徒指導

10月増刊号』学事出版、1987、189-190頁）

このように興奮冷めやらぬ形で高柳はカストロ通りのことを書いていました。カストロ通りとは、カリフォルニア州サンフランシスコにあるゲイタウンであり、性的マイノリティに関連した政治運動やイベントなども行われる場所です。木谷さんはこの時のカストロ通りについて次のように語っていました。

木谷：カストロ通り、わざわざ二回行ったから（略）最初にカストロ通りに行った時ちょうど、ワシントンのレズビアン&ゲイパレードの支援金と署名を集めてたんですよ。カストロ通りの交差点のところで、風船とかいっぱい飾って、たくさんのレズビアンとゲイが、ブースを作って、署名お願いします、寄付お願いします。ってやっていました。

キンゼイ研究所で、明るい光の中で「パートナーです」って言われて、盛り上がったじゃないですか、私。その盛り上がった状態で、カストロ通りに行ったら、めちゃくちゃ盛り上がってるレズビアン&ゲイがいっぱいいたわけですよ。で、さらに私は盛り上がるわけですね。「お〜！」とか思って。一気に大量に、カリフォルニアの明るい太陽の下で見てしまったわけで。それはもう、高揚しましたね。その人波の中に入っていって、で、かれらは署名運動をしてたわけですよね。外国人でも署名できるかって聞いたら、「外国人はできない。アメリカの国籍が必要」っていうから、「じゃあ寄付だけするから。私はあなたたちの主張を支持する」って言ったら、「Ｏｈ！」って金色のおヒゲのゲイにハグされて。きゃー！　とほかの意味でも盛り上がったりして。

2回目は、日常の町を普通に歩きました。一緒に行った人は買い物もしてましたね。［第10回］

同性愛／同性愛者イメージの転換

木谷さんの語りからは、その当時の様子が色鮮やかに浮かび上がります。署名はできないなら寄付をするという行動力。旅行中2度カストロ通りに足を運んだというのも、木谷さんにとっての衝撃と興味関心を表しているといえるでしょう。

ここで重要なのは、木谷さんの「カリフォルニアの明るい太陽の下で見てしまった」という語りです。木谷さんの同性愛／同性愛者観に関しては、章を改めて見ていきたいと思いますが、木谷さん自身は、このアメリカ研修の以前からすでに日本においてゲイバーに出向いたり、ゲイの知人が身近に存在していたため、キンゼイ研究所でのマクイーターの講義自体は「すでに知っていた」話でもあって、「退屈」すらしていたといいます。

しかしながら、その木谷さんにとって衝撃的であると感じられたのは、「明るいところ」でカミングアウトし、自分自身がゲイであるということを公表してよい、ということであったのです。それは木谷さんがそれまで出会ってきたゲイの知人は、いわゆる日常生活では自己のセクシュアリティをカミングアウトしていないばかりか、そのことについては触れないようにしてほしいというメッセージを木谷さんや木谷さんの友人たちに告げていたことに関わることです。そのことから、木谷さんは、ゲイであるというセクシュアリティは、カミングアウトしてはいけないもの、いけないという空気感があることを学んでいたのだといいます。

そのような木谷さんにとって、「カリフォルニアの明るい太陽の下で」自己のセクシュアリティを肯定的にさらけ出している姿は、とても印象に残ることであったのだというのは納得のいく話です。

3 動く木谷さんと得られた「気づき」

情報収集の困難さと『女を愛する女たちの物語』との出会い

木谷さんは、帰国後すぐに動きました。木谷さん自身が同性愛プロジェクトの発起人であったのですが、当初木谷さんは、アメリカ研修の衝撃をレポートとしてまとめようと考えていたといいます。日本国内で発行されている同性愛に関する本を複数冊まとめてレポートするということも非常に重要な活動ではあるのですが、その活動はいきなり壁にぶつかったのです。

というのは、木谷さんいわく、国内で同性愛について書かれた本を探してもまとめるほどの「ちゃんとした本」が5、6冊も見つからなかったそうです。同性愛者ら性的マイノリティは、「異常性愛」者として取り扱われたり、電気ショック「療法」と紐づけて語られていたり、「面白おかしく」取り扱われていたり。木谷さんは「これじゃない」と思ったといいます。そのような中で、「かろうじてまともなのが、ゲイで1冊、レズビアンで1冊だった」のだと木谷さんはインタビューの中で述べていました。そして、その「かろうじてまとも」という1冊が、雑誌「宝島」で特集された『女を愛する女たちの物語』（別冊宝島64、1987）であったのです。

この『女を愛する女たちの物語』は、234名のレズビアン・アンケートを掲載し、約2万部が全国の書店に並び、情報の少ない80年代に〝L《レズビアン》のバイブル〟とも呼ばれたムック本でした（パフスクール『日本Lばなし―日本のレズビアンの過去・現在・未来をつなぐ』2017、100頁)。

この本は、『新しい風景』でも次のように評価されています。「当事者の視点からつくられているし、記事もアンケートも心の在り様をていねいに書いている。個人の内面に入っていく形の物が多いのが特徴で、それこそ『生の声』が感じ取れる」と評価されている(同性愛プロジェクト『新しい風景』1991、57頁)。

「生の声」を大切にするというのは、このあとの同性愛プロジェクトにおいても重要視されていたことでした。この『女を愛する女たちの物語』を見て、木谷さんはそこに掲載されていた、レズビアン団体Xにつながっていったのです。

団体Xとの出会い――自分自身の「特権」の理解

木谷さんは、当時住んでいた自宅から近かった団体であった団体Xにまず連絡を取りました。私たちも何かを学ぼうと思い立った時、まず身近にある団体(かつ、信頼のおける団体)にアポイントをとることがあるのではないでしょうか。木谷さんもまた、当時住んでいた地域に近かった団体Xに連絡を取ったのだといいます。また、同性同士の方が話しやすいかもしれないとも考えたのだそうです。

その時、ゲイ中心の団体Yも候補に挙がっていたといいます。ただ、その時、男性同性愛者であるゲイが「女に覗かれるのを嫌うかもしれない」という男性のミソジニーを懸念していたといいます。ミソジニーとは、女性嫌悪や「女嫌い」と訳される言葉です。木谷さんは、男性であるゲイたちの集団には、「女嫌い」があるかもしれないと、それまでに通っていたゲイバーでの経験に照らし合わせて考えていたのです。そのように考えたうえで、「同性」の女性たちによる集団である団体Xに次のような手紙を書いてアポイントをとったのだそうです。

木谷:「私はヘテロだと思ってきたけど、それはそういう情報しかなかったから思っているのかもしれない。そういうことも含めて、白紙から問い直したいと思います」って書いたんですね。それはヘテロセクシュア

ルである私としては、非常に真摯な言葉だったんだけど。ただ、これは後から聞いたんですが、そういう言い方って、自己否定してきたレズビアンがよく言うのに似てたらしいんです。だから「またそういう人が来たのね、じゃあウエルカム」みたいな感じだったそうなんです。

――一緒に学んで、自分をちゃんと取り戻そうみたいな。

木谷：そうそう。当時、私は男性パートナーもいたけど、結婚してたわけでもないし、最初は、ほんとにそういう風に思われてたらしいです。そのうち向こうも、「この人ほんまもんのヘテロなんだ」と思ったのと、こっちもその自覚が出てきたあたりは、結構きつかったですよね、やっぱり。［第2回］

団体Xに手紙を送った木谷さんは、「これは自己肯定できてないレズビアンだ」と勘違いされながら受け入れられたのだといいます［第2回］。

木谷さんは、そのような自分に対していろいろなことを話してくれたこと、そして、さまざまな性的マイノリティ団体を紹介してもらったことを「本当に大切なこと」だと語っていました。その一方で、木谷さんが「居心地の悪い」と評する貴重な経験にもつながっていたといいます。木谷さんは、木谷さんが同性愛者たちの団体に出入りした時の、「抑圧者としてその中に入る」という経験のことを「30人のレズビアンと私」と表現しています。

木谷：私個人に対して言ってるわけじゃないんだけど、当然ヘテロに対する批判はありますよね。マイノリティが集まる場であれば、マジョリティに対する日ごろの苦情が出まくるのは当然なんですけど、それ全部こっちに刺さるじゃないですか。結構大変でした。
――むしろ、日がたつにつれて、居心地はどちらかというと。
木谷：悪くなる。
――それはある意味、団体Xのほうも木谷さんがヘテロセクシュアルって気付くことによって、「私たちと違うよね」とかっていうことで、距離ができちゃうっていうことなんですかね？
木谷：それもあったかもと思うんですよね。これはあくまで推測なんですけど、最初にレズビアンだと思ってウエルカムしちゃった人たちが、ほかのレズビアンから「ヘテロを入れちゃって」って言われたこともあるんじゃないかなと。想像です、これは。だまされた感があったのかもしれない、だましたわけじゃないんだけど。本人も、私がだましたとは思ってないけど、自分が間違えた感が、ちょっとあったんじゃないかなとは思う。これは想像です。［第2回］

先にも書いた通り、木谷さんにとって、団体Xに関わることは、「本当に大切なこと」である経験ができた場でもあったわけです。私自身は、その経験と比べられないほど、木谷さんにとっての自分自身のセクシュアリティの再認識の場であったことも大切なことであったのだと考えます。木谷さんは、学びをとおして「ヘテロセクシュアル」であると再認識した部分も少しあったと思っていると語っていました。いわゆる「性的マジョリティ」が、性的マイノリティのコミュニティの中に限っては立場が逆転し、マイノリティとなるという経験をするということは、私自身これまでも何度も聞いてきた話です。

ふと考えてみると、私自身同様の経験をしていると思いました。私が初めてジェンダーに関わる研究会に参加した時、その参加者は、私を除いてすべて「女性」の方でした（ご自身のセクシュアリティをカミングアウトされた方や、女性としての当事者性を語られていたことをもとに判断しています）。そのなかで、この社会の性差別状況、もっと端的に言えば、「男性であるという特権」の問題性を議論する中で、いたたまれない思いをしたことがあるのを思い出します。

自分自身の差別者性を問われるということは、とてもキツイ営みだと思います。木谷さんは、このような「居心地が悪い」と評した経験に関わって、「きつくても辞めなかった」という、学びを続けたことの意義について次のように語っていました。

木谷：一つは、自分の変化によって認識していった過程に意味があると思ったから。まさしく最初に、「じゃあ外側から知識を得てまとめよう」と思った。その「本5冊読めばいいや」っていうのが、最初の段階で破壊されてるわけですよね、日本にいい本がなかったから。「じゃあ、本人たちに会って話を聞けばいいや」ってなったときに、もうすでに1対1っていう構造が出来上がってるんですよ。

――本人たちっていうのは、当事者たち？

木谷：当事者ですよね。そのときに、全体をみれば1対30だったりしたけど、でも「1対1」っていう構図が出来上がってたわけなんですよね。だから、私がこれに関わった方法論からすれば、完全に個人と個人というかたち。一人一人が、「自分のこと」を私に話してくれたんです。

しかも彼らが、自分たちと違うタイプのグループをどんどん紹介してくれました。そういうことによって、同性愛を一つのくくりで理解させようって気は、かれらにもなかったわけでしょう。さらに戦略的なグループの人であっても、私に対して戦略で理解させようってしなかったんですよ。それはたぶん前に言った、私が一人で行ってるってことと、もう一つは学校の先生だから。彼らの目的の一つは、学校の教室にいる当事者に役に立つような情報を持って帰ってほしいと思ってるわけですよね。だから自分のことを話してくれる。

――ある意味戦略ですよね、それは。

木谷：そうなんですけど、でもそれは、「基本的に同性愛とはこういうものです」っていうプロパガンダを、私に入れることではなくて、一人一人の実態をちゃんと見て帰ってくださいっていうものであったと思うんですよね。［第3回］

「『基本的に同性愛とはこういうものです』っていうプロパガンダを、私に入れることではなくて、一人一人の実態をちゃんと見て帰ってくださいっていうものであったと思うんですよね」と、団体Xがさまざまな当事者団体を紹介してくれたことを、振り返りながら語っていますが、木谷さんにとってはまさに、個別性・多様性への気づきにつながっていたのだといえるでしょう。

そして重要なのは、実際に足を運んでいたということではないでしょうか。

木谷：その後、HIV教育や性教育の中で、同性愛者を教員の勉強会や生徒への講演に呼ぶということも出てくるようになりました。これ自体はいいことなんです。ただ、それが続いていくと、私はちょっと違和感も感じるようになってしまったんです。そういうのってつまり、自分は自分の場所から腰を上げずに、自分の場所に当事者団体の人を呼んで、話してもらって、「支援してます」って言う、ね。「自分が、抑圧者として当事者の中に入るっていう経験してないだろう」って言いたくなった。それをしないで、あちらが気を配って聞きやすく話してくれているのに対して支援者ですって言ってるのが、ちょっと私としては歯がゆく感じてしまった。
たぶん、私がいちばん最初だったからこそ、そういう「セクシュアルマイノリティ30人と私」という現場を何回も経験してるんですよ。これは、ほかの人はめったにしてない。［第2回］

今日、学校現場においても性的マイノリティ当事者を「呼びつけて」講演をしてもらうという機会が多く存在しているのではないでしょうか。多忙化する教師にとって、「専門家」や「当事者」は、教材研究をしなくてもすんでしまうような便利な教具教材かもしれません。しかし、言わずもがなですが「当事者」は教具・教材となるために生きているわけではありません。木谷さん自身、このような取り組みを性教協という団体においては「いちばん最初」に行ったからこそ、このような権力性に気づくきっかけを得たのではないでしょうか。

「共感的同性愛論」の企画

このようなアメリカ研修からの帰国後、団体Xとの出会いを皮切りに、さまざまな団体へアプローチをした木谷さんでしたが、１９８７年12月12日には、木谷さんとつながりができたレズビアンとゲイを招き語ってもらうという「共感的同性愛論」という企画を性教協の「教養講座」で催しています。

この教養講座のねらいは、「性教育を担当する者にとって、同性愛についての偏見や先入観から脱出することは、大切な課題」であり、「ヒューマンセクシュアリティの豊かな認識なくしては、これからの性教育を推し進めることはできない」と考えることでした（『会員会報〝人間と性〟』34、１９８７、15頁）。

ここでいう「ヒューマンセクシュアリティ」とは、「人間と性」のことで、「性のことを語る時人間を語り、人間のことを語る時に性のことを語らないと片手落になる」（『会員会報〝人間と性〟』2、１９８2、３頁）という思いから用いられている言葉です。

このことを強調して書いていることからも、性教協における性教育実践では、それまで同性愛／同性愛者については、十分にとらえられていなかったことを省察しているのだと受け止められます。

「なんてカッコイイテーマなんだろう。そうおもいませんか」、「おそらくホモセクシュアルの方々を招いて学習会を持ったのは性教協がはじめてではないだろうか」、「こういう講座を開くことができる性教協のキャパシティの広さよ」と、同性愛／同性愛者について着目できたことを、誇らしげに提示していることからも読みとれます（『会員会報〝人間と性〟』36、１９８８、６頁）。

この「共感的同性愛論」は、「昨夏〔筆者補足：１９８7年アメリカ研修〕、性教協のメンバー35人がアメリカで性を学習した際、話題になった同性愛を、しかも共感的に論じ」るものだと銘打たれています（『会員会報〝人間と性〟』36、１９８８、６頁）。木谷さんが帰国後に団体Xに連絡を取り、その後、団体Xから団体Yや様々な団体を紹介されたことによる「つながり」をもとに、レズビアンとゲイをそれぞれ1名ずつ招き、「是か非かではなく、会場に集まった多くのヘテロセクシュアルの者が理解しようとして聞きいっ」た場となったそうです。

この企画のタイトルの「共感的」という表現からは、同性愛者は「自分とは違う存在」ではないかという、ヘテロセクシュアル（異性愛者）の教員たちの混乱や迷いが見いだせます。

性教協の代表幹事であった山本直英は、「共感的同性愛論」の講座説明で「同性愛を、しかも共感的に論じよう」と書いていきます。第2章でも見たように、その当時は、一般的に同性愛者は「性的逸脱」「異常性欲」者であるとして扱われていましたし、学校教育では無視、あるいは矯正や指導の対象であったのであって「普通の人」にとって「共感」して受けとめられる存在ではなかったといえます。

だからこそ、「日本の現在の情報のあり方から言えば、『同性愛』という言葉を知らない人はいない。同性を愛する人たちが『現実にいる』ということも知っている。知識として『知って』いる。しかしそこには日常的な実感はない」（同性愛プロジェクト『新しい風景』1991、1頁）と『新しい風景』ではそのことが自省的に述べられているのではないでしょうか。つまり、性教協のメンバーにとってもまだまだ「共感」からは程遠い存在であったのでしょう。

アメリカに行った先生方からホモの街などの話を聞いて私のセックス観は少しずつ変わったがこの度の例会で、直接当事者から、そのお人柄のにじみ出たお話を聞いて、私の中で考えが落ち着きました（略）私自身がホモの感情を持てるほど共感できなくても、以前抱いていたような異常感や不潔感はなくなりました。（『会員会報〝人間と性〟』36、1988、6頁）

もちろん、180度転換したというわけではないのでしょうが、自分たちとは「違う」と思っていた対象である同性愛者たちを「共感」しながら受けとめようとしていたのだと考えられます。「共感的同性愛論」は、参加者にとって同性愛／同性愛者を身近に感じさせる機会となったのでしょう。

「気づく」性教育者たち

このような木谷さんが、アメリカ研修からの帰国後に同性愛プロジェクトを立ち上げようと一躍するのです。

本章のまとめとして、再度、アメリカ研修で訪れたサンフランシスコのカストロ通りについて、『会員会報〝人間と性〟』

での報告を見ておきます。

> サンフランシスコは、同性愛者の人権が比較的認められている町だ（略）人権の尊重、開かれた性を目指す彼等に、私達は共感することができる。日本では同性愛への認識が不足していることを痛感した。これからもっと学ぶべきだろう。（『会員会報〝人間と性〟』34、1987、7-8頁）

ここからは、このアメリカ研修から、「同性愛者の人権」を認識していることが分かります。学ぶべき課題として同性愛／同性愛者についてここで提示しているのでしょう。

次章以降では、主に性教協を見ていきますが、この性教協には、現在にも続く「科学・人権・自立・共生」という4つの柱が会の趣旨として掲げられています。このなかにある「人権」は､第2章で見た設立趣意書のなかには存在しませんでした。この4つの柱は、1995年にシリーズ本として刊行された『シリーズ　科学・人権・自立・共生の性教育』（全8巻）にて初めて「正式」に用いられたのですが、設立を担った村瀬幸浩によれば､「人権」という表現を用いるようになったきっかけに、このアメリカ研修で訪れたキンゼイ研究所での研修でゲイムーブメントの歴史や同性愛者と社会の関わりなどについて同性愛者から直接講義を受けたことがあるというのです(村瀬幸浩「性教協の設立趣意書が書かれた背景―科学・人権・自立・共生の性教育への道のり―」『季刊セクシュアリティ』(51)、エイデル研究所、2011、90-99頁。村瀬幸浩「2　性教育とはなにか　その理念と目標」『シリーズ科学・人権・自立・共生の性教育1　性教育――その考え方・進め方』あゆみ出版、1996)。

次の木谷さんの語りからも分かるように、アメリカ研修での同性愛者との出会いは「性教育で誰を見てきたのか」という、性教育における人間観の問い直しにもつながっていました。

> 木谷：やっぱり衝撃だったのが、当時、キンゼイで聞いた、同性愛者はだいたい3％から10％ぐらいだという

ことですね。キンゼイの調査でいえばそのぐらいいるっていう講義を聞いて、そこは、学校の先生は愕然とするやつで。私がそれ以前勤めていたのは女子校で、50人一クラスだったんです。そこで性教育を5年間してきたけど、一クラスに5人はいたわけじゃんって考えるわけですよ。完全に無視して通っちゃったって思って。これはやんなきゃ、が1つ。[第2回]

アメリカ研修での同性愛者との出会いが、性教協自体に与えた影響は大きいことはこの語りからも明らかでしょう。「私たちは、誰のための性教育をしていたのか?」「目の前の子どもをちゃんと見れていたのか?」という問いは、教師にとって重い問いであると思います。

このように、アメリカ研修は、日本の性教育を支えてきた団体の一つの活動方針を変更させたという意味でも大きかったですし、木谷麦子という一人の教師の「性教育」における人間観を問い直したという大きな意味があります。それは、木谷さんが発起人となって同性愛プロジェクトを立ち上げ、そこで、人間観の問い直しの性教育実践を大きく広げていこうとした、という意味においてです。

本章で見たことをふまえて考えると、1987年というのは、同性愛/同性愛者を性教育の中での課題としてとらえ始めた画期として位置づけられるだけでなく、日本性教育史、特に性教育において「性」についてとらえ直したという意味で、画期として位置づくといっても過言ではないでしょう。

第2部　立ちあがる

第4章
認識を変えるきっかけとなった「アンケート問題」

本書の「はじめに」で、私は『新しい風景』を手に取ったことが研究のスタートになったと書きました。本書で着目する3人の教師は、いわゆる「性的マイノリティ」ではないのですが、かれらがその当時〝性的倒錯者〟と認知されていた同性愛者を性教育実践において取り扱ったことの背景には何があったのか。このような疑問を持ったのと同時に、次に示す語りを読んでとても驚いたことが、私の研究における重要な課題意識となっています。

アメリカ研修旅行の収穫は多かったが、同性愛はそのもっとも大きなものの一つだった。個人の自由なセクシュアリティの尊重を言いながら、それに欠くことのできない視点を落としていたことに気づいたのだから。かくして、ともかくも性教育の中に同性愛を位置づけていこうとしはじめたのだ。(略)

〔筆者補足：1989年〕8月の夏期全国セミナーでは、同性愛の企画がいくつかあった。まず、全体企画として『ハーヴェイ・ミルクの時代』上映。次に分科会の一つとして「同性愛は性教育のタブーか」をプロジェクトが担当。(略)分科会は、レポートとロール・プレイと討論から構成されていた。レポートは同性愛についての知識・認識の基礎がため、ロール・プレイは参加者自身が自分の同性愛への意識と向き合うきっかけづくり、討論はそれらを深めるもの、という設定だった。

この分科会に向けて、アンケート調査を実施した。それまでに連絡をとった同性愛団体の協力を得て同性愛者に配布したものと、高校生を対象にしたものだった。前者は基本的に同性愛者に配布されるとわかっているので、それを前提とした質問を設け、後者は対象のセクシュアリティがわからないので、主にイメージや知識、仮定の上での質問を設けた。アンケートの目的は、教育の場で同性愛を視野に入れていくときの必要なポイントを見つけ出したいということだった。同性愛の生徒の自己認識にいたる過程、異性愛の生徒の同性愛への認識、などを知りたかった。さらにそれを資料としてまとめ、性教育に同性愛に関する認識の欠かせないことを訴える土台にしたいとも考えたのだ。しかし、このアンケートについては、セミナー直前に、協力団体の一つ団体Xから抗議文が届いた。アンケートに同性愛への無知や偏見に基づく不備が多々あったためだ。(略)

この抗議文については、幹事会で検討し、回答書を出した。団体Xから指摘された点を認め、(筆者補足：アンケート結果の)公表はしない。しかし、アンケートをやりっぱなしにしては「差別の再教育」を放置したことになるので、生徒たちに差別を否定する教育をするためにも、プロジェクト内部ではアンケートを廃棄せずに参考にしていく。という内容だった。

この抗議文から、「感動」や「善意」だけでは、非差別的な状況に置かれている同性愛を考えていくことはできないという認識を新たにし、実質的にプロジェクトの見直しと再出発とを促した。(同性愛プロジェクト『新しい風景』1991、2-3頁)

私がいままで出会ってきた「性的マジョリティ」の教師や、教師を目指そうとしている学生たちは、性的マイノリティの生きづらさに関わる問題に関して、「かわいそうなあの人」たちを「救う」／「助ける」といった反応をしていました。確かに、マイノリティに対して、何とかしたいという気持ちに駆られるのはわかります。ですが、そのような語りを聞くたびに何とも言えないモヤモヤ感を抱いていたのも事実です。

そのような感覚を抱いていた時、この引用の最後にある『感動』や『善意』だけでは、非差別的な状況に置かれている同性愛を考えていくことはできないという認識を新たにし」というのを見て、何かここにモヤモヤ感を払拭する糸口があるのではないかと思ったのでした。ここには性教協ならではの組織名やイベント名も書かれていますので、それらを整理しながら、本章では「認識を新たにし」というのは、どのような流れでの認識の変容であったのかを描き出してみたいと思います。そのためにも、まず、「同性愛プロジェクト」が組織された性教協とはどのような組織であったのかを見ていきましょう。

1 同性愛プロジェクト、始動

性教協の組織形態

同性愛プロジェクトは、アメリカ研修の後、1988年9月に誕生しました。この同性愛プロジェクトは、性教協にその当時複数存在していた「プロジェクト」の一つとして誕生したものです。そのことを把握するためにも、性教協における当時の状況を整理しておきます。

まず、性教協の会員数の増加と、地域の拡大があげられます。1982年に89名の会員で出発した性教協は、1989年にはほぼ10倍の790名の会員数となりました。また、当初は東京にある私立学校の教師たちが中心でしたが、私立学校だけでなく、国公立学校の教師、そして東京以外にある学校の教師たちの入会も広がっていきました。会員数や規模の広がりは、性教育実践の必要性をその当時の多くの教師が実感していたということの証左でしょう。このような流れの中、性教協幹事を中心にして、テーマ別の研究と実践を目的として複数の「プロジェクト」が設立されたのです。

ここで性教協という組織について軽く説明をしておきたいと思います。性教協は、民間教育研究団体であり、日本私学教育研究所の性教育部会に所属する教師たちによって立ち上げられた団体であることは、第2章でも見た通りです。

「会長」一人に権力を集中させてトップダウンで活動していくのではなく、年1度の会員総会を重視しながら、会員総意で方針を決定していくことを重要視している団体である性教協。会員から選出された「幹事」や「代表幹事」、各地域に存在するサークルを束ねる役割を持つ「ブロック幹事」たちが中心となって理論と実践の方向性を考えていく仕組みになっています。

幹事会には事務局や研究局、編集局などが設置されており、それぞれが性教協の活動を活発にするために活動しています。各サークルにも同様の組織が設定され、学びを活発化させる工夫が凝らされています。

ここでいう「サークル」とは会員同士の学びあいの場です。会員は、教師はもちろん、助産師や医師、研究者や学生、障害者や性的マイノリティ当事者など、性教協の趣旨に賛同しているさまざまな人です。かれらは、自分自身が所属する地域や、職種、当事者性に関わる「サークル」に所属することも出来ます。「性教育実践をするうえで、何について学ぶ必要があるのか」ということを学びあうのが、サークルや、本研究でも着目する「プロジェクト」であったりします。

「同性愛プロジェクト」の誕生

例えば、さまざまな形の家族や、婚姻制度を問う「家族プロジェクト」や、性交をめぐる問題提起の集約整理、実践の検討を試みた「性交プロジェクト」、その当時あまり実践蓄積のなかった幼児教育に着目した「幼児プロジェクト」があげられます。

そして、本研究で着目する「同性愛プロジェクト」も同時期に誕生しました。この「同性愛プロジェクト」発足の宣言文にもあたる「新しい

図表４-１　性教協の組織図（筆者作成）

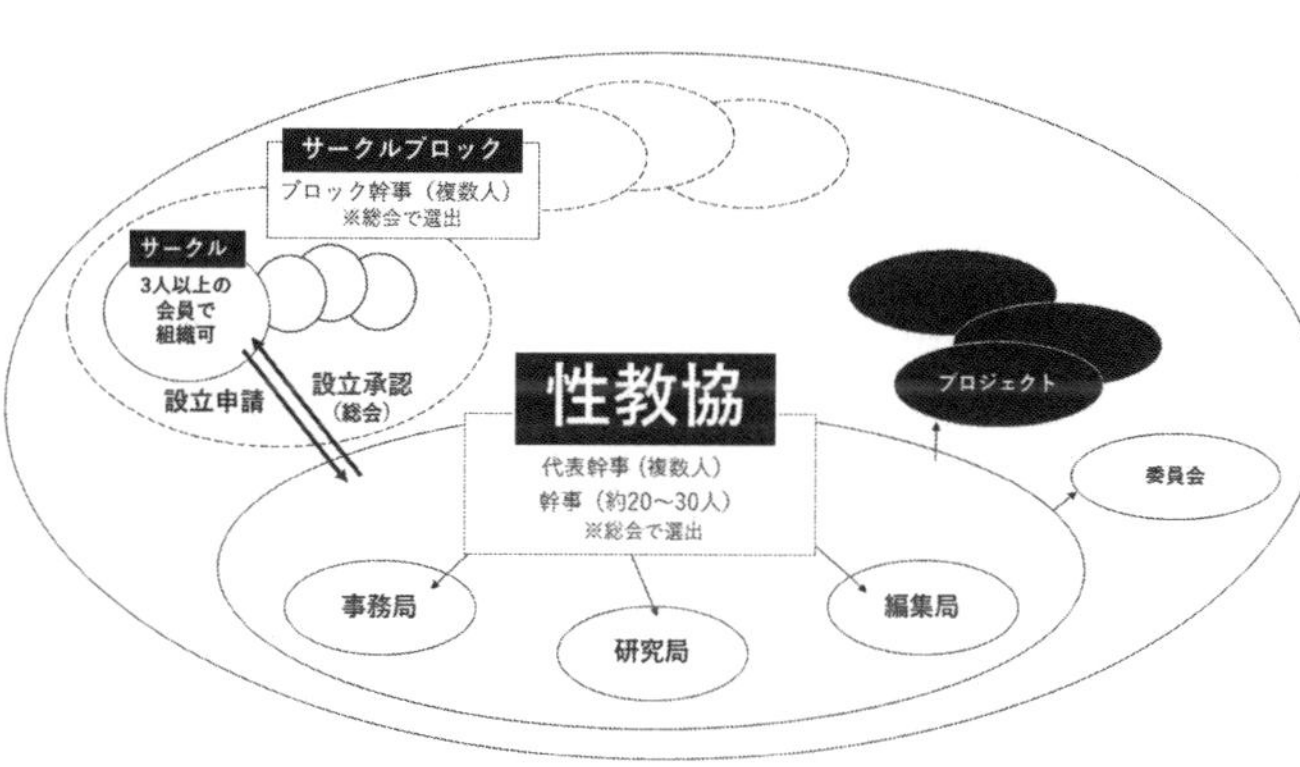

視点を求めて―東京プロジェクトチーム（仮称）発足―」を以下に全文引用したいとおもいます。

きっかけは、アメリカ研修だった。その最先端のセクソロジーや性教育には、同性愛が一つの位置を占めていた。それは人権の問題であり、性の多様性の一つであり、個人の自由なセクシュアリティであり…というわけだから、当然のなりゆきとして性教協のメンバーは問題意識に目覚めた。そして、いま性教育で最も新しいテーマ、同性愛のプロジェクトが誕生したのであった！

「新しい」といってもある意味ではちっとも新しくない。同性愛者はずっといたのだから。そう、私達の生徒たちの中にも、そして同僚や友人の中にも。ただ、異性愛者にとってそれが死角であったり、誤った認識や偏見でかたづけてきてしまったものであったりしただけだ。その意味で、これは異性愛者にとって新しい。また教師自身が異性愛者であれ同性愛者であれ、教育に取り込むとなれば、これは本当に新しい。

社会にとっても新しいから、資料などはまだまだ少ない。第一同性愛者が自分のセクシュアリティに正直でいられる場もほとんどない。その中で私たちはこんなことをやってみたい。まず、できるだけ広く当事者と交流すること。このことで自分たちの死角を埋め、誤りを正し、そして何より同性愛者と異性愛者の自然ないい関係の第一歩としたい。また、生徒や社会に呼び掛けていくときの一つの基盤として、学問的研究の成果も学び取る。そして当時者《ママ》から得たもの、研究から学んだものを自分たちなりに吟味する。そうやって自分の意識と知識を築きながら、生徒たちにいかに語るかを考え、実践していきたい。と、理想は高く、夏期セミナーの分科会も担当。さて、どこまでできるかな。性教協が、「同性愛者が同性愛者でいられる場」になる日が遠くありませんよう。（『会員会報〝人間と性〟』48、1989、9-10頁）

このように、同性愛プロジェクトでは、同性愛の問題を病理や矯正といった視点でとらえるのではありませんでした。当事者との交流を方針に掲げていたのは、同性愛について自分たちが抱いていた誤認を改めて、かれらと良好な関係を紡ぎたいという思いがあったのではないでしょうか。そのためにも、「同性愛者が同性愛者でいられる場」を作りたいということ、「学問的研究の成果も学び」取り、それを吟味しながら、自分たちが子どもたちに語れるようになるということも意識されていました。

この同性愛プロジェクトは、当事者との関わりを重視し、「生の声」から得られた経験と学問的研究という理論の両輪で性教育実践に取り組もうとしていたのです。

「同性愛プロジェクト」の活動内容は大きく分けて3つあります。1つ目として、同性愛に関する資料の収集ならびに、それを読んで学んでみること、そしてどのような視点でそれらの書物が執筆されているのか解題を付けることがありました。また、学びえた知見を、性教育実践にすること、それらを発表すること、冊子としてまとめることが2つ目の活動内容です。そして、3つ目が、性教協内での認知の広がりを目指すことだけでなく、性教協外における当事者（団体）と性教協の会員とのパイプになることも目指していたということでした。

団体Yとの鼎談企画

同性愛プロジェクトの活動では、性教協の会員会報は、活動報告の場として積極的に用いられていました。それは、同性愛プロジェクトを担った木谷さん、貴志さん、原田さんの3者が幹事会の編集局員であったことと関わります。

『会員会報〝人間と性〟』は、性教協の設立当時から発行されており、2022年2月で370号の発行となる発行物です。性教協幹事会の編集局員たちによって、性教協内にある各サークルで検討される性教育実践や、性教育に関わる国内外の情勢、会員の薦める図書の紹介、新規会員の紹介など（年間9回あるいは10回）が10〜15頁でまとめられています。かれらが編集局員であったため、「この人に聞く」という性教育関係者へのインタビューや、性教育実践報告、「書評」などを通して、同性愛に関わる情報が掲載されています。

例えば、『オトコノコのためのボーイフレンド』（プロジェクトG編、少年社、1986）や、先の『女を愛する女たちの物語』（別冊宝島64、１９８７）を木谷さんは書評として執筆しており、「私の知る限り、同性愛を現実的・全体的に知ることのできる一般の本はこの2冊しかない」とも評しています（『会員会報〝人間と性〟』42、１９８８、9頁）。

この会員会報に同性愛プロジェクトの活動として登場した初の記事が、「この人に聞く」という鼎談でした（『会員会報〝人間と性〟』43、１９８８、２‐３頁）。

そのタイトルは、「同性愛に正しい認識を」（『会員会報〝人間と性〟』43、１９８８）。そこでは、団体Yの2名（A・B）が、団体Yの結成やそのきっかけ、日本におけるゲイの立場、HIV／AIDSと偏見との関わり、そして「性教育で正しい理解を」という節の内容を語っています。第6章で原田さんの問い直しを見ていく時に改めて触れますが、ここでは、教師を中心とした性教育団体である性教協に対して、教育に関する問題を団体Yが投げかけていることに着目しておきます。

A：団体Yとしては政治や社会運動より教育の場で同性愛の扱われ方を変えていきたい。従来の性解放運動の立場だけではダメだと思っています。

B：性解放ということを強調するとセックスなら何でもござれというとらえ方をされてしまう。ただ単に行為としてのセックスでなく自分のセクシュアリティ、生き方の問題として同性愛を認めてほしいということなんです。

原田：男が女を好きになるのと同様、男が男を、女が女を好きになるのも、セクシュアリティの問題だという認識に変えるために、性教育の果す意義は大きいですね。

B：僕らも教育の場に同性愛をどうもちこむべきかと、試行錯誤しながら考え合っています。

A：性教育をやる人にわかってほしいのは、異常かどうか、良いか悪いかという価値の問題として捉える前に統計や資料をきちんと読んでほしい。確率としては自分のクラスに同性愛の生徒がいたっておかしくない。教師は生徒の誰一人として切り捨てることはできないのだから、ぜひフォローしてほしいと思うんです。（略）

原田：可能性としては、自分のクラスにもいる、そういう生徒たちを理解しよう、一緒にやっていこうとすれば、同性愛に対する偏見や差別もなくなっていくでしょうね。今日のインタビューで私の認識もずいぶん変わり、勉強になりました。どうもありがとうございました。(『会員会報〝人間と性〟』43、1988、3頁。)

この鼎談からは、団体Yは自分たち同性愛者の権利獲得のために、性教育を利用することを考えていること、一方で、原田さんも同性愛/同性愛者の抱えている問題を解決するためにも、性教育実践を重要視していることが分かります。どちらも、それぞれの思惑のなかで、性教育実践という一つの「方法」をとらえているということです。

先に見たように、同性愛プロジェクトの3つ目の活動目的は、同性愛者たちとのつながりを作ることでした。日本においては、レズビアンもゲイも、自分たちにとって安心できる居場所を創造することから、自分自身を抑圧する差別について学ぶ場を作る運動へと活動を変容させていたのが1980年代以降です。

この鼎談での語りや、この後見ていく『新しい風景』にまとめられたさまざまな実践、性教協としての活動企画を見ると、当時の同性愛者たちにとって「性的マジョリティ」たちに自分たちのおかれている社会状況を知ってもらうこと、そして差別状況を改善するために、マジョリティたちに協力してもらうことを意図していたことが読みとれるのではないでしょうか。そのような意味において、同性愛プロジェクトは、同性愛者たちにとってもつながる利点がある団体だと認識されていたのかもしれません。

全国夏期セミナー・「理論と実践講座」における活動

このような同性愛プロジェクトは、活動内容の2つ目、3つ目に関わって、「全国夏期セミナー(以下、夏期セミナー)」や「理論と実践講座」を積極的に活用していました。

性教協では毎年、夏期セミナーという性教育研究大会が催されています。夏期セミナーの内容自体は、年々変化していっているのですが、この夏期セミナーが始められてから大きく変化していない点として、性教育実践に関わる「模擬授業」や、性教育について考えるためのトピックについて議論する「分科会」がサークルなどによって検討・企画され、それらを会員や非会員の参加者たちで議論するという催しが続けられていることがあげられます。

また、「理論と実践講座」や「性の基礎講座」と呼ばれる、性教育に関する理論とその理論をもとにして創り上げられた実践を学ぶ研修会も性教協の学習活動として重要なものです。1988年の第7回全国夏期セミナーでは、「同性愛プロジェクト」としての活動ではありませんが、「夜の集い」と呼ばれる情報交換、交流会で、木谷さんが、「おお！ 同性」という企画を担当しています（同性愛プロジェクト『新しい風景』1991、2頁。なお、ここでは「1989年の夏期全国セミナー」とあるが、これは「1988年の全国夏期セミナー」の誤植）。

そこでは木谷さんと貴志さんは司会とレポーターを担当し、団体X・Yに協力してもらって、40分間のレポートをしたのだといいます（『健康教室1989年8月増刊号』1989、73頁）。木谷さんは、「当事者の人たちに一生懸命協力してもらったのに、私は、たった40分しゃべりました、それではさようならとは言えなくなってしまって、それからもうちょっとやろうかなという感じで、隣の貴志さんなんかと一緒に引き続いてやっているわけです」と語っています。その物足りなさは1989年の「理論と実践講座」に引き継がれていきました（『健康教室1989年8月増刊号』1989、73頁）。

この理論と実践講座は、1989年1月15-16日に東京・アルカディア市ヶ谷（私学会館）で開催されました。全体テーマとしては「性をめぐる人権問題」ということで、女性、障害児、同性愛者、10代の少年少女の性にスポットが当たったといいます（『会員会報〝人間と性〟』46、1989、8-9頁）。

この理論と実践講座では、「同性を愛する喜び――あなたはどこまでヘテロですか」というパネル・ディスカッションが実施され、そこでは団体X・Yのレズビアン3名、ゲイ2名に木谷さんを加えたパネラーと、貴志さんの司会で、その当時の同性愛者の置かれている状況や、かれらが抱いていた思いについて80分語られたそうです。

冒頭の引用にもあった通り、1989年7月30日から8月2日に行われた第8回全国夏期セミナーin焼津では、映画『ハーヴェイ・ミルクの時代』を上映したり、関西地区を中心に活動していた団体Zに協力してもらい、夜の「この指とまれ」で、２夜連続で同性愛について語りあう場が設けられたといいます。

そして、この１９８９年の夏期セミナーで行われた分科会のためにとられた「アンケート」が同性愛プロジェクトの方向を大きく変えた出来事となったのです。

2
猛省、そして、問われる教師たち

「性教育に同性愛に関する認識の欠かせないことを訴える土台」としてのアンケート

冒頭の引用にもあったように、同性愛プロジェクトは、同性愛／同性愛者が日本社会においてどのようにとらえられているのか、その現状把握が必要であるという思いから、分科会「同性愛は性教育のタブーか」を企画しました。この分科会は、レポートとロールプレイと討論から構成されていたといい、レポートは同性愛についての知識・認識の基礎がため、ロールプレイは参加者自身が自分の同性愛への意識と向き合うきっかけづくり、討論はそれらを深めるもの、という設定だったのだといいます。

このような企画の背景には、実際に生徒たちが同性愛者を反射的に「気持ち悪い」ととらえていることを木谷さんたちが認識していたことがありました。

アンケートの目的は、教育の場で同性愛を視野に入れていくときの必要なポイントを見つけ出したいということだった。同性愛の生徒の自己認識にいたる過程、異性愛の生徒の同性愛への認識、などを知りたかった。さらにそれを資料としてまとめ、性教育に同性愛に関する認識の欠かせないことを訴える土台にしたいとも考えたのだ。（同性愛プロジェクト『新しい風景』１９９１、３頁）

ここにもあるように、「性教育に同性愛に関する認識の欠かせないこと」を伝えるための資料作成、実践の土台となる知識を共有することが目的だったのです。

このような目的のもとで、１９８９年の夏期セミナーでの分科会発表に向けて「同性愛プロジェクト」名義でアンケート調査が実施されています。そこでは、性教協会員の協力によって、複数の学校でアンケートが実施されていた、あるいはその後もされる予定でした。木谷さんは、多少なりとも同性愛の授業に取り組んでいる人に頼んでいたといいます。そのような形で、高校生を対象としたアンケートと、同性愛団体に対して配られた、同性愛当事者を対象としたアンケートが作成されました（図表４-２）。

これを見ても、アンケートについて細かく検討されていることがわかります。アンケート内の文言や質問の並び、回答選択をするものか、自由記述とするものかなども議論がなされていたことが分かるでしょう。

その中には、「あなたは『同性愛』に関するどんな言葉を知っていますか」や「あなたは『同性愛』からどんなイメージ

図表４‐２　同性愛プロジェクトによってつくられたアンケート（生徒向け）案の一部（貴志泉所有）

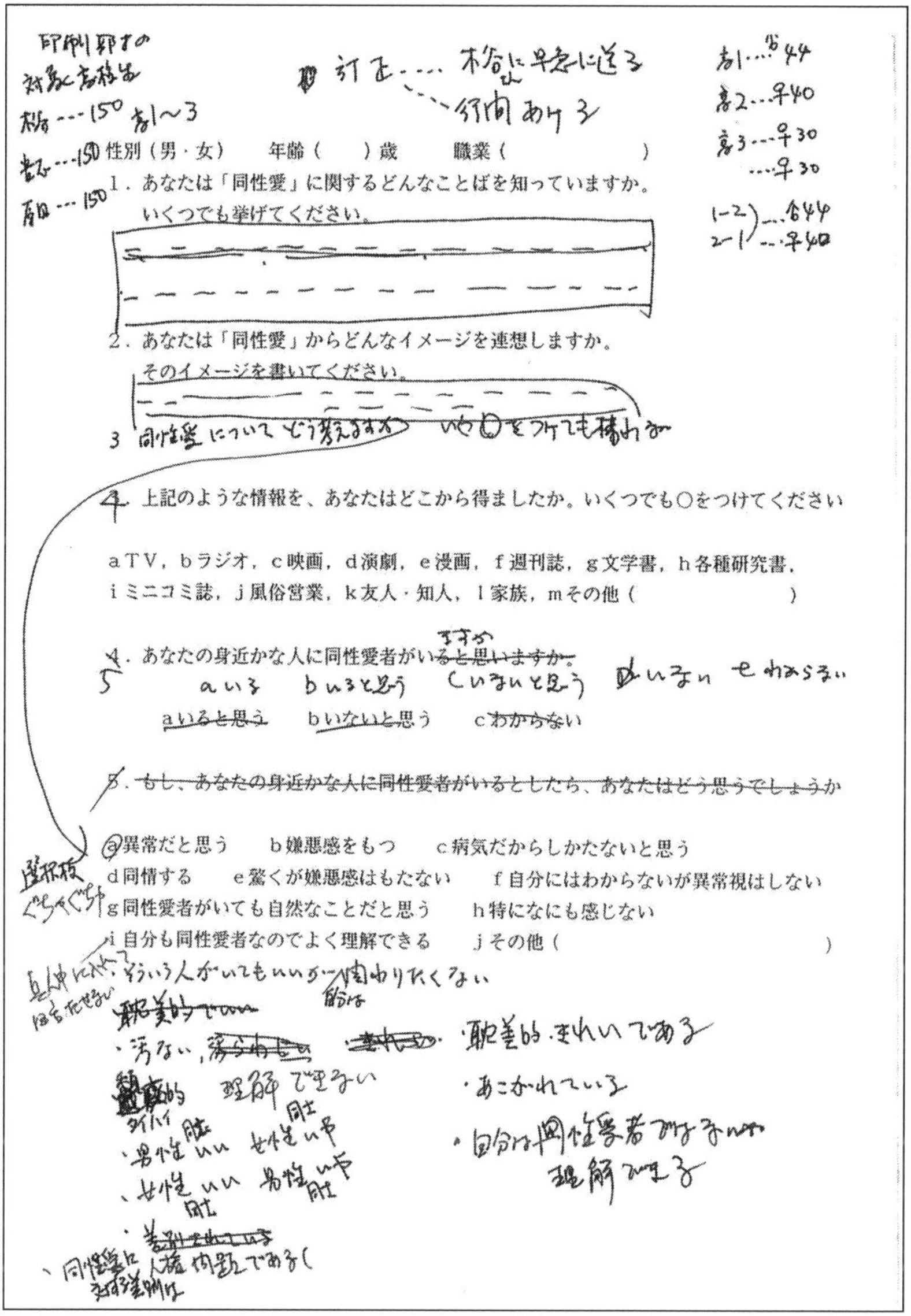

性別（男・女）　年齢（　　）歳　職業（　　　　　　）

1．あなたは「同性愛」に関するどんなことばを知っていますか。
いくつでも挙げてください。

2．あなたは「同性愛」からどんなイメージを連想しますか。
そのイメージを書いてください。

4．上記のような情報を、あなたはどこから得ましたか。いくつでも○をつけてください

aTV，bラジオ，c映画，d演劇，e漫画，f週刊誌，g文学書，h各種研究書，
iミニコミ誌，j風俗営業，k友人・知人，l家族，mその他（　　　　　）

4．あなたの身近かな人に同性愛者がいると思いますか。
aいると思う　bいないと思う　cわからない

5．もし、あなたの身近かな人に同性愛者がいるとしたら、あなたはどう思うでしょうか

a異常だと思う　b嫌悪感をもつ　c病気だからしかたないと思う
d同情する　e驚くが嫌悪感はもたない　f自分にはわからないが異常視はしない
g同性愛者がいても自然なことだと思う　h特になにも感じない
i自分も同性愛者なのでよく理解できる　jその他（　　　　　）

を連想しますか」という設問があります。これは、生徒が同性愛に関するどのような情報を知っているのかという実態を把握するための設問であったためでしょうし、「もし、あなたの身近な人に同性愛者がいるとしたら、あなたはどう思うでしょうか」というのは、生徒の同性愛／同性愛者に対する態度を知りえるために作られた設問であると推察できます。

このような「性教育に同性愛に関する認識の欠かせないことを訴える土台」にという目的にもとづくアンケートに対して、次のような抗議が寄せられることとなりました。

「設問3」をめぐる問題

「同性愛」についての「一般向け」アンケートに抗議します。

6月4日（日）団体X運営会議の席上では読みあげられなかった「一般向アンケート」の内容を読み、中でも設問3の回答選択肢があまりにも私たちレズビアンに対する偏見と差別を助長する言葉であることに屈辱を感じました。

木谷さん、「同性愛プロジェクト」の皆さん。同性愛のことを真剣にやるなら、もっともっと人権感覚を磨いて下さい！ 日常の中でイマジネーションを働かせて下さい！ 判断できない時は相談する、これも人権感覚の一つです。

○設問3の回答選択肢について

あなた方「同性愛プロジェクト」としては、おそらく「世間の人はこんなことを同性愛者に対して思っているのではないか」という予測にもとづいて「異常だ、病気だからし方がない、嫌悪感を持つ、汚い、汚らわしい、退廃的」などの選択肢を入れたのでしょう。なぜ記述式の回答にできなかったのですか？ 結局はこれを作ったあなた方の偏見を並べたに過ぎないのではないでしょうか。

はっきり言って、女が女を（男が男を）愛するのを「異常、病気」などというのは政治的意図のもとに流布されたデマです。大本営発表と同じです。そしてこのウソは、私たちもあなた方も含めた皆を脅かし、同性を愛するものを差別し、懲らしめようと、権力者とその手先である宗教者、法律家、学者、医者などによって強化されてきました。（略）こういうウソは、放っておくとどんどん再生産されていきます。あなた方までそれに手を貸すのはやめてください。（略）静岡の合宿では一般用アンケート結果は使わないで下さい。あのアンケートは廃棄してください。それからこの抗議文を今度の夏合宿でも、性教協の中でも皆さんに読んでもらってください。あなた方の会報に掲載してください。人権とサベツ、異性愛に関するあなた方の立場についての回答を待っています。

1989．7．2　団体X　C

これは、団体XのCさんの名前で書かれた同性愛プロジェクトに対する書簡『同性愛』についての『一般向け』アンケートに抗議します。」を引用したものです。この書簡は、6枚のレポート用紙に手書きで書き連ねられています。

団体XのCさんが問題視していたのは、プロジェクトによってつくられた「一般向け」つまり、生徒たちに向けたアンケートの「設問3」でした。設問3とは、「同性愛について、あなたはどう思いますか。該当するものに○をつけてください。いくつ○印をつけても結構です」という問いのことをさします。図表4-3の通り示されていたことに対して、団体Xからは、同性愛に批判的なイメージにもとづくもので、「教育において差別が再生産される」という指摘がなされたのでした。

一見してみると、確かに団体Xが指摘したように、同性愛に対して「否定的」なメッセージが連ねられています。特に紙面の上部、目につくところに「異常だと思う」や「嫌悪感を持つ」「理解できない」といった問いがならぶことに違和感を持つというのは、私自身もこのアンケートを目にした時に感じたことでした。

アンケートに込めた思い

繰り返しになりますが、このアンケートの目的は、教育の場で同性愛を視野に入れていく時に必要なポイントを見つけ出したいということでした。同性愛の生徒の自己認識にいたる過程、異性愛の生徒の同性愛への認識などを知り、それを資料としてまとめ、性教育に同性愛に関する認識の欠かせないことを訴える土台にしたいと考えてなされたアンケートであったわけであり、「差別すること」あるいは「差別の再生産」を意図してなされたものではありません。

目的自体は、当時の教育現場での状況をふまえても非常に重要なものだったと私はとらえています。日本において、そもそも性的マイノリティに関わる教育制度をさかのぼると、同性愛に関する記述の初出は、１９７９年に文部省が刊行した『生徒の問題行動に関する基礎資料』になります。この資料では、性的マイノリティのなかで同性愛者がその対象として取り扱われており、そこで同性愛者は「倒錯的性非行」として扱われていたのです。そして、指導して改善すべき「問題行動」として位置づけられていました。

この資料から、１９９４年に「同性愛は性非行」との記述が削除されるまで、このような認識は学校教育においても「普通」であったのであって、そのような社会状況をふまえるとむしろ何歩も進んだ取り組みであったと、私は評価します。

図表４-３　生徒向けアンケートの「設問３」
（アンケート用紙を筆者がトリミングした）

３．同性愛について，あなたはどう思いますか。該当するものに○をつけてください。
いくつ○印をつけても結構です。

a 異常だと思う	k 理解できない
b 嫌悪感をもつ	l 特になにも感じない
c 病気だからしかたないと思う	m 自分は同性愛者ではないが理解できる
d 同情する	n 同性愛に対する差別は人権問題である
e 驚くが嫌悪感はもたない	o 自分も同性愛者なのでよく理解できる
f 憧れている	p 退廃的である
g 汚い・汚らわしい	q 男性同士はいいが女性同士はいや
h 耽美的・きれいである	r 女性同士はいいが男性同士はいや
i 自分にはわからないが異常視はしない	s そういう人がいてもいいが自分は関わりたくない
j 同性愛者がいても自然なことだと思う	t その他（　　　　）

しかし、このアンケートに関しては、内容とその取り方（方法）にいくつか問題点があったと私自身も考えます。アンケート作成に関わった木谷さんは、その取り方に関して、まず「手順が一個抜けてるんですよ。目的と内容は伝えました。でも、『こういうアンケートにしますけどお願いします』と配布する現物を見せてから配布する必要があったわけです」と、自身の反省点をふまえて語られていました。

私自身、自らが「マジョリティ」として特権を持つ場合、そして、そのことに無自覚であった場合、自ら学ぶということ、そして、当事者に話を聞くことがあります。団体Xは、そのことに関して「同性愛のことを真剣にやるなら、もっと人権感覚を磨いてください！日常の中でイマジネーションを働かせて下さい！判断できない時は相談する、これも人権感覚の一つです。」と指摘していますが、それは重要な指摘だと思います。

当事者と言ってもさまざまですし、私たちが「当事者の声」として受け止めているものは、「声の大きな」当事者の声であることもしばしばですが、そもそも声が聞き取られてこなかったという歴史的背景はおさえておく必要があるでしょう。

本書の基盤には、私の修士論文のテーマでもある日本の性的マイノリティ運動の歴史があります。私がそこで学んだのは、「自分たちのアイデンティティをつくるために必要なアイデンティフィケーションをあらゆる面で阻害されてきている者たちとして、レズビアン＆ゲイは長い間自らの『口』を持てなかった」（キース・ヴィンセント他『ゲイ・スタディーズ』青土社、１９９７、10頁）ということでした。性的マイノリティと呼ばれる被抑圧状態に置かれてきたものたちの記録は、公にされないまま当人たちの記憶の片隅に放置されてきた状況を鑑みれば、単なる事務的な確認にとどまらない対話が必要なことは言うまでもありません。

差別を「教育」で取り扱う意義って何だろう？

このような団体Xの思いをふまえたうえで、このアンケート、そして教育実践としてマイノリティ問題を取り扱うことの意義を考えてみたいと思います。

私は、発達を促す意図的な働きかけである「教育」と社会運動とは、重なる点が多々あると考えています。当たり前のことですが、社会運動組織の中には多数の人が存在しています。そこにいる多数の個々人が、運動をするなかで知識を得ることによって、自らの行動を振り返り、行動を変容させるチャンスがあるわけです。つまり、ある運動組織に着目をすると、そこにいる個々人がどのような教育的営みに関わってきたのかが見えてきますし、その教育的営みがもつ効果が浮かび上がってきます。

本書が「同性愛プロジェクト」という組織に着目したのは、そのプロジェクトの先駆性に惹かれたのはもちろんですが、プロジェクトに関わった教師たちの発達や行動変容を描き出すことにつなげることができると考えたから。もっと踏込んでいえば、私自身、かれらの教育実践のもつ社会運動的側面に希望を抱いたためです。

では、社会運動と教育の違いは何か。一つは他者の変容に期待しつつも、その変容を即時的に求めないことではないでしょうか。教育の成果を数値化して表すことのおかしさは各所で指摘されていることです。差別を教育で取り扱う時、子どもたちに「差別はいけないと思いました」と語らせることは、容易なこと。教師のいうことにただただ従う「良い子」に対する働きかけであればなおさら、です。

それに関わって、木谷さんは次のようにも述べていました。

木谷：性的マイノリティに関する教育の話を当事者としてるとき、「教育は洗脳じゃない」って思うことが結構あって。すごい単純化した言い方をすると、「同性愛差別は悪いことです」って全部の生徒に言わせてほしい気持ち、それは当事者の気持ちとしては察します。でも「教育に携わる者」からすると、それは教育じゃなくて洗脳って私は思っています。理解させるんじゃなくて、ただ「こうですよ」、「その通りにしなさい」っていういう感じがして。「これはいいものなんだからその通りにしなさい」という教員、ほかのテーマだったら当事者の人も嫌いなはずなんです。なんか日本ではイメージがそうなんですよね、教育に対して。だから、最初に「気持ち悪い」って書いてあるアンケートを配ったらそれが再教育されるってなるんでしょうけど、実は、そのあと続けていくことが教育じゃないですか。そのイメージが、教育現場にいない人には分からないんだってことが、この時私には分からなかったんです。「言う通りにしなさい教育」がそれだけ広く行われているっていうことかもしれませんけど。

逆に言えば、私自身が、「先生の言う通りにしなさい」っていう教育を受けていなかったから、想像力がなかっただけなんだけど。それが理解できなかった。［第10回］

教育は洗脳ではないというのはよく言われる話でありますが、その文言を深く理解している人は少ないのかもしれません。私自身の教育観については、第1章でも書いた通りですが、ここで木谷さんが言っているのは「教育」と「教化」は全くの別物であるということが、十分に理解されていなかったことの気づきにもとづくものでしょう。

教育と言えば「知識を暗記する」「詰め込み教育」というイメージが思った以上に広く共有されてしまっていることをここでは示唆しているようにも思えます。

「なんで、活動やめなかったんですか？」

このような「設問3」が掲載されていたアンケートは、団体Xとも相談の上で、破棄しないけれど、結果の公表はせず、性教育実践に生かすことで「やりっぱなし」にしないという方針になったといいます。

ここまで同性愛プロジェクトと「アンケート問題」を見てきましたが、私が率直に疑問に思ったことを、第10回聞き取りで木谷さんに尋ねてみました。それは、「どうして、同性愛プロジェクトを辞めなかったのか」ということです。この疑問は、筆者がこの同性愛プロジェクトに関心をもった理由の一つにもあたる点でした。団体Xの抗議文は、差別されてきたものから、差別してきたものへの強い告発であったはずです。このような抗議がなされた時、ヘテロセクシュアルであるという「安全圏」に属しているとすれば、木谷さんたちは「手を引く」ことだってできたはずなのです。

――そんなに言われたら「もういいわー」ってなりそうな…自分だったらなっちゃうかもしれないけど。なんでやめなかったんですか？

木谷：今となっては不思議ですね。私、今ならやめるかもしれないです。あまり考えたことなかったんだけど、聞かれたから考察してみると……ひとつは、まず、すぐに団体Yが飛んできたんです。団体YのBさんがすぐに連絡くれて、めちゃくちゃフォローしてくれた。多分、あのBさんからすると、「せっかく使える連中を叩くだけ叩いてどうすんだよ、やめちゃったらどうすんだよ」って思ったんだと思います（笑）

彼はそういう意味では大変周到な人ですから。場を読んで、ここはやめさせてはならぬと思って、すっごい連絡してきたんです。で、それから他の、団体X以外のレズビアンからも、「うん、よくないとは思うけど、団体Xほど言わなくてもいいのに」、みたいなこともあったんですよね。だから、そこで全員が同じこと言いたいわけではないのだと思いました。（略）団体X以外の同性愛団体は、これでOKって通しちゃってるんです。（略）ここでやめさせない動きが、ちょっとずつなんですけど、あっちこっちからあったっていうわけです。多分、貴志さんや原田さんも「だからやめよー」っていう風に言うメンタルの人たちじゃなかった、って感じですよね。［第10回］

木谷さんが「やめなかったこと」の理由の一つに、さまざまな当事者団体から「援護」されたことがありました。もちろん、この「援護」の背景には、木谷さんが考えているように、さまざまな同性愛者団体の思惑もあったのかもしれませんが、さまざまな団体が木谷さんに声をかけたことで、活動自体は続けられることとなったのです。

また、一緒に活動をしていた貴志さんや原田さんも、このことで手を引くような人びとではなかったことが活動を続けられた理由になっているといいます。

そして、木谷さんにとっては、「あともう一つは私、初期の時から生徒に当事者がいたんで…、それもありますね」［第10回］とあるように、当事者の生徒がいたということも、「同性愛プロジェクト」を続ける一つの要因になっていたのだといいます。まさに目の前の生徒たちのために教育実践を練っていくことになっていたのでしょう。

まるで昨日のことのように

木谷さんとの語りの中で印象的だったのは、30年以上が経過しているこの時の出来事について、決して開き直っていなかったということです。自分たちの生き方を問われることの機会が少ないマジョリティであれば「それは昔のことだから」とお茶を濁すことも可能なはず。あるいは、「そんなこと答えたくない」とお叱りを受けるかもしれないとも、聞き取りの前には不安に思っていました。

しかし、木谷さんはこの時のことを次のように分析しながら、私に語り掛けてくれました。それはまるで、この出来事が昨日起こったかのように、です。

木谷：まだ始めたばっかりだし、やめる分には全然問題なかったと思うんですけど、大事な手順を一個飛ばしちゃったなっていうのは私が悪いと思ってるんです。選択肢の順番なども考えるべきだったと思います。ただしこれらはすべて、アンケート以前の授業で実際に生徒から出た言葉を使ったもので、教師が勝手に考えたものではありません。

　でも、多分最初、そこは自分を守って、はっきり「ごめんね」って言わなかったのが相手を余計怒らせたんですよね。そのことも、自分で分かってるので。怒りすぎだとも思ったけど、怒らせる原因はあったし、潔くなかった部分もあるよねって。

　で、このことはその後までずっと続くんですけど。私それまで、女性の側からマジョリティとしての男性にものを言うってことをしてきたじゃないですか。それが、この出来事の時に、マジョリティとマイノリティの関係性っていうのが、構造的にちょっと見えた部分があって。私、女性として男性にものを言ってる時にこういう感じだよなっていう。同時に「男の方はこういう風に感じるんだな」って二つの立場から思ったっていう。置き換えをしてたところもあって…。

　そうですね。もうやめちゃおっかなーとは思ったけど、だからってやめるほどのことか、みたいな。やめちゃうぞーとか思ったとは思うんですけど、そんなに大きい選択肢ではなかったです。

――他にこう、これ以外で、この出来事の以前以降で変わったなって、行動として変わったことってありますか。捉え方もですけれど。

木谷：基本的に、セクシュアリティどうこうではなくて、ノウハウですよね。ちゃんと、原案の許可を全部もらってからやるっていうか、そういう事務的なノウハウって大事だなって。そういうところはあまりやったことなかったし…、それまでやった中で一番大きいことだったので。

　生徒へのアンケートに関しては、その生徒が所属する学校の教師は、性教協の人たちなので、正直ツーカーで分かっちゃう部分もあったんです。ツーカーじゃない人とやる時に、実は事務的な手続きはきちんとするってことは、気持ちを伝える上でも大事ってよく分かったんですね。これ以降はそういうこと、ものすごいきちんとやるようになった。「これが原案なんですけど」とかっていうのを、何度もやる。これをしないといけないって感じになりました。［第10回］

このような問い直しが木谷さん自身にあったからか、その後団体Xや団体XのCさんとは次のような関係性になったのだといいます。

木谷：この時のことはCさんも「まああの時はねー」って感じで、はっきりとはいいませんでした。（略）[redacted]に、私とCさんとの対談があるじゃないですか。あれは最初はCさんにレズビアンのことを話してほしいという依頼だったらしいんです。そのとき、Cさんから、「木谷さんとの対談にしたい」ってオファーになったんです。それはなんていうのかな。いっぺん喧嘩した相手だから、他の人より信頼できるって感じ？（略）あのー、そういう感じはちょっとあったんで。これはもう勝手な推測ですけど。

それから、Cさんは、それ以前に私が団体Xに通ってた頃、レズビアンについて質問すると、高い頻度で「ヘテロは……」って問い返してきたんですよね。そういう意識をもともと持っていた人で。で、ヘテロ側からも語らせる人間として、選んでくれたと思っています。

その対談の時に、「あの時のことは…」ってどういったらいいかわからなくて語尾を略して言ったら、「あれはねー…」っていう風にCさんもそれ以上何も言わなかった。もしかすると、彼女もちょっと、他に道があったと思ってるのかなって。勝手に想像してます。少なくともあの時のことを、「あれはひどかった」ともう一度言うつもりはないんだなってことは分かりました。[第10回]

このように、Cさんと木谷さんはその後の活動でも再びつながりを持つことになりました。『新しい風景』には「ＧＲＯＵＰ」という日本の同性愛者団体が自己の団体を紹介するページが用意されています。これらのことからも、木谷さんの問い直しが、Cさんや、団体Ｘのメンバーたちにも伝わったということがうかがえるのではないでしょうか。

自分たちの活動を問われた、その先に

先に3つの活動内容を挙げましたが、1つ目の「同性愛に関する資料の収集ならびに、それを読んで学んでみること、そしてどのような視点でそれらの書物が執筆されているのか解題を付けること」について、次のような取り組みがなされていました。

アンケート問題が起こった１９８９年に行われた「第８回全国夏期セミナーｉｎ焼津」。このセミナーでの報告資料には、「参考図書一覧」が共有されています。

この「参考図書一覧」には17冊の書籍が書かれていたのですが、『新しい風景』には「BOOK LIST」という名前で28冊の書籍が掲載されています。これらを表にまとめたのが図表4‐4となります。

3年間のうちに多くの書籍に出会えたのだということがこの比較からも分かるのですが、これらの本は、かれらが自力で集めたものの他にも、同性愛当事者から推薦された図書も含まれていることが図表4‐5からもわかります。

例えば、ILGA日本の南定四郎から、"School's Out"という1987年にイギリスで発行されたレズビアンとゲイの教師グループによって発行された書籍が薦められていました。そのことは、1990年第9回全国夏期セミナーの資料にも「この本は、ILGA日本の方にいただいたものです」と但し書きをつけて示されています。これは、同性愛プロジェクトが同性愛者団体と連帯していたことを表すものだと考察できるでしょう。

この2つを特に比較したことで明らかになったのが、同性愛プロジェクトを担った3人の認識が変容していることです。

例えば、大島清『性は脳なり』(1989、大修館)は、1989年「全国夏期セミナー」版では「胎生期に母親の受けるストレスによって脳の性分化にゆがみがくるという生物学的な解説だけでなく、高度文明がホモセクシュアルを生み出しているという見解が興味深い」という評価がなされていました。どこか他人行儀かつ、同性愛者を「生み出している」のが「興味深い」というのは、第2章で見た性科学者たちとの評価に近いものです。

しかし、かれらが同性愛者たちと関わりあい、学びを深めた後の1991年『新しい風景』版では、「脳生理学の視点からの研究レヴェルの照会にはなるが、同性愛者の実態からは、かけはなれているといえる」という評価に変わっています(図表4‐6)。記述の変容からは、かれらが拠って立ってきた性科学・医学的な書物を批判的に検討する姿勢が見てとれます。このような変容が見えるのは、同性愛プロジェクトのメンバーたちが、当事者とつながりながら学びを深めていたことに起因するでしょう。そして、これらのBOOK LISTが作れたこと自体、同性愛プロジェクトとして、同性愛者たちとつながりながら活動をしてきたことの証左であると考えられます。

かれらは、同性愛者と関わりながら、同性愛者たちに教育された経験を持っているといっても過言ではないでしょう。非・同性愛者が、同性愛者を他人行儀に分析するような、あるいは独りよがりで判断するようなものではなく、同性愛

図表４-４　掲載図書一覧（書籍タイトル・掲載順）

1989年「第10分科会」「参考図書一覧」掲載	1991年『新しい風景』「BOOK LIST」掲載
オトコノコのためのボーイフレンド	オトコノコのためのボーイフレンド
別冊宝島　女を愛する女の物語	別冊宝島　女を愛する女の物語
GAY・新しき隣人たち	キリスト教と同性愛
からだ・私たち自身	GAY・新しき隣人たち
性的異常の温床	性的異常の温床
彷徨えるジェンダー	性の科学　SEXOLOGI
第三の性　THE THIRD SEX	性は脳なり
性の科学　SEXOLOGI	ヒューマンセクソロジー
性は脳なり	性＝思想・制度・法　ジュリスト別冊
ヒューマンセクソロジー	からだ・私たち自身
性＝思想・制度・法 ジュリスト別冊	第三の性　THE THIRD SEX
セックスウォッチング	セックスウォッチング
現代のエスプリ別冊・性の断絶	現代のエスプリ別冊・性の断絶
現代エスプリ・性と愛の異常性	現代エスプリ・性と愛の異常性
青年心理 1988.9「性と愛」	青年心理 1988.9「性と愛」
性の署名	性の署名
健康教室 1989.8 増刊　新しい性教育をもとめて	健康教室 1989.8 増刊　新しい性教育をもとめて
	ハイト・リポート　男性版（下）
	女の子と男の子の本
	彷徨えるジェンダー
	日本における男色の研究
	カラーパープル
	恋愛テクノロジー“いま恋愛ってなに？”
	女ともだち
	百合子、ダスヴィダーニャ―湯浅芳子の青春―
	トーチソング・トリロジー
	夢みるトマト
	わかりたいあなたのためのフェミニズム・入門

図表４-５　南定四郎から譲られたSchool’ s Outの掲載資料（1990年第９回全国夏期セミナー資料：貴志泉所有）

SCHOOL´S　OUT

（レズビアン＆ゲイの教育における権利）　by ゲイ教師のグループ

発行・１９８７イギリス

※この本は、ＩＬＧＡ日本の方にいただいたものです

以下は、１３６ページの中から抜粋したものです。

＜前文＞

この本は、学校に通っているすべてのレズビアンとゲイを対象に作られています。また、我々はこの本の中身に興味を持つ人々（生徒、親、教師、有権者、政治家など）がきっといると思っています。

この本の目的は、ゲイ解放に向けての教育システム作りにあります。現在、レズビアンやゲイはどんどん公的にカムアウトしてきています。我々は、いずれ社会において主たる構成分子になることをめざしているのです。

者たちとの交流の中で、自分自身の価値観や、行為そのものが問い直された経験がここにも現れています。

このように、アメリカ研修から帰国後、団体ＸやＹに関わりながら自分自身の「特権」を問い直していた木谷さん。「同性愛プロジェクト」を１９８８年に立ち上げていましたが、活動の中で経験した「アンケート問題」は、３人の立場性や特権を再度問い直すことになっていたのです。

図表４-６　解題の評価の差異（例：大島清『性は脳なり』1989、大修館）
　上：1989年「全国夏期セミナー」版
　下：1991年『新しい風景』版

書名	性は脳なり	出版年度	１９８９
著訳者名	大島　清	出版社	大修館
内容	性を学際的に探求するセクソロジーの第一人者である大島清氏の最新の著書。人間の性を操る巧妙な脳のしくみを明らかにし、生殖から解き放たれた現代人の性の在り方について述べている。第五章性の異常とはなにかで、ホモセクシュアルが取り上げられている。		
評価	胎生期に母親の受けるストレスによって脳の性分化にゆがみがくるという生物学的な解説だけでなく、高度文明がホモセクシュアルを生み出しているという見解が興味深い。		

書名	性は脳なり	出版年	１９８９年
著訳者名	大島　清	出版社	大修館
内容	性を学際的に探求する立場から書かれている。 人間の性を操る巧妙な脳のしくみを明らかにし、生殖から解き放たれた現代人の性のあり方について述べている。第５章　性の異常とはなにか　で、ホモセクシュアルが取り上げられている。胎生期に母親の受けるストレスによって、脳の性分化にゆがみがくるという生物学的な解説だけでなく、高度文明がホモセクシュアルを生み出しているという見解がある。		
評価	脳生理学の視点からの研究レヴェルの照会にはなるが、同性愛者の実感からは、かけはなれているといえる。		

第5章
「私は、エゴイストでナルシストです。」
——木谷麦子の問い直し

第5章以降では、性教育実践をしていた数多くの人の中から、性教協で「同性愛プロジェクト」発足させた木谷麦子（1958-）さん、木谷さんと共に組織を担った原田瑠美子さん（1947-）と貴志泉さん（1954-）の3人にスポットライトを当てます。それは、この3人の性教育実践、そして実践が創られた背景にあるそれぞれの「問い直し」を見ると、本書のタイトルにもある「クィアペダゴジー」の萌芽期にあたるということが浮かび上がってくるからです。

1987年の夏まで、同性愛はその、見落としてしまっていることの一つだった。（略）日本の現在の情報のあり方から言えば、「同性愛」という言葉を知らない人はまずいない。同性を愛する人たちが「現実にいる」ということも知っている。知識として「知って」いる。しかしそこには日常的な実感はない。自分の隣にいる人、目の前で話している人のセクシュアリティは異性愛だと、意識さえせずに決めてかかって疑わない。性教協のメンバーも、ほとんどがそうだった。性にかかわる人権問題としてゲイ・ムーヴメントに関心を持っていたとしても、実感の点ではそんなものだった。だから彼の言葉には、文字通り「目の覚める思い」がしたのだった。（同性愛プロジェクト『新しい風景』1991、1頁。）

この引用は、同性愛プロジェクトの成果をまとめた『新しい風景』の冒頭に出てくる文章です。かれらがどのような意味において「目の覚める思い」をしたのか。何が問い直されたのかを一緒に見ていきましょう。

ライフヒストリーの聞き取りと年表作成

以降の語りを見ていく前提として、3人にはそれぞれ自身のライフヒストリー年表を書いてもらっています。グッドソンは「記憶を喚起し、注意を集中させる上で有効」であり、「インタビューをする際の枠組みとしても、研究に値すると思われる人生の経験や時期を研究者が知るためにも用いられるだろう」（アイヴァー・グッドソン、パット・サイクス（高井良健一ら訳）『ライフヒストリーの教育学――実践から方法論まで』昭和堂、2006、37-38頁）と、ライフヒストリー年表を書いてもらうという手法を推奨しています。

特に、図表5-1の項目について、ライフヒストリーを聞き取る前提としてそれぞれに作成してもらっています。

木谷麦子さんとの出会い

一人目は、木谷麦子さんです。1958年に東京都杉並区で生まれた木谷さんは、1987年の性教協「アメリカ性教育研修旅行」に参加し、帰国後同性愛プロジェクトの立ち上げの発起人となった人物です。アメリカ研修のあった1987年当時は、それまで勤めていた首都圏にある私立Q高校を退職していた時期で、その退職金でアメリカ研修に行ったのだそうです。なお、アメリカ研修の帰国後、同性愛プロジェクトで活躍されていた時は、文化学院で教師をされていました。

図表5-1　ライフヒストリーの聞き取りにあたって作成していただいた年表の項目について

（1）生年月日、生まれた場所、生活した場所
（2）その時代その時代における家族構成、家族への思い
（3）通われていた学校など、あるいは習い事など
（4）勤めていた職場、その時期、ならびに役職など
（5）現在振り返って、その時代を語るうえで印象に残っている事柄（本やマンガなどの書物、映画、ドラマ、人物［恩師、家族、友人、生徒、同僚など］との出会い）
（6）その時代に取り組んでいた教育内容
（7）自分を語るうえで、これは欠かせないという出来事

木谷さんには、計12回の聞き取りにご協力いただきました。第6章で登場する原田瑠美子さんから「木谷さん、麦子っていうお名前は本名だから、インターネットで調べて連絡とってみたらどう？」と提案してもらい、SNSを経由してご連絡をしたのが2019年の夏でした。

1回あたり約2時間から3時間にわたって、木谷さんの生い立ちから、フェミニズムと出会った青年期、そして教師として活躍されるなかでの気づきと、さまざまにお話を伺いました。本章では、この木谷さんのライフヒストリーの聞き取りから、特に「同性愛プロジェクト」で活動する中で木谷さんが問い直された2つのことを描き出したいと思います。

それは、同性愛者のおかれている社会状況を再考したこと、そして、自分自身の立場性―マジョリティとしての女性性―を問い直したことです。この2つの問い直しは、木谷さんの実践にも反映されていきます。

1　同性愛者のおかれている社会状況の再考

文学作品からの影響と「男性同性愛者」のイメージ

1点目について、そもそも木谷さんは、同性愛者に対してどのようなイメージを持っていたのでしょうか。

木谷さんは、事前に作成いただいた年表の（5）に関する項目として、『トーマの心臓』（萩尾望都）や『風と木の詩』（竹宮恵子）を高校時代に読んでいたと書かれていました。それをふまえて、私は木谷さんに、どのような同性愛者イメージ、特に男性同性愛者イメージを持っていたのかを質問してみました。『トーマの心臓』や『風と木の詩』の主人公のような「女性的な男性像」をイメージとして抱いていたのでは？　と推察したためです。

木谷：少女漫画は少女漫画なんで、別にそんなに思わなかったな。それ言ったら少女漫画ではシスヘテ野郎もみんないわゆる「女性的」じゃないですか？　萩尾作品も竹宮作品もその作中世界で「やたら女みたいな特殊人間の同性愛者」なんか描いてませんし。まあ、ジルベールを表層的にとらえるとそうなるのかもしれないけど。現実のゲイを描いたのではないけれども、作品の意図がどこにあるかで理解してます。文学もマンガも。

大学時代、何度かクロノスに行って、マスター、角刈りにオネエ言葉なんだ、とは思いましたけど。角刈り、ネクタイ、オネエ言葉っていう。そうなんだ、そういうルールって言い方もおかしいけど、それがこの人、店のスタイルなんだなと思ったけど、だからゲイはみんなこうなんだーっていう人間観の持ち方はしません。

──それまでの印象はなかったですか。例えば、同性愛ってこういう人みたいな。

木谷：意外と固定してなかったですね。あと、洋画とかも見てたし。何で見たか忘れちゃったけど、そういう場面的なものも結構出てきましたよ。それから、高校か大学の時に、ミニコミがたくさんある本屋で、「女から女たちへ」だったかな、外国のレズビアンのミニコミを翻訳したもの？　を買って読んだんです。それが一番現実的な情報だったのかな。このミニコミに10代で出会っていたことは、のちにレズビアンたちに「いいなー！」って言われました。私の同世代だと情報がなかった人が多かったですから。

そもそも小説・新書・漫画・映画を大量に見ていた10代だったので、なんであれ、ある本・作品に書かれているからそれだけを基準に考えたりする発想がないですね。高校の帰りに毎日大小の本屋3軒ぐらい回って、本の背中を眺めてはパラパラ中見るのも習慣というか趣味というかだったし。本屋で背中眺めるってね、この社会に出ているいろんな意識全体を見渡すってことなんです。そのレズビアンのミニコミとも、その中で出会ったわけですね。

小説や漫画で、これが決まりきった定型だぁっていう受け取り方自体、「作品を読む」ことと相容れない気がする。表現って、「個」を描くものであってパターンを決めるものじゃない。むしろ逆の役割ですよ。あんまり、いわゆる女性的だとか、逆にマッチョだとかっていう固定概念はそんなになかったです。［第2回］

ここに出てくる「クロノス」とは、かつて新宿二丁目に存在したゲイバーです。ゲイバーと聞くと、男性同性愛者しか入店できないというイメージを持つ方もいるかもしれませんが、異性愛者・女性の入店も許可しているバーも存在しています。このクロノスも、異性愛者・女性が入店できるバーで、店主の「クロちゃん」が歌舞伎や、映画、芝居などを好んでいたこともあり、各界の著名人も足しげく通った店だったといいます。木谷さんは、大学時代に、後輩に何度か連れて行ってもらったといいます。

木谷さんのもつイメージの背景には、幼い時から数多く触れていた文学作品や、映像作品の影響があったと推察できます。木谷さんの年表の特徴は、一言でいうと（5）に関する記述が詳細かつ膨大にあったことです。木谷さんは「マイノリティと関係のあるものを並べただけで」と、他にも木谷さんにとって影響を与えた作品が存在することを示唆してました。ここでは、マイノリティに関係するものとして木谷さんがあげたものを見ておきます。

年表に書かれた本や映画の一部として中学入学前ごろに影響を受けたものをあげてみましょう。幼稚園時代から小学3年生までは、絵本『アルプスのきょうだい』（ウルスリの鈴）、スティーブンソン『宝島』、ケストナー『飛ぶ教室』、『五月三十五日』、トールキン『ホビットの冒険』。その後、小学4年生から5年生にかけては、堀辰雄『燃ゆる頬』、国木田独歩『画の悲しみ』、『源おじ』。小学4年生～中学生くらいからは、『野のユリ』、『招かれざる客』、『夜の大走査線』、『手錠のままの脱獄』、『いつか見た青い空』などの映画に影響を受けたといいます。

年表には、これらの本に関する思いも併せて書かれていました。「小4〜5：堀辰雄『燃ゆる頬』、国木田独歩『画の悲しみ』などで、今から思えばやや性的なわくわくを味わう。美少年が出てくる、ある意味元祖BL作品であった。少年への視線の中に、セクシャルなものが感じられた。独歩の『源おじ』もややそんなテイストがあり、擬古文の魅力も相まって、はまる。※『赤毛のアン』『ながくつしたのぴっぴ』など、女の子物はたいくつだった。ゆいいつ『若草物語』は好きだったが、これはもとは児童文学ではなかったためか。」というように、木谷さんのジェンダー観・セクシュアリティ観に影響を与えたものは数多く存在していたようです。

木谷さんによれば、幼少期に触れた本や映像は、劇作家であった父、茂生さんの影響があったのだそうで、幼い時から文学作品に多く触れていたといいます。木谷さんが男性同性愛者に対して画一化したイメージを持っていなかったのは、さまざまな文学作品を通して、多種多様に描かれる同性愛者に触れていたためだったのでしょう。

カミングアウトと三度見

さて、少し思い出してください。第3章では、木谷さんがマクイーターのカミングアウト時に「三度見」したことについて触れました。さまざまな同性愛者イメージを持っていた木谷さんは、なぜ「三度見」するほど驚いたのでしょうか。第3章の語りを再掲します。

木谷：私、その前に日本でゲイバーにも行ってたし、そこでゲイカップルも見てるんだけど。多分ストーンウォールの話も、そこで聞いてるんですよね。だから、ストーンウォールについて聞くのがそんなに新鮮じゃないし、なんだったらゲイカップルも別に初めて見るわけじゃないじゃないですか。

でもなんか、やっぱり、夜の二丁目のゲイバーで見るのとは…違う。完全な明るい日の下で日常の続きでいきなり、予測しないところに登場したっていう感じで。もうほんとにね、今だったらなんでそんなことし

たんだって思うくらい、マクイーターさん見て、パートナーさん見てっていうのを、三回くらい、三度見くらいしましたよ。それくらいインパクトがある、私にとってはありましたね。
最初は、英語で言われて、分かるじゃないですか。で、そこでまず一度見るわけですよ。ただ、そこで、私、自分の英語のヒアリングにあんまり自信がないから、「え、ほんとにそう言った？」みたいな感じで、翻訳されている間に、あと二度見をするっていう。そんな感じで、三度見しました〔第10回〕

この語りから読みとれるのは、木谷さんにとって「初めて」の出会いではなかったけれど「完全な明るい日の下で、日常の続きで」出会ったのは「初めて」だったということです。この「日常との地続き」感に関して、木谷さんは次のように続けて語っています。それは、木谷さんが、アメリカ研修に行く前から出入りしていたクロノスと、そこに連れて行ってくれた後輩の男性との話について語っていた時です。

木谷：〔筆者補足：木谷さんが三度見したということとは、〕私の場合、自分が「ゲイと会ったことがある」経験が、実はすごく非日常的な感覚だったっていうことが、驚きだったのかなあ…。予備知識がなかった人というのは、かえってすんなり入ったのかもしれないけど、自分の認識が、どれほど非日常だったかという驚きも含めての三度見ですよね。
——今、予備知識がって話がでてましたけれども、一定の知識があったからこそ、三度見、問い直すというか、あれ？っていう風に、すんなり流すことができなかったっていうことでもあるんですかね？
木谷：そういう感じかもしれないですね。ゲイバー行ったときに、そこにうちの大学の別の学部の学生がいたんですよ、知らない人だったけど、結構話した。何日か後で、一緒にいた友達がかれと学内ですれ違って、「あっ」って言ったら、かれが、「ここでは内緒ね〜」って言ってたと。学内では言わないでということはほかの人にも伝えてねということで。だからこちらも、「うん、分かった」って。だから、私はある種のフタをしていたと思うんですよ、自分が。そこはアウティングしない偉い子だと思ってください。「これは言わないことなんだ」って思ったわけですよ。で、その前提があるところで、〔筆者補足：マクイーターのカミングアウトで〕パカっとフタ開けられたもんだから、三度見になっちゃったっていう感じ。

――あー、そうか。ある意味そのゲイバーで出会った方から、日常生活、明るい日常生活ではこう、内緒にしといてねっていう話だったからこそ…。

木谷：そうなんです。実際そのクロノスは、結構有名な文化人とかも来るところで、2人くらい見たことあるし。話にあがってるのも聞いたことあるんですけど。その人たちが、メディアで、ゲイとして発言しているかというと、当時は少なくとも私は見たことがないわけで。そういうこともあって「ああそうかー」と思って。まあ、そういうのはどっかにあったと言いますか。

――隠しとかなきゃいけないというか、当事者が自分から隠してるものなんだというか。

木谷：そうですね。隠されてるものっていう認識はあったと思います。本人が言わないものをこちらが勝手に言わないでしょう。

――だから、マクイーターさんが明るい日常でポロっと言ったら、びっくり?

木谷：そうなの、そうなの。「パートナーです!」「はーい!」みたいな感じで立ち上がって。そのギャップの大きさは、もしかしたら私が一番大きかったかもしれないです。だから、教室の前と後ろを交互に見て確認するっていう感じかな。今思うと、よくもまああそんな見方したな、人に対して失礼なって思うわけですけど…あの、当時はそういう感じ。［第10回］

その当時の木谷さんにとって「地続き」にならなかった背景には、このようなカミングアウトを巡る社会状況があったということです。木谷さん自身がマクイーターのカミングアウト以前に男性同性愛者と出会ってこなかったのではなく、むしろ何人かの同性愛者と出会っていたこと。日本でさまざまな同性愛者と出会っていたがゆえに「カミングアウトは軽々にはしないものだ」ということも学んでいたということ。

つまり、当事者が積極的にカミングアウトをしない／できないことを理解し、なおかつ、「アウティングしてはいけない」ということを認識できていたからこそ、マクイーターのカミングアウトに大きな衝撃を受けたと考えられます。

学んでいた知識によって、むしろ目の前の人の存在が見えなくなってしまうことを、「度し難いまでの有知」（宮地尚子『環状島　トラウマの地政学』みすず書房、２００７）といいます。木谷さんがアメリカ研修で日本の状況を相対化する経験をしていたことが、この「度し難いまでの有知」を問い直すことにつながっていたわけです。

同性愛プロジェクトの組織化に、木谷さんのこの経験が大きく関わっていることもあることを考えると、単に木谷さんにとっての個人的な問い直しの経験であっただけでなく、日本のクィアペダゴジーの萌芽における重要な出来事であったと言えるでしょう。

2　「マジョリティとしての女性」という立場性を問い直す

フェミニズムとの出会い

木谷さんの「問い直し」に着目した際、もう一つ整理しておきたいのが「マジョリティとしての女性」としての立場性を問い直す経験をしていたということです。そもそも、木谷さんにとっての「フェミニズム」との出会いはいつだったのでしょうか。木谷さんが幼少期からさまざまな本を読んでいたということに触れましたが、その中で印象に残った本について次のように年表には書かれています。

小6：宮本百合子『伸子』を読み、「男性不信」に陥る（当時自分でこう表現していた）。「男は結婚前にいいこと言っていても、結婚すると女を支配するんだ」。ジェンダー系への意識的な目覚めはこれ。[木谷年表]

ここで木谷さんは「ジェンダー系への意識の目覚めはこれ」と書いているのですが、このことに関連して、『若草物語』や『伸子』は、女性の自立や、結婚に対する疑問視を覚えさせる本であったと述べていました［第11回］。

木谷さんにとって、特に『伸子』に関しては、「結婚って何だよ！」「結婚したくない！」という思いを抱かせる本であり「これが私にとってのフェミニズムの萌芽にあたる」ものだといいます。このような「ジェンダー系への意識的な目覚め」がより鮮明に意識化されていったのが、1974年に入学した豊多摩高校在籍時代でした。

1970年代というと、日本においてはウーマン・リブが席巻していた時代です。木谷さん自身がリブを肌で感じたエピソードとして、高校3年時のある出来事を語っています。

木谷：高校3年生の時、1976年の秋だと思うんですけれど、そのころNHKの7時のニュースって一番正統派のニュースだったわけです。その第一番の政治ニュースは看板男性アナが読むっていうのがずっと伝統だったわけで。

3年の時の政治経済の先生が、「今度初めて女性が政治ニュースをトップで読むからそれは必ず見ろ」って言ったんですよ。それを何度も言われて、その日はちゃんと7時前にＮＨＫをつけました。これがね、面白い。

当時ニュースというものは今みたいなキャッチーな感じで始まるんじゃなかったんで。黒に白字の時計が映って7時の時報の後でアナウンサーの男の人の顔が映って「こんばんは、7時のニュースです」っていいって始まるんです。

それが、この日はどうなるのかなって思ったら、時報の後、向かって左にいつもの看板男性アナウンサーがいて、右側に女性のアナウンサー、加賀美さんっていう今でもいる方なんですけれども、その人がいて。最初にいつもの男性のアナウンサーが「こんばんは」って言ったんです。その後、「こんばんは、7時のニュースです」っていう風に加賀美さんが言って、そこでニュースを読むんです。初めて女性が政治のニュースを読むときに、「こんばんは」っていうあいさつをまずいつもの男が言わなきゃいけない時代。それが70年代だったんですよね。[第8回]

ここで登場する「政治経済の先生」は、男性であったことを木谷さんは強調していました。「こういう入れ方がいいのかわかりませんが、少なくとも『女性』だけがこういう問題意識を持っていたわけではないことは書きたくて。まあ、トランスじゃない証拠はないですが。」と木谷さんはインタビュー後に語られていたこともここに書き加えておきます。

「最初とはそういうことなんですよね。だから私、最初は妥協することに否定しないのはそういうのを見てきてるからですよ。それをダメだっていう人々を黙らせるために、そのステップは不要という人がいるけれど、賢明だと言うべきだろうという」と、NHKアナウンサーであった加賀美幸子がニュースを読んだ出来事を思い出しながら、木谷さん自身の運動観についても語っていました。

このニュースを視聴することを勧めたのが、木谷さんが在籍していた豊多摩高校の「政治経済の先生（男性）」だったのだといいます。木谷さんは、「『もし警察に話を聞きたいって言われたら、連行と同行は違うから。同行なら断っても大丈夫だから』っていうのを教えてくれた」のもこの先生であったといい、豊多摩高校には民主的な教師が多かったのだと語られていました。「物事を多角的に知って、判断することを大切にしていた」教師に囲まれて高校生活を送った木谷さん。このような雰囲気を含め、木谷さんは「民主的な時代と地域性だった」と自分の若かりし頃を評していたのが印象的です。

熊沢弘之先生との出会い

木谷さんがライフヒストリーの中でこだわって説明してくださったのが、ご自身が「民主的な時代と地域」で育ったということでした。その一つが豊多摩高校時代のエピソードであるのですが、もう一つおさえておきたいのが、1965年に入学した東京都杉並区立桃井第三小学校時代の話です。特に、熊沢弘之という担任教師（木谷が4‐6年の担任）と出会ったことを重要視しているのが語りから読みとれます。

木谷さんは、熊沢先生に関して複数のエピソードを語っていました。それらから木谷さんから見た熊沢先生の人柄や思想がうかがえます。

――今回の年表に熊沢先生の名前が出てきたと思うんですが、木谷さんにとって熊沢先生ってどういう先生ですか？

木谷：どんな教員だったか。まずね、外側からいきますけれど、当時30代。今の堀川さんと同じか、ちょっと上ぐらいだと思います。細身で、すごく色が黒かったんです。杉並区で代々教員をやっているご家庭の人で、杉並区に住んでて、お父さんもおじいさんも教員で。

その時の校長先生は、私にとって最初の校長だったから、良いか悪いかはわからなかったんですけど、阿部一という大変自由でいい感じの先生でした。その校長先生の自由な感じがいいからっていう風な形で来てくれた。熊沢先生は自由主義的な先生でしたね。

私が入った桃三小は、当時校内放送のモデル校だったんですよ。校内放送がテレビだったんです。放送室にカメラがあって、2台カメラがちゃんとあって、人を映すカメラと、テロップを映すカメラ2台あって、ちゃんとディレクターとかアナウンサーとかがいる放送部があって。で、熊沢先生は、当時まだ珍しかったビデオカメラとか機械系に強い先生で。専門は国語の先生なんですけど、機械にすごく強い先生で、それを買われて引っ張ってきたっていうこともあったようです。

そういうのって、クリエイティブなもんじゃないですか。熊沢先生は、国語の教師の中でも、クリエイティブなタイプ。すごく作文の授業に力を入れてる先生で、「ノート一冊勉強してきなさい」っていう宿題を長期休暇に出していて。好きなことを好きなだけ「勉強」していい宿題です。その段階で、クリエイティブなのはよくわかるんですけれど。クリエイティブじゃない子どもが困る課題ですよね。私みたいのはルンルンでやるけれど。それだったので大変私にはフィットした先生だったんです。[第7回]

このように、木谷さんにとって、熊沢先生は「自由主義」かつクリエイティブさを大切にしていたことで相性がよかったのだといいます。このような熊沢先生について、木谷さんは次のような印象に残るエピソードがあったのだと語っています。それは、「民主主義とは何か」ということに関わることです。木谷さんはそのことについて、本書の執筆にあたって次のようにコメントを寄せてくださりました。

4年生だったと思うが、ある日の学級会で、決を採った後に、少数意見だった一人が何か言った。すると、みんなが「民主主義は多数決だから」とそこまでは正論だが、子どもなので「たっすうけつっ、たっすうけつ、たっすうけつ…」と過剰に盛り上がった。

すると熊沢先生が自分の机から立ち上がった（ふだんはあまり子どもたちの会議に口を挟まない人だった）。そのときの先生のことば。「民主主義で一番大切なのは、少数意見の尊重だよ」それだけだった。

しかし子どもは素直だし先生は信頼されていたので、今度は簡単に「そうだ、少数意見の尊重だ！」と盛り上がり、そこでみんな顔を見合わせた。「でも、決めるのは多数決でしょ…少数意見の尊重ってどうやるの?」「えーと…」 誰も答えを出せなかったが、これ以降多数決を振り回す子どもはいなくなったと思う。そして私はこれ以降、「少数意見の尊重ってどうやるの?」と思いつづけ、同性愛プロジェクトもその過程の上にあった

のかもしれない。（木谷麦子、本書初稿へのコメントより）

同性愛プロジェクトの活動の過程にもこれらの経験が関わっていると考察する木谷さん。このような熊沢先生が示す「民主主義」の考え方。それは、次のエピソードにも表れています。

木谷：熊沢先生のほかのエピソードとしてよく覚えてるのは、卒業式の時に2つエピソードがあって。

1つはシュプレヒコールをやったわけですよ。シュプレヒコールの台本は、国語の先生だからっていうことで熊沢先生が書いたんです。

その時におとなに向かってありがとうという場面があって。そこで、「いつも学校をきれいにしてくれた用務員のおじさんおばさんありがとう」から始まるんです。それで始まって、最後の方に先生が来るんです。それから親への感謝は、「おかあさん、おとうさん、ありがとう」でした。

その時私は小生意気な6年生だったので、熊沢先生はあえてこの順番にしたんだなって思いました。ただ1組の体育の先生がいて、これが学年主任だったんですけど、みんなの前で「熊沢先生ともあろう人が、間違えたな。もちろん先生が一番先に決まってるじゃないか」って言って全部ひっくり返したんです。「おかあさん、おとうさんもおかしい。おとうさんおかあさんだ」

熊沢先生はちょっとうつむいて微笑んで聞いていましたけどね。「あ、こいつ。この野郎」って私は思ったけれど、残念ながら私もその時「はい」って手を挙げて意見を言うほどではなかったんです。そういう順番、熊沢先生は例の少数意見の尊重が大事と言った人なので、そこを首尾一貫して全部それで出来上がってたんだなっていう風にその時にわかりました。［第7回］

ここでいう「例の少数意見の尊重」というのは、木谷さんによって書かれた年表にある次の記述のことです。年表には、熊沢先生について次のように書き添えられていました。

熊沢先生は、阿部校長先生の自由な教育方針に共感して桃三小にきたらしい。両氏の自由な教育でのびのび育つ。特に熊沢先生の夏休みの宿題「ノート1冊分勉強してくる」は、資質に合っていた。また熊沢先生は、あるとき児童たちが多数決ばかり言ったときにこういった。「民主主義で一番大事なことは少数意見の尊重だよ」。これはのちまで考え方の一つの軸になる。[木谷年表]

木谷さんは、「熊沢先生」という教師の言動が、「のちまで考え方の一つの軸」となったほど大きかったのだと次のように続けて語っています。

木谷：クラスごとに謝恩会の出し物をしたんですよ。何をするのかっていうのは子どもは一応話し合うけれど、結局担任の先生が決めてたんですが。うちのクラスはその6年生の一年間にあった事件をコミカルな寸劇にして、班ごとにそれで演じました。三島由紀夫自決とかよど号ハイジャック事件とかね。(略)

その時に、3組も劇をやったんですけど、もうこれはうちの母親が帰ってからものすごく怒ってたから覚えてます。私も見ながらやだなと思ったんですけど。3組でちょっと勉強できない子がいたんですよ。その子を主役にして、その子に「知恵遅れ」の役をやらせて、「この子はバカだから」っていうのを何度も何度も言うんですよ。「バカ」に力入れて、笑うところみたいな言い方で。しかも桃三小には当時「特殊学級」があって、卒業生の中にも一人、そのクラスの子もいたんです。それなのに「あんな劇やらせるなんて」っていう風にうちの母親が激怒してたの。(略)

もし、あの小学校高学年の3年間、2組じゃなくて、1組か3組だったら小学校人生変わってただろうなと、年を経るごとに思います。[第7回]

木谷さんにとっての「民主的」とは、少数意見の尊重や、差別への意識化を進んで行うこと、権力性を疑うことのことをさしていると推察できます。この考え方は、フェミニズムとも呼応するものですし、同性愛プロジェクトの方針とも関わってくる点でしょう。

木谷さんは、今回聞き取りをした3人のうち、のちの同僚も含めて複数の教師を年表の（5）の内容として多く記述していました。そのような木谷さんが「ザ・恩師」と呼ぶのが豊多摩高校時代に出会った国語科の角田洋子（1942‐）です。木谷さんに書いてもらった年表をもとに調べたところ、角田は、フェミニズムの視座を教育に組み込み、女性が性差別のあふれる社会において形成されていくことを指摘した『女の子はつくられる』（佐藤洋子著、白石書店、1977）の執筆にも関わった人物だということがわかりました。木谷さんの語りにもあるように、角田先生自身がフェミニストであったことが推察されます。

角田洋子先生との出会い

木谷：角田先生は、もうザ・恩師なんですよね。（略）角田先生は、国語科です。小柄な先生で、いつも淡々と、理性的な話し方をする方なんです。だから、退職後に古典文学の研究者になられたことも、なんの違和感もないです。「そうか、そうだよね」っていう感じで。常に冷静な分析をするタイプ。もちろん、彼女自身に、すごい感情の起伏とか、むちゃくちゃあると思うんですけども。口調とか議論の立て方に、それが出にくいタイプの人ですよね。■先生のほうは、当時、修士課程にいて、来てたのかな。若くて、元気な先生で。日本史の先生で、「教科書に書いてあるのは、強者の歴史だ」っていう見方を、最初の授業で出してきて、アイヌの歴史、女性史などをやってくれたっていう点では印象深い先生でした。

後に、ちょうど88年ぐらいでしょうか、二人の先生を呼んで何人かで集まったことがあるんです。近況報告し合う中で、私が「同性愛のことをやってます」と言ったときに、この2人の反応がはっきり分かれて。本当に知的なのは、角田先生だということがよく分かった。当時お二人とも知らなかったんですよ、同性愛などのあたりは。ただ、そのときに、知らないテーマを出されたときの対応で、知性というものは、こんなに違うのかと感じました。その意味でも、角田先生は、卒業してからも、この人すごいとずっと思い続けてます。［第8回］

このように、木谷さんにとって、角田先生は「この人すごいとずっと思い続けてます」というほど思い入れのある人物であるのでしょう。

ここでいう「同性愛」の話というのは、木谷さんが同性愛プロジェクトで活動していた時の話で、そのこと自体は、木谷さんの高校時代の話には直接関わらないのですが、木谷さんが、角田先生をどのようにとらえているのかが分かるので続きを見ていきたいとおもいます。

――角田先生は、どういう対応を取られたんですか。同性愛の話をしたときに。

木谷：最初は、当時、まだ私も、団体Yとかと話を聞いてる最初のころなので、私自身もそんなに上手にまとめて話せなかったんですけど、こんなことやってるんですみたいな、近況として話したんですよ。そしたら、[redacted]先生（男性）は、非常に否定的な反応をして。で、否定する論拠が、ある日、海水浴場で、ゲイの男性にナンパされたらしいんですね。その人と、一応話をしたと、そのことだけで否定してくるわけですよ。そういう経験でいったら私、何倍も話してたわけで。それは、ちょっとソースが少な過ぎやしませんかって言いました。

それで、私は、「だって、強者の歴史に埋もれた弱者の歴史があるってことを教えてくれたのは、[redacted]先生じゃないですか」って言ったんです。ほんとうにそう思ってるから。そうしたら、「そんな僕の歴史学と同性愛なんかを、一緒にするなんて許せません」とか言って、怒ったんですよ。

そしたら、角田先生がいつもの口調で、「[redacted]先生、新しいことを拒否するのは、想像力がなさ過ぎます」って言ったんです。今までの自分の持っているものを、新しいものを理解することに生かすのは、角田先生。で、よく分かんないけど、感情的な拒否感を、自分の持ってる論理性でカバーしようとしたのは、[redacted]先生。なので、それ以降、2人に対する評価は、がっつり変わりましたね。

まあ、初めての話題に対する初めての反応だけで人間評価するのはフェアじゃないと今は思いますが、そのときはね。自分のあるべき姿勢の見本としても。

だから、[redacted]さんは、高校のときに、新しい見方を教えてくれたという意味では、評価を続けるけど、角田先生は、一生頭が上がらないと思う。この時にもう一度学ばせてもらったからです。この人に思春期に出会えてよかったって思う人が、角田先生ですね。

で、角田先生は、いわゆるフェミニズム系の同人誌、ずっとやってきた方ですね。だから、フェミニズムの基本は、角田先生から教えてもらったっていうことですけど。[第8回]

角田先生と比較された[redacted]さん（[redacted]先生）について、「教科書に書いてあるのは、強者の歴史だっていう見方を、ちゃんと見せてくれたっていう点では印象深い」という点で木谷さんは評価しています。しかし、セクシュアリティ、とりわけ同性愛に関する知見で角田先生とは一線を画しているととらえているのでしょう。[redacted]さんが拒否した背景には、彼自身が、過去に同性愛者から「ナンパ」されたことがあったようですが、[redacted]さんの発言からは、自己の学問観とホモフォビアとの間で矛盾を抱えているように思えます。それは、第1章で見た性教育研究者たちとも重なるところですね。

女性問題研究会「日輪草」での学び

木谷さんは高校3年の9月という受験が迫っていた時期に、角田先生と[redacted]さんと共に女性問題研究会「日輪草」を立ち上げたといいます。その時のことを次のように語っていました。

木谷：さすが、70年代の豊多摩高校。高3の9月に、生徒1人と、角田先生がジェンダー論、当時の用語で女性問題で盛り上がって。じゃあ、メンバー集めて考えようみたいになったらしいんですよ。で、女子生徒7人と、先生2人で、サークル作りました。サークルの名前が「日輪草」って、ものすごい時代を感じますね。雑誌も作ったんですが、ガリ版でしたからね。『日輪草』ってタイトルで出したんですよ。2冊ぐらい出したような気がするけどな。（略）サークルとしては、週1ぐらいで集まって、ディスカッションしたり、読書会したりしたんですよね。ちなみに豊多摩高校というのは、戦前の旧制中学時代からの古き良き雰囲気が残っていて、放課後に先生呼んできて、学生が読書会するっていう習慣、まだあったんです。だから、他には、倫社の先生呼んできて、『フォイエルバッハ論』を読んでるサークルとか。まあ、その時には少数ではありましたが、生き残ってました。［第8回］

木谷さんいわく、豊多摩高校は、生徒が主体的に学びたいこと、活動したいことをするという校風であったといいます。これは、豊多摩高校に限らずその当時全国的にも見られる雰囲気かもしれません。それこそ、木谷さんも指摘していた通り1960年代からの若者による社会変革の流れが残る70年代には、生徒たちの主体性を重んじる教師も今以上に多く存在したのでしょう。

木谷さんは、この活動の中で、よいパートナーシップを目指すという文章を書いたのだといいますが、このパートナーシップに関わって、角田先生と次のようなやりとりをしたそうです。

木谷：これ本当に、私ともあろうものが、70年代の高校生は、私も他の人たちも、「結婚しても、仕事してもいいって言う男の人じゃないと結婚しない」って言ってたんですよ。みんながそう言ってたら、角田先生が、「『仕事していいって言ってくれる』っていうのは、どうなの」って言われて。「本当だ。何も許可もらう必要ないですよね～」と気づいて、自分たち自身でなんでそう言えなかったんだろうと。先生は二重に素晴らしいで

すよね。生徒に言わせてから、指摘するタイミングといい、的確な表現といい。[第8回]

木谷さん自身が角田先生たちとフェミニズムを学んだ際に用いられていたのが、フェミニズムの「古典」的書籍であるボーヴォワールの『第二の性』、そして、女性史、婚姻史に関わる水田珠枝や高群逸枝による書籍だったといいます。のちに、ここで学んだ婚姻史の視点を木谷さんの授業の中で用いているのですが、そのようなことからも、木谷さんにとって、ここでの学びは影響を与えていたといっても過言ではないでしょう。

女性問題同人誌『八十女』の発刊

このような経験を経て1978年に早稲田大学第二文学部へ進学した木谷さんは、大学進学後にもこのような女性問題について研究する機会を自ら作り出します。

それが女性問題同人誌『八十女』(やそめ)です。大学2年時に、角田先生らと共に「日輪草」に関わっていた高校時代の同級生と共に『八十女』を年2回刊行していたといいます。

木谷さんは学びの機会を作りだし、その成果をまとめるということをしていたわけですが、これはのちに同性愛プロジェクトにも生かされていくところです。

私は、木谷さんは何かをまとめることに長けている方だと、木谷さんのライフヒストリーを聞きながら強く思いました。そのことを木谷さんに問うた時、木谷さんの父が編集者であったという編集作業に対する「身近さ」や、「教育パパ」であった父から受けた幼少期の学習経験をあげて説明されていました。

木谷：父は「教育パパ」としては非常に優秀な人で。(略) ひとつ、これは小学校1年生からずっとやってたことがあるんです。私は本が好きな子どもで、よく本を読みました。特に低学年の時は、お話も読んだけれど、伝記も読んだ。読み終わったらごくシンプルに年表に書き込んでいくんです。

これ、父が母に「これを書いてやれ」と言って命令してやらせるんですけど、自分ではやらないんですけどね。その辺が嫌なところでしたけど。まあいいや。

当時カレンダーっていっぱいくれたんですよ､お店やなんかで。すごくいい紙で､裏が白いのもったいないっていうことで、いつも母が、それでノートを作ってたんですね。その横長のやつに、年表を作って、伝記を読むとその人が何年に生まれて何年に死んだか、そこにそれだけ入れるんですよ。で、物語を読んだ時も、作者が生まれた年と死んだ年を母が入れていくんです。最初は母が全部線を引いてくれたのを私が見てて。やりたいって言っても「定規でまっすぐ線が引けるようになってからね」って。まあ、じきに自分でやるようになるんですけれど、これとっても楽しかったです。

これをね、私5年生ぐらいの時に、カレンダーの冊子はもうだいぶボロボロになってたから大きいスケッチブックに移し替えて、それを夏休みの宿題に出して絶賛された記憶があるんです。

全部読んだ本ですからね、ちゃんと自分で。年表だけを機械的に書くんじゃなくて。頭の中にストーリーがあったうえで記入する。そうすると､例えば､ガリレオが死んだ年にニュートンが生まれてるんですよ。で、これを私はそこに書き込むことで発見して。子どもなんで、「産まれ変わりなんじゃないか?」って思って見直したら､残念ながらかぶってるんですね。ニュートンが生まれてからガリレオが死んでる。イメージとして、凄い時代が違うように感じてたんですよ。でも､まあそんなものなんだっていうことに気付いたんですね。で、後に子ども向けの参考書かなんかで見たら、「ガリレオが死んだ年にニュートンが生まれた!」って豆知識として書いてある本を見て、こんなの読んでも面白くもなんともないわっていう風に思ったんです。あの時の自分の手で線を引きながら「同じ年だ!」と発見した感覚､あれがないと。年表書くってのは､すごいアイディアでしたよね。生まれた年と死んだ年だけというシンプルさもよかったです。間のことは本で全部把握しているので、いいんです。これによって時代を見渡す感覚ができました。父は、あいつは、それをどっから思

いついたのか知らないけれど、これは大したものだなと。いまでもやってみると面白いと思います。[第7回]

この語りからは、学びの面白さ、特にまとめるということ、そこから発見することの面白さを経験していたということが読みとれます。このような作業を経たおかげで、「私は日本語能力という、多分もって生まれた能力が、ものすごく伸びましたね」と幼少期の学習経験を語っている木谷さん。実は、本書冒頭の「年表」は、木谷さんの父、茂生さんが木谷さんに教えていた年表をもとにしたものです。私自身、木谷さんからこの年表の書き方をZoom上で教えてもらい、感銘を受けたのでそのまま利用させてもらっているというわけです。

与謝野晶子への傾倒と進路選択

話を戻します。木谷さんは、大学時代も引き続き女性問題について学びを深めていました。木谷さんが卒論テーマとして選んだのは、のちに勤めることとなる文化学院の創立者の一人である与謝野晶子についてでした。それはなぜでしょう。

木谷：小学校4年生のときに、父親が、『少年少女　日本の詩歌』という本を与えてくれて。で、その『少年少女　日本の詩歌』で、近代の詩とか、短歌とかが入ってるんですよ。当時、短歌はつまんないと思って、詩を読んでたんですけど。で、気に入った詩のところに、ディズニーのしおりを挟むという。しおりの好きな順位と、詩の順位を連動させて、ときどき入れ替えてました。で、不動の一番、赤いミッキーのしおりが挟んであったのが、与謝野晶子の「君死にたまふことなかれ」なんですよ。とりあえず、「めっさかっこいい！」と思って、用もないのに毎日読んでたら、自然に暗唱してしまいまして、小学生だから。「あゝをとうとよ、君を泣く、君死にたまふことなかれ、末に生れし君なれば…」、これのちに文化学院の学生に暗唱させることになるんですが。もう言葉自体が、すごくかっこよくて。擬古文にはまった小学生だったんです。当時。友達の誕生会に、

擬古文ぶった詩を書いて、あげるという、とても迷惑なことをしていたんですよ（笑）［第8回］

このように、木谷さんは幼少期から与謝野晶子を、そして「君死にたまふことなかれ」を暗誦するほど強く好んでいたということが語られていました。木谷さんが与謝野晶子に強く関心を持ったことの背景に、「教育」があったのです。

木谷：そういうのがあって、与謝野晶子かっこいいってイメージがあって。でも、母が戦前に文化学院の学生で、晶子に習ってるんですね。当時のドラマなどで威勢のいい晶子像が多かったんですが、本人はぜんぜん違うと教えてくれました。そういうかっこよさじゃない。

で、大学で、評論読んだのかな。その中に、女子教育の、男子の旧制中学と女子の高等女学校の違いを指摘しているものがあったんです。晶子はカリキュラムを並べて見せて、高女には裁縫の時間が多くあって、そのためほかの科目の時間数が少ない、例えば英語や数学の学習時間が、女子は男子の半分ぐらいしかないと。時間を多く習った方がよくできるのはあたりまえだって指摘してるんです。そのことを考えずに女子は男子より馬鹿だと言うのが現状（晶子当時）だと。なるほどと。

その当時の女権運動や『青鞜』などについては多少知っていたんですが、女子教育について晶子が具体的に言及していたっていう辺りは大学で初めて知ったので、印象的でした。（略）それと、社会の在り方の原因を、教育に求めたところかな。彼女自身、受けたかった教育が受けられなかったわけですよ。小学校のときは、お父さんが読書家だから蔵書の『源氏物語』とか彼女も読んでるんですよね。で、頭のいい女の子が言われる、例のフレーズ、「おまえが男だったらな」を言われまくり。女学校行きたいって言っても、行かせてもらえないっていうね。

そこで、その中学と高女を比較した評論では、「同じ教育を受けさせて、それでもまだ女が男よりバカだったら、そのときこそは女をバカだと言ってくれ」って結ぶんです。それが超かっこいいと思ったんですよ。［第8回］

木谷さんは、高校時代の影響から、職業として教師になることも視野に入れていたといいますし、教育という仕事と与謝野晶子とをリンクさせているのも興味深い点です。大学卒業後の進路に関しても次のような観点でフェミニズムが関わっています。

木谷：男女同一労働、同一賃金の職種がいいなとは思いました。当時は、男女雇用機会均等法の前のことで、女性の会社員の仕事って男性のサポートだったんです。私、今から思うと発達障害もあって、女子に求められたようなこまこました仕事って、全部、苦手で嫌いなんです。全て…。

——お茶くみだったりとか?

木谷：お茶くみは、まだいいんですけど、何かを整理するとか、細かいことをきちんとするとか、気を利かせるとか。もうちゃぶ台返すぞ！　って、思ってしまうので、それはもう絶対無理と思って。あと、編集者とかも考えたんですけど、出版社もいいと思ったんですけど、あれは、親父の口出しがうざ過ぎて嫌だと。［第8回］

教職選択には、木谷さん自身が豊多摩高校で出会った教師たちの影響があったといいますが、「同一労働同一賃金」の職業として教職を選択したのは、木谷さんがフェミニズムを学んでいたからだといってよいのではないでしょうか。

「女性である」という立場性の問い直し

女性という属性で生きることがこの社会においていかに生きづらいことなのか。その点を解決しようと奮闘してきたのが、フェミニズムであるわけです。木谷さんも、女性であることによる生きづらさを「女性問題研究」として言語化する機会を得ていました。

しかし、その「女性である」という立場性が問い直される経験を木谷さんはしています。その経験がなされたのが同性愛プロジェクトでの活動においてでした。

木谷：私それまで、女性の側からマジョリティとしての男性にものを言うってことをしてきたじゃないですか。で、この時に、そのマジョリティとマイノリティの関係性っていうのが、そういう構造的にちょっと見えた部分があって。「あー、私、女性として男性にものを言ってる時、こういう感じだよな」っていう。団体Xの反応で、その時に「男の方はこういう風に感じるんだな」って思ったとか。立つ位置の置き換えを感じてたところもあって…。［第10回］

木谷さんは団体Xとの「アンケート問題」の時に、自分自身の立場性を問われる経験をしていました。このアンケート問題以前は、木谷さんは「女性の側からマジョリティとしての男性にものを言うってことをしてきた」のでした。多くのフェミニストたちも同様に、社会的弱者としての女性が強者である男性に対して、あるいは、男性中心社会に対して異議申し立てをしてきたわけです。

しかしながら、このアンケート問題で「マジョリティとマイノリティの関係性っていうのが、そういう構造的にちょっと見えた部分が」あったのだといいます。それはつまり、「同じ女性」であっても、セクシュアリティに着目すると「異性愛女性」と「同性愛女性」には格差があるということです。「『同性愛男性』と『異性愛女性』では、抑圧関係がクロスしている、とも思いました」と木谷さんは考察されていました。

つまりそれは、「強者」の立場性への気づきです。女性といっても、属性を細かに見ていくと抑圧者《マジョリティ》側に立ってしまうこともある。まさにそれは「特権」の理解ということです。

木谷さんは、高校時代から女性問題を研究していたわけですが、このような木谷さんにとって、「強者」の立場にあるということに気づくという経験は、それまで十分にはなかったのでしょう。そして、このような立場性への気づきは、先述の通り木谷さんが進めた同性愛プロジェクトの方針を変更することにつながっていきました。

「これは載せてください」

本章の最後に、木谷さんの人柄を表すやりとりを掲載したいとおもいます。

木谷さんには、博士論文の初稿を確認していただいた時、さまざまにコメントをもらいました。私が十分に聞き取りできておらず、それによって文意をとれず誤解して解釈してしまっていたところも指摘いただきました。そしてその時に、「これは載せてください」と言われたことがありますので、地の文のまま次のように皆さんにもお伝えします。

木谷：ちなみに私は自分でフェミニストって言ったことは一度もないんです。私は、エゴイストでナルシストです。［第11回］

本章において、木谷さんがフェミニズム思想について、角田先生と学びあっていたことや、そもそも幼少期に読んでいた本や生活の中で女性問題について読みとっていたことを整理しました。私はそれをもとに木谷さんは「フェミニスト」だと初稿に記述していたのですが、それに対して「私はフェミニストではない」と指摘されたのです。

「フェミニストっていうレッテルが間違って使われていることが嫌だということもあるけれど」また「そう名乗るほど勉強も行動もしてないし」と木谷さんは述べ、本意として、「女性全体の地位を上げるため」ということでフェミニズムの活動に関わるのではなく、「女の地位が上がらないと私が不便だからやっているだけ」なのだとおっしゃっていました。

そして、木谷さんは「〝一般名詞＝属性〟で人を見たくないし、自分もそのように見られたくない」ということ、「個々が生きやすいこと」の重要性も併せて説かれていました。

私自身、猛省すると共に、木谷さんが「女」とか「ゲイ」といったような、属性で判断することに対して疑問を抱いているのだということを把握できた瞬間でした。

カテゴリーに関して敏感になっている「はず」であった私。このこと自体を大きく問い直されたのが木谷さんとの関わりでした。そのことに関わり、もう1点木谷さんからの「批判」を最後に記します。博士論文での聞き取りのあと、本書の校正に関わり木谷さんに確認をいただいた際、原稿に次のようなコメントも書かれていました。それは、本章冒頭の木谷さんへの問い、「同性愛者のイメージ」について問うたところに書かれていたコメントです。

※ここ、大幅に書き加えました。このころ、まだ堀川さんをよく知らなかったので、おとなしく聞かれたことにこたえてたんですが、内心で思ってたことをこの度かなり出しました。

この章の結びで書いてくださってはいるのですが。「固定概念を持ってたか」という聞き方への「固定概念自体が嫌いなんだよおおお」という叫びです。あと、本が好きな人間が一つの答えだけで満足しねえよ、という叫び。だいたい、「女の子はみんなこれが好きー」とかメディアでやってるものの8割興味ないオンナノコだったので、他者に対してだけ決めつけするっていう感覚がないんですよね。（まあ皆無ではないかもしれないけど）昔のヘテロは同性愛者に固定概念持ってるとこからスタートしたんだ、という前提に反発を感じていたのでした／（^o^）／まあしょうがないよね、とおとなしく答えたけど、書き直した ^_^;

聞き取れる内容が、その人との関係性で大きく変化していくというのは、当たり前のことですが、それに関する気づきだけでなく、私自身の「思い込み」を痛烈に批判されたことは、そのコメントをいただいた後、仕事に身が入らなかったほど衝撃的でした。

このように「固定概念自体が嫌いなんだよおおお」と書かれていた木谷さん。木谷さんが傾倒した与謝野晶子は、文化学院創立に参加した時に「個を重んずる教育」を掲げていました（ちなみに、木谷さんの母である章子さんは、文化学院で晶子と、設立者の西村伊作の生徒でありました）。木谷さん自身も、大切にされていたこの「個」を大切にする視点、属性で人を判断しない姿勢が、同性愛プロジェクトで活かされたのだと思います。

第6章
「カルチャーショック」と女性の自立
——原田瑠美子の問い直し

今回聞き取りした3人のうち、一番はじめに連絡が取れたのが原田瑠美子さんでした。博士論文の研究は「機縁法」（つながりを通じて対象者を選択する方法）を用いているのですが、貴志さんのご紹介ならびに、木谷さんへ連絡を取る時の「アシスト」も含めて、原田さんにはいろいろとご協力をいただきました。

原田さんは、今回スポットライトを当てる3人のなかで唯一、1987年のアメリカ研修に参加ができなかった人物です。木谷さん、貴志さんはアメリカ研修で実際にマクイーターのカミングアウトや、サンフランシスコのゲイタウンなどを見てきているわけですが、原田さんにはその経験はありません。

本章では、そんな原田さんのライフヒストリーの聞き取りから、原田さんが同性愛プロジェクトの活動の中で問い直された3つのことを描き出したいと思います。

それは、第1に原田さん自身の男性同性愛／同性愛者観の問い直しに関わること、第2に自分自身のセクシュアリティについて確認し、改めてシスジェンダー・ヘテロセクシュアルであることを自己の中で問うたこと、そして第3に、ご自身がこだわってきた「女性の自立」とは何であったのかを問い直したことです。

ご存知の方もいらっしゃる通り、原田さんは著書『十六歳の母――高校生の愛と性の記録』（あいわ出版、1982）の中で、ご自身が東横学園中学・高校（以下、東横中高）で取り組まれた「男と女を考えるHR」をまとめられています。この実践で重視されていたのが「女性の自立」について考えて生きていくことの重要性でした。

1947年に東京都品川区大井町に生まれた原田さんは、看護師の母シゲさんと、朝鮮半島出身の父の元で育ったといいます。自分自身が「自立」を重視する背景に、母であるシゲさんの背中を見て育ったことや、学生運動との関わりがあると述べていました。ここでもライフヒストリーに着目することでさまざまなことが浮かび上がってきそうです。

1　「ドキッ」とした経験

同性愛プロジェクトへの参加

そもそも原田さんが性教協に関わるようになったのは、『十六歳の母』が、性教協幹事であった佐藤明子（当時：田園調布雙葉高校教諭）の目に留まったことにあるのだそうです。「明子さんって、すごく人を乗せるのがうまいのよね」と笑いながら話していらっしゃった原田さん。性教協の第2回全国夏期セミナーで、「男と女を考えるＨＲ」に関わる実践を発表するよう勧められたのをきっかけに、性教協に入会することとなったのだといいます。

原田さんは、１９８７年のアメリカ研修に参加していないと書きましたが、その背景には、シゲさんがその時に病に伏してしまっていたということがありました。直前までアメリカ研修に参加する予定だった原田さんは、アメリカ研修で仲間たちが学んだことに興味津々だったといいます。

原田：アメリカの研修なんですけど、私は行けなかったんですよ。みんな行ってきて良かったっていうんでね。みんな、いろんな刺激受けて帰ってきて。

そのとき、同じ編集局だった木谷さんがアメリカ研修の話をしてくれて。（略）同性愛プロジェクトっていうのを立ち上げて勉強していこうよって。一緒に編集局の仕事をしてたので声掛てくれて、私は自分で見て

なかったからなおさら好奇心があって。［第1回］

その当時原田さんは、性教協幹事会で編集局員として会報作成などに関わっていました。この編集局にはその当時、木谷さんや貴志さんが在籍していたということもあって3人はよく顔を合わせていた仲だったのです。木谷さんからアメリカ研修の話を会報作成作業の合間に聞いていた原田さんは、「みんな、そんなふうにいろいろカルチャーショックを受けて帰ってきて、自分はその体験できなくて残念だった」と語っておられました。木谷さんは、そんな原田さんに声をかけた理由について次のように語っていますが、そこからは、木谷さんから見た原田さんの同性愛／同性愛者のとらえ方が見て取れるのです。

――原田さんにはどういうきっかけで声かけたんですか?
木谷：このプロジェクト、最初は私だけやって。それで、貴志さんを呼び入れて、その話をたぶん幹事会とかしたときに、原田さんの反応が良かったからだと思います。
――木谷さんの中では、二人とも同性愛のことに対して反応が良かった感じ?反応のいい幹事だったたってことですか?
木谷：ビデオを見せながら報告会みたいのをやったんですよ。そのときに、同性愛のことをやったときに、あからさまに嫌な顔した人も当時はいたんです。
――ちょっと気になりますね。誰が反応が悪かったんだろうって。
木谷：誰かは私の口からは言えないんですけど（笑）［木谷第2回］

その当時、性教協の中でも、同性愛／同性愛者のとらえ方はさまざまだったということですね。「あからさまに嫌な顔」をした人がいた中で、木谷さんから見て原田さんは「嫌な顔」をしなかったように見えたのだといいます。

団体Yと出会う前

原田さん自身は、同性愛／同性愛者をどのようにとらえていたのでしょうか。『学んでみよう！セクシュアル・ライツ』（十月舎、２０００）に原田さんは次のように記しています。

この研究会の会報のインタビューで、同性愛の青年に会って話を聞く機会がありました。今から10年以上も前のことです。
当時の私は、同性愛者というと、頭に浮かぶのは、テレビで見たことのある、美輪明宏、カルーセル麻紀、ピーター、おすぎとピーコといった芸能人ぐらいでした。だから同性愛者はみな〝女っぽい〟服装やしぐさ、しゃべり方をするというイメージしかありませんでした。（原田瑠美子『学んでみよう！セクシュアル・ライツ』十月舎、２０００、68－69頁）

ここでいう「10年以上も前のこと」とは、団体Yの青年たちへのインタビューのことです。当初、同性愛者を「〝女っぽい〟服装やしぐさ、しゃべり方をするというイメージ」でとらえていた原田さんは、その頃のことを次のように述べていました。

原田：その当時は、自分がイメージするのは異性愛を前提とした男だったのね。同性愛の男性もいるんだろうけど、それはほんの一部特例であって、「男＝異性愛」っていう風に捉えていたんですよね。だから同性愛っていうのは本当に一部マスコミで取り上げているような感じの、ちょっと変わり種の一部っていう風に思っていたから、男性の中にも同性愛もいる、異性愛もいる、バイセクシュアルもいる、そんなイメージは全然なかったですよね。男性＝異性愛っていう風な形。男性を見れば自分の恋愛対象としての男性という風な見方でしたよね。男社会で権力を持った男性っていう風なイメージでしたよね。［第8回］

原田さんは、「同性愛者＝男性同性愛者」、そして、活動に関わる前は「変わり種の一部」としてとらえていたといいます。このような考え方は、第2章でも見た同時代の性科学者たちとも共通するものです。

先に見た木谷さんは、文学作品に描かれる多様な同性愛者（これは非実在の人物ではありますが）や、大学時代から出入りしていたクロノスに来ていた同性愛者と出会っていたことが、イメージを画一化させなかったことにつながっていたのだといいます。

では原田さんは、団体Yに出会う前には、同性愛者と直接出会ったことはなかったのでしょうか。出会ったことがなかったから、「テレビで見た」レベルでのとらえ方しかできていなかったということでしょうか。

「てっちゃん」の存在

原田：同性愛者の生身の人、当事者の人と初めて会ったのは、今里さんって方。岐阜の梅田鏡子さんっていう、教員でもあるんだけど、シャンソンもやる人がいて。その梅田さんとシャンソンを通じて、出会った今里哲さんがそう。「てっちゃん、てっちゃん」って呼んでいるんだけど、彼はゲイなんですよね。だから団体Yのインタビュー以前にあってたわけなんだけれども。

でも、「夜の存在」っていう風な形でとらえてたんだよね。てっちゃんはゲイであると同時に、見かけはいわゆる女性の格好をした方で、話し言葉も女性の感じだから、テレビの人たちも含めて見てきた人たちもそういう風なイメージだったから。［第8回］

ゲイであるとカミングアウトしているシャンソン歌手の今里哲（１９５２？‐）と原田さんは、団体Yと関わる前に出会っていたのです。しかし、木谷さんと比べて、原田さん自身は、どちらかというと画一化された同性愛者イメージを持っていたように思えます。

それは、原田さんが出会ってきた身近な同性愛者である「てっちゃん」が、原田さんにとって「〝女っぽい〟服装やしぐさ、しゃべり方をするというイメージ」を強固にさせるような存在だったからでしょう。原田さんもそのことに関して、「てっちゃんは、今までのイメージの内だったわけです。おすぎとピーコとかカルーセル麻紀みたいなイメージの範囲だったんですよ。なので、てっちゃんと会った時には全然びっくりもしないし、自分の既成概念と一致していたから、揺らぎは生じなかったわけです。テレビで見たことのある同性愛者と一緒っていう風な形。大多数の中の男性の中の特例という風に捉えてたんですよね」［第8回］と分析して語っています。

その当時の原田さんは、男性同性愛者に関する一つの偏ったイメージをもっていたのであって、そのイメージが強固であったからこそ、同性愛者の多様性をとらえきれていなかったといえるでしょう。

これは、「度し難いまでの有知」という点で木谷さんとも重なるところです。木谷さんも原田さんも、「同性愛者が見えていない」「同性愛を知らない」のではなくて、身近な同性愛者の当事者性をリアルに受けとめるがゆえに、逆に、当事者のなかにある多様性や、当事者が置かれている差別状態が見えなくなってしまったのだと考えられます。

「普通の同性愛者」イメージの獲得

では、偏った同性愛／同性愛者イメージを持っていた原田さんは、どのようなきっかけをもって男性同性愛／同性愛者に関するイメージを変容させていったのでしょうか。

ここで重要となってくるのが団体Yとの関わりです。原田さんにとって、同性愛者との出会いなおしになったのは、同性愛プロジェクトとして活動を始めた1988年12月会報掲載のインタビューでした。

> 原田：団体Yのメンバーと初めて会った時には「普通の青年だ」って思ったのね。新宿二丁目連れてってもらって、バーで出会った男性達も、見た目はいわゆる私が今までイメージでとらえてきたのとは違うんで。「なん

だ、私は今まで何を見てきたんだろう！」っていう風な感じでしたよね。本当に人間をちゃんと見てなかったのかなっていう風な感じで。［第8回］

先に触れたように、原田さんはその当時性教協幹事会で編集局員として活動をしていました。そこで作成していた会員会報のコーナーの一つである「この人に聞く」で、団体Yのゲイ2名にインタビューしています（このインタビューがなされたのが、木谷さんが出入りしていたクロノスであったのです！）。インタビューは次のようにまとめられていますので抜粋しました。


〈はじめに〉インタビューの後で、新宿二丁目を案内してもらえるとあって、風邪ぎみを押して出かけました。ゲイというと女っぽい男性をイメージしがちですが喫茶店に現われたAさんはシティーボーイ風の若者、最初からゲイに対する印象を修正されてしまいました。

〈インタビューを終えて〉新宿二丁目のゲイバーに案内してもらいました。ゲイバーというと女装をイメージしますが、マスターは角刈の男っぽい男性。男性から性的対象に見られないので、女性もリラックスして楽しめるお店でした。ヘテロもゲイも変わりがないというのが、インタビューを終えての実感です（「同性愛に正しい認識を」『会員会報〝人間と性〟』43、1988、2-3頁。傍点ママ）。


団体Yのメンバーと出会ったことで、自分の思っていた同性愛観にずれがあることに気づいていた原田さん。『ゲイというと女っぽい男性をイメージしがちですが喫茶店に現われたAさんはシティーボーイ風の若者』と、あえて傍点を付けて評しています。

実際、当時団体Yの青年たちは、メディアを意識して「普通の青年」をあえて装って活動していましたから、その〝戦略〟に原田さん自身も見事ハマったともいえます。団体Yの運動戦略である「普通の青年」像によって、原田さんの中にある「女っぽい」同性愛像は問い直されることとなったのです。

もちろん、新たな同性愛者イメージが創られたことによる問題も浮かび上がります。それは、後に見ていく原田実践にも表れてくる課題と重なりますので、後程考察しましょう。

異性愛者であることの再確認

原田さんが問い直したのはそれだけではありません。活動を通して、自分自身のセクシュアリティを確認し、改めてシスジェンダー・ヘテロセクシュアルであること認識していました。第2の問い直しは、自己のセクシュアリティに関わるものです。


原田：自分は異性愛っていうのは当然だと思って何の疑いもなくいたでしょ。でも、いろいろ当事者の人の交流とか何かあってね。

　私が印象的に覚えてるのは、そのなかでレズビアンの人と出会って。レズビアンの人たちとも個人的にお食事とかしたり、うちの近所にいる人がいて、会って話したりなんかすることもあったのね。

　それで、ある時、レズビアンの人に、「うちに遊びに来ない？泊まっていかない？」って言われたんだけど、その時、「ドキッ」てしたわけね。そのときに、ああ、私は同性には性的なエロスは感じないんだ。私は異性愛なんだっていうようなことで、改めて選び直したっていうか、そういう体験はあった。［第1回］

この時のことを「自分のセクシュアリティと向き合って、もう1回見つめ直して、選び直すまでそんな大げさじゃないけど、自分で納得するという感じで。だから、ひとごとじゃないんだって思った」［第1回］と語る原田さん。「同性」から好意を寄せられて、それに応じることができるのかという問いが、自分自身の中でなされたことを語っています。

女性に性的に応じることができるとなれば、自分自身はそれまで何気なく「あたりまえ」で無自覚に選択してきていた「異性愛者」ではない何かになるということ。逆に、応じることが出来ないということは、自分自身はいままで通り「異性愛者」かもしれない。それまで考えてもみなかったことを考えるきっかけがあったことで、他者をとらえる尺度であったセクシュアリティという点が自分自身を測るものになる。

あるレズビアンとの関わりの中で原田さんはそのことを考えたのでした。これに関わる点ついて、次章で見ていく貴志泉さんも同様な体験をしているのが興味深いことですし、その受け止め方も感慨深いです。よく「俺のこと、そういう目で見るなよ」というような同性愛嫌悪的反応がテンプレートのように語られますが、原田さんはそのような嫌悪感をもって反応しているわけではありませんでした。

原田さんの「ドキッ」という感情。「私は異性愛なんだってことで、改めて選びなおした」という体験。むしろ自分自身のセクシュアリティを問い直すような形で受け止めています。実際にレズビアンとのこのようなやりとりがあったからこそ、自分自身のセクシュアリティを「選ぶ」という経験ができたということでしょう。「当事者の方と会ったってのが大きい」、「知識だけだと頭の中だけになっちゃう」と関わりあいが持つインパクトの大きさを語っていました。

2 「女性の自立」は誰の自立?

人権感覚を肌で感じた幼少期

原田さんが問い直されたことの3点目は、自身が重要視してきた「女性の自立」が問い直されたことでした。幼い時の経験を次のように語る原田さん。

原田：民族差別とか、うちのお店で働いていた女性達の貧しい姿を見たりとか、そういう中で、「同じ人間なのになんで差別される人がいるんだろうか」とか、悲しい思いをしている人たちがいるんだとか、貧しい生活をしなきゃいけないんだとか、そういうことを肌身で感じていたっていうのがあるよね。人間はみんな対等で平等であることが必要なんだっていう風に。人権感覚っていうのを理屈ではなくて、体験として得られていたわけです。生きる中で人権感覚を得ていたんですね。［第6回］

「うちのお店」とは、原田さんの母シゲさん（1926-）のお店のことをさします。勉学を好み、勤勉かつ優秀な成績を修めていたシゲさんは、尋常小学校卒業後に東京大森にある病院の寮に住み、そこで下働きをしながら看護学校に通っていました。看護師になったのちに出会った夫のアルコール依存症による「生活力のなさ」から、シゲさん自身が子どもたちと夫を養う必要があったのだといいます。

原田：父親はメッキ工場で働いていたものの、給料は全部飲むのに使っちゃうっていう感じで。母は、給料日、弟をおんぶして私の手をつないで工場の前で父を待っているんです。それでも逃げられちゃうんですけれども。母は、これじゃダメだってことで、初めは内職をやったりとかしてたんですけれども。鶏買ったり、おせんべい焼いたりとか。母には才覚があったんだと思うんですね。なので、初めは不動産を安く買ってそれを高く売ってっていうことをしながら、それから、アパート経営をして、ある程度資金がたまったら飲食店を経営するとか、そういう仕事をしたわけです。［第6回］

シゲさんは商才があったといい、看護師を辞した後、アパートを複数経営したり、バーや中華料理店などを経営したりしていたといいます。中華料理店は、夫が働ける場所を用意するために、シゲさんが経営していたといいますが、夫の勤務は長く続かず、結局のところシゲさんが子どもたちを養うために働かざるを得なかったのだそうです。

ここで出てくる「うちのお店」は、この中華料理店ではなく、「ルリ」というバーのことです。そのバーに関わることが「女性の自立」観につながるところでありました。

原田：母が経営していたバーは1つです。大井町の駅のそばにある「ルリ」っていう名前だったんですけど。私が小学校中学年から高学年くらいに始めたのかな。そこには女の子も随分いたし、母も軌道に乗るまではママとしていたんですね。［第6回］

「小学校中学年から高学年」時代ということから、シゲさんがこのバーを経営し始めたのは、50年代後半から60年ごろであると推察できます。このような母の経営するバーで、原田さんも、さまざまな女性たちと交流していました。

原田：お店のお客さんとデートする時とかね、自分だけで会うのが嫌だからか、私たち子どもと一緒に行けば楽しくなるのだろうという風に思ったのか、よくいろんなところに連れてってくれたんです。彼女たちは、本音で生きていて、嘘を言わなくて。いろいろ男性との問題で、何かあるとワンワン泣いたりとか、そういう健気な善良な、一生懸命生きてるなっていう感じがしましたよね。（略）

——お姉さん達が大変な生き方をしているっていうことを、幼心に感じていたっていう風に話しされていたと思うんですけども、どういうことをそのように思いましたか？

原田：あのね、いまだに名前を覚えてるんですけれども、[redacted]産婦人科っていう病院だったんですけれどもね、近くにあった。そこによく母が店で働いてる女の子を連れて行ってね。望まない妊娠で、母に諭されたりする姿とか。あと、男の人に騙されてお金を取られちゃったりとか、そういうことで母に泣きながら相談に来たりとか。そういう姿を見たりとかしていて。それから、結婚していて、田舎に子どもを残して、自分の親のとこに預けて、東京に働きに来てるって言う人もいて。その稼いだお金を田舎に送ったりとか、そういうね。

性がらみのことでそういう風な話題が日常に色々あったので、小さい頃から性に対してオープンだったっていうのはあったかもしれませんね。中絶の話とか「二号さん」の話とか、性に関しては隠す事ってことじゃなくて、割とオープンな話っていう風なことはあったかもしれません。［第6回］

「健気な、善良な、一生懸命生きている」とお店で働く女性を評した原田さん。原田さんは、女性たちの生き方を間近で見ながら、女性の自立、特に経済的自立の必要性を感じ取ったのだといい、なおかつ性についてオープンに受け止めるようになったのだと語っていました。それは、彼女たちが「性」に関わりながら一生懸命に生きている姿を見ていたためではないでしょうか。

このような女性たちの姿、そして、シゲさん自身も、男性に依存して生きることをあたりまえとしない自立心の強い女性であり元来の真面目さと努力とで家族を支えたのだといいますし、身のまわりの「大人の女性」たちによる影響が大きかったと言えるでしょう。

「家族」への思い

先に「民族差別」という言葉が原田さんの語りに出ていました。このことも原田さんの価値観に関わる点です。原田さんによれば、シゲさんと父の間には、原田さんと弟が生まれたといいます。そして、シゲさんの元で働いていた使用人の女性と、進駐軍米兵の間に生まれた孤児を養子として引き取り育てていたといいます。

原田さんは、ライフヒストリーの聞き取りにあたり『私の両親のこと』という文章を書いてくださりました。そこには、先に書いたようなシゲさんや、「顔も思い出せない」という父のことが書かれていましたが、そこにきょうだいのことも書かれていました。

原田：ここ〔筆者補足：『私の両親のこと』〕にも書きましたけれども、私には弟、すぐ下の弟と、母が養子として引き取った弟がいるんですね。母が手広く仕事する中で、自分一人じゃ家事ができないということで、お手伝いさんを雇ってお願いしていたんです。そのお手伝いさんが、進駐軍の米兵と婚約をして妊娠をしたんだけれども、進駐軍の米兵は遊び半分で帰っちゃう。

その後、出産するんですけれども、2年ぐらいは病気で。産む時も肺結核だったんです。その女性はね、それで2、3年くらい病床についていたんですけれども、結局亡くなって。その産まれた子どもを彼女の身内は一切引き取らないんですね。「そんな青い目の子なんて」と言う形で。それでうちの母は、小さい頃からその子どもの面倒を見てきたってこともあって、じゃあうちの子として引き取ろうという形で養子として引き取ったんです。[第6回]

原田さんは、朝鮮半島出身の父と日本出身の母、血のつながった弟と、使用人と「目の青い」白人の進駐軍米兵の間に生まれた弟（1954－2018）という家庭で育ったのです。このような家庭であったからこそ、近所からの風当たりが強かったのだと、その当時を振り返って語っていました。

原田：父親の出身が韓国だということは知っていたんですけれども、それ以上でもないし。でも、ただ一つね、父親が「アイゴー、アイゴー」って、悲しい時にいうんですよね。それは覚えているんですけど。それしかない。

そんな父親が、お酒に酔うと大声を出したりしてね、それが近所に知られるわけですよ。近所からは、「あそこの家は酔っ払いの〝チョーセン〟だからだ」っていう風な形で、面と向かっては言われないけれども、それとなく言われてるなーっていう空気は感じるし…。（略）事情を知らない近所の人達が、母のことを指差して「あの人はパンパン」なんていう風な形で蔑んだり［第6回］

「あそこの家は酔っ払いの〝チョーセン〟」というような形でなされる差別と隣り合わせで幼少期を過ごした原田さん。1954年から1960年までの品川区立大井立会小学校在籍時代に関して「あまり思い出せない」と振り返ることにつながるのはこのためでしょう。差別は父にのみなされたのではなく、父を通して、原田さん自身も含めた家族全体に向けられていたものであったのです。

父に対してだけでなく、ミックスルーツの弟に「青目」というレッテルが貼られる点、また、そのような弟を連れて歩く母に対して「パンパン」といった言葉がかけられるなどの差別。家族に対する差別は日常的で、差別と隣り合わせで過ごしていた原田さんにとって、「人権感覚」は理屈ではなく肌感覚でとらえるものだったといいますが、それは、このような経験によるものだったのだということでしょう。

「女性の自立」に関する意識と自らの行動との間での葛藤

1963年に東横高に進学し、その後、受験勉強にいそしむこととなった原田さん。高校時代に、父とシゲさんが離婚したこともあって経済状況が十分ではなかったといいます。経済的自立の重要性を身をもって体感していた原田さんは、「お嫁さん」や高卒での就職を目指す同窓生たちが周りに多かった環境で、国立大学を目指していました。しかし、国立大学は不合格。そのような中で、成績優秀者は授業料が免除となるという日本大学（以下、日大）農獣医学部に合格し、進学することとなったといいます。

1966年に日大の農獣医学部に進学し、その後、大学時代には、就職先として保健所が内定していたのだといいますが、自身の中学高校時代の学習経験や、教育実習先での体験で開眼し、内定を拒否してまで教師を目指したのでした。そのような就職に関わって、原田さんの葛藤が見いだせます。代表的なエピソードとして、「学生運動への不参加」ということがあげられていました。1947年生まれの原田さんにとって、1966年からの日大在学時は日大闘争真っ只中でした。しかし…

原田：私は団塊の世代生まれで、70年安保の…70年に教員になったのかな、それで東大闘争の頃に大学生で。私は日大だったんですけど、日大の古田体制批判ってので、ちょうど学生運動の盛んな頃に大学を過ごしたんです。農獣医学部出身なんですけど、大学2年の時に学生運動の影響でロックアウトされて。学生時代に学生運動に参加できなかったことがちょっと負い目でね。［第1回］

1968年に始まる日大闘争は、社会変革に象徴される年に興った学生運動です。全国的な大学闘争の広がりの中で、開始時期の早さと長期的なバリケード・ストライキ維持、万単位の学生を集め理事と文字通りの「大衆団交」を実現したことなど、東大闘争と並んで全国の運動に大きな影響を与えた、戦後を代表する学園闘争が日大闘争であったといえるでしょう（荒川章二「『1968』大学闘争が問うたもの：日大闘争の事例に即して」法政大学大原社会問題研究所『大原社会問題研究所雑誌』698、2016、1‐24頁）。

自分の周りの仲間たちが学生運動に力を注いでいたことに関心を持っていたといいますが、原田さんはその運動に参加できなかったのだというのです。その理由として、当時の婚約者との関係性があったのだと次のように語っていました。

学生運動への不参加という負い目と女性の自立

原田：大学2年のときに2つ上の先輩と交際していて、婚約をしちゃったんですよ。その相手との関係があって、クラスの仲間達との運動には距離をおいていて…自分にとって、それでいいのかなーと思いながらね。で、卒業したら結婚して、いわゆる「家庭で主婦」、「家庭に入る」みたいになっていたんだけど、教職課程をとったときに、相手の彼は「これから自分の子育てのときに役に立つんじゃない？」っていってたんです。「そんな、家に入って子育てと家事で自分の人生生きているのかな？」って思いながら、「3年でいいから、教職課程とったんだから、教員やってみたい」っていったら「3年くらいなら、教師の経験も子育てに役立つ」みたいなことでいいだろうからってOKもらって、何もOK貰う必要なんてないのにね、それが当時の自分の考え方で。それで教員になったんです。［第1回］

原田さんは、フェミニズム・ジェンダーと教育に関わる雑誌『季刊女子教育もんだい』・『女も男も』などに原稿を執筆し、編集にも携わった人物でした。この発言に関しても、当時を振り返りながら「何もOKもらう必要なんてないのにね、それが当時の自分の考え方で」と苦笑しながら述懐しているのです。

「女性の自立」に関して意識の強かった原田さんは、どうしてそのような元婚約者を一時とはいえ選んでいたのでしょうか。

——前回〔筆者補足：第6回聞き取り〕お話を伺った時に、原田さんが女性の自立とか自主的に生きていくっていうことについてこだわってらっしゃるって話されていたかと思うんです。（略）大学時代の婚約者っていうのはどちらかと言うと自主自立っていうものを阻害するような人だったのかなってお話を伺っていて思ったんですけれども。

原田：そこが矛盾するよね。ちょっと自分は縛られたくない。自由に生きたいっていうのがあるんだけれども。その一方でその当時は、女性は24、5歳までに結婚してっていう風に。そういうのもあって、自分はそういう普通の結婚って、自分の生い立ちから言って望めないのかな、一生独身で過ごすのかなみたいのはあったりして。自立して生きていきたいんだけれど、一方で、その当時の女性の憧れっていうのは、早めに男性からプロポーズされて結婚してっていうようなね。そんな憧れはあって。

特に女子高で育って大学は理科系で、在籍していた学部は、200人中女性は12人しかいなくて。女子高から、男子が圧倒的に多数の環境の中に移動して、本当に何て言うかな、目が眩んじゃうと言うかね、対等に男性と話ができない女子校育ちの欠点ね。すぐに男性って見ると異性として意識しすぎちゃうというところがあってね。そういう時に〔筆者補足：元婚約者から〕声をかけられて、結構遊び上手の社交的な人だったんですよ。で、大人っていうような雰囲気もあるから、声かけられてすぐに、ほわっとしちゃって。

ただ心の中には「本当にこれでいいのかな。いいのかな」っていうのはあったんですけどね。だから教師をやりたいって言って教師になるっていう風に、自分で選択していったんだけれどもね。だからそのまま結婚してたら本当に縛られた人生だったし、実際は変わってただろうね。まあそういう場合は多分すぐに離婚してたと思うんだけれども。[第7回]

「矛盾するよね」と、原田さんは逡巡しながらゆっくりと話を進めてくださいました。ご自身のライフヒストリーを振り返りながら、自分のセクシュアリティについてこの時にも考えてくださったのかもしれません。

元婚約者との関係があった同時代のジェンダー・セクシュアリティ史的背景からみても、まだまだ、〝結婚＝家庭内労働への移行〟という性別役割分業に関わるジェンダー観が根強かったことが推察できます。「24、5歳までには結婚しなきゃ」といういわゆる「クリスマスケーキ」に喩えられる女性の「賞味期限」と、結婚の早期推奨を迫る社会的観念を、当時の婚約者だけでなく原田さん自身も内面化していたのでしょう。

原田さんが逡巡しながら語ったのは、それだけ原田さんにとってフェミニズムや「女性の自立」については、自身が生きていくこととも大きく関わっている価値観であるということではないでしょうか。

「パートナーシップ」という実践のもとで

結局のところ、原田さんは「女性の自立」という自分自身の重視した考えのもとで、教師という職を優先して元婚約者との婚約は解消されます。そして、その後原田さんが関わった教職員組合で出会ったのが、現在のパートナーである石井和彦さん（1927-2021）でした。

石井さんは、原田さんが勤めた東横中高と系列校である、武蔵工業大学付属中高、東横学園大倉山高校で社会科の教師を務め、『反省が処分の教育』（一光社）や『管理は教育の自殺行為』（労働教育センター）などを執筆し、集団主義や管理教育の暴力性を強く問うてきた人物です。

原田：相手は石井という姓で、私は原田という姓で、でも私は原田瑠美子として通す、ということで。それで、家庭も仕事もフィフティーフィフティーでやっていこう（略）籍は入れて、戸籍上は「石井」になるけれど、ずっと旧姓で通すってことを職場にもいって。どうしようもない、例えばパスポートなんかは「石井瑠美子」になっちゃうんだけど。家事も最初に全部書き出して、じゃんけんで自分の得意なものを取るなんてことしたり……彼も筋通った人ですし、束縛なんて一切されなくて。逆にこういう結婚ならいいなあとおもって。

一人でいるより二人でいるほうが広くなっていく、自分が体験したこと、向こうが体験したこととか、いろんなこと、向こうも教員だから、教員として教育を巡って体験したこと、それから労働運動をやっていたから、社会とか政治とかについても話し合えるしね。一切縛られることはなかったし、根源的なところで信頼しあってるんですよね。そんなエピソードも踏まえて、女子校では女子の自立だったりジェンダーの問題として例に出すと生徒は大笑いするんだけどね。そういう「生きた見本」みたいに見せられるから、生徒には説得力があったのかも。［第1回］

原田さんは石井さんとの関係も含め、「女性の自立」を重視しながら自身の体験を実践へと活かしていきました。

女性民教審との関わり

のちに女性民教審にも関わった原田さんは、その中で、それぞれフェミニズム活動に関わっていた、作家の俵萌子（1930‐2008）や永畑道子（1930‐2012）、評論家の樋口恵子（1932‐）と共に活動をしていきます。

女性民教審とは、1984年に設立された団体で、1984年に中曽根康弘内閣によって設置された「臨教審」に対して、作家の俵萌子を中心にして、女性22名（臨教審は男性22名が正メンバーであったことに対応して）が、現場の教師と共に（臨教審は現場の教師がメンバーに含まれていなかったことに対応して）、公開で（臨教審は非公開であった）、子どもの都合の教育改革を目指すために立ち上げられた団体でした。原田さんは、そこでも「女性の自立」といったフェミニズム、ジェンダー的思考を醸成させたのです。ほかにも、性教協入会後に訪れた北欧で同時代を生きる女性を見て、日本のジェンダー状況の遅れを認識していました。それらの経験も自分自身の実践を支えるものになったのだといいます。

異性愛中心主義と性別二元論への問い直し

原田さんの語りの中で重要だったワードは「女性の自立」でしたが、それと同じく重要なのが「カルチャーショック」という言葉です。インタビューの中でも繰り返し使われていた「カルチャーショック」とは何をさしていたのか、インタビューのまとめとして聞いてみました。

原田：同性愛プロジェクトと関わっての「カルチャーショック」と言えば、やっぱり私のそれまでの頭の中では、男と女がいて、女性の方が男社会の中で不利な状況に置かれて不平等になってる。その女性の立場を男性と対等に男も女も生まれながらにして平等であるべきだ。そういう風な考え方。男と女の異性愛が前提で、男と女っていう風にはっきり二分法で考えていたんですよね。

ところが同性愛プロジェクトの時には、まだ多様なセクシュアリティっていうところまでには入ってなかったんですけれども、自分が当然としていた異性愛っていうのにクエスチョンマークがつくわけです。

同性を好きになるって言う事もありうるんだ、人を好きになるって事も異性か同性か関係ないんだってことに「カルチャーショック」と言うか、自分自身のそれまでの考え方が揺さぶられたわけですよね。［第8回］

つまり、原田さんにとっての「カルチャーショック」とは、自分自身がこれまで重要視していた「女性の自立」自体が問い直されたことそのものだったのです。「女性」とは誰なのかと考えた時、同性愛プロジェクトに参加するまでの原田さんは、何も疑うことなく「異性愛女性」ととらえていたのです。しかし、同性愛プロジェクトに参加したことで、「女性」といってもさまざまな女性がいるということに気づいたのでした。

原田：同性愛プロジェクトの中でいろいろ活動していくと、性愛がどこに向くか、セクシュアル・オリエンテーション、異性に向かうか同性に向かうかだけじゃない他の要素もあるんだっていうことに気付く。生まれつきの性とは違う性を生きたいっていうトランスジェンダーの存在にも気付いていったし、なかにはどっちつかず、決められないいっていう人もいるんだとかね。
　さらにそういう風に分類することが大事じゃなくって、問題は一人一人がすごく多様性を持っている存在なんだって。女性ならみんな一緒くたではなくて、女性の中にも色合いがあって、それが自分の生きてきた年代によっても、濃淡や移り変わりがあったり、様々なセクシュアリティを持っているんだという風に認識できた。本当に当初はね、男と女という風に二分して、女は男よりも不平等な社会で虐げられて生きてきたっていう風に考えてきた。［第8回］

「頭の中では、男と女がいて、女性の方が男社会の中で不利な状況に置かれて不平等になってるんだ。その女性の立場を男性と対等に男も女も生まれながらにして平等であるべきだ」というフェミニズム視点による女性差別状況のとらえ方が、「男と女の異性愛が前提で男と女っていう風にはっきり二分法で考えていた」という不十分さを抱えていたことに気づき、「自分が当然としていた異性愛っていうのにクエスチョンマークがつく」という経験をしていた原田さん。このように「自分自身のそれまでの考え方が揺さぶられた」ことを「カルチャーショック」と表現しているのでした。

むける玉ねぎの皮

原田：同性愛っていう存在をもちろん知っていたんだけれども、それは一部の特例・特別な存在という風に捉えていて（略）同性愛プロジェクトに参加する中で、実際に当事者と出会ったり、いろんなことを話し合ったりの中で、玉ねぎの皮が一枚ずつむけるような形で変わってきて、最終的には、一人一人が多様なセクシュアリティっていう風な理解に落ち着くわけですよね。［第8回］

原田さんは、２００９年に東横中高を退職するまで性教育を続けています。１９９１年に同性愛プロジェクトが発展解消した後も、性の多様性に関わることは、原田さんが重視していたように「当事者」と関わりあいながら学び続けていたのでした。原田さんは、その都度「玉ねぎの皮」を一枚ずつむいていったということでしょう。

それによって、「同性愛者だけが多様であるということではなくて、性といっても、XX、XYの他に、性的指向や性自認やジェンダーやいろいろなものがあって、同じ異性愛者であっても性のありようは、はっきりこうだというのじゃなくて、グラデーションというか、さまざまなものがある。いわば十人十色で、それぞれのセクシュアリティを持っているんだなっていうのが、そういう体験の中で分かってきた」のだといいます。

つまり、原田さんにとって同性愛者との出会いは、自身を含む性的「マジョリティ」もまた多様な存在であるということに気づくことであったのでしょう。

性的マイノリティをカテゴライズして他者化することを目的とするのではなく、自分自身も含めて性の多様性という枠組みに位置づける、そしてじぶんごととして性の多様性をとらえ直すということを、同性愛プロジェクトにおける同性愛者との出会いの中で経験していったのであって、プロジェクト自体が原田さんにとっての出発地点になっていたのです。

第7章
「そこに生きる人たち」と科学との乖離
——貴志泉の問い直し

第2部の最後にスポットライトを当てるのは、貴志泉さんです。原田さんから「貴志さんの住所教えてあげるから、一度お手紙出してみるのはどうかな」と勧められ、初めてお会いしたのが2018年の夏でした。貴志さんから伺ったお話はもちろん重要なのですが、それと同レベルで重要だったのが、貴志さんが保存されていた資料です。勤務されていた筑波大学附属高校の体育倉庫に保存されていたあらゆる資料がなければこの本のもとになった博論の執筆はできなかったというくらい、重要な資料を保存されていたのが貴志さんでした（木谷さんは、そのことに関して「やっぱり資料の保存を貴志さんにお願いしていてよかった！」と話されていました）。

2019年5月にその資料を譲っていただくため茗荷谷まで足を運んだのですが、その年は貴志さんの付属高校での教師生活の最終年。もし、貴志さんがお辞めになられた後でしたら、同性愛プロジェクトの活動や、アメリカ研修、「アンケート問題」などは不明瞭なままでしたでしょうし、3人の性教育実践にも十分に迫ることができなかったかもしれません。

多くの退職された先生たちは、ご自身のなさってきた性教育実践に関わるさまざまな資料を退職と同時期に処分されてしまっています。あるいは、元勤務校に譲渡しているということもあり、貴重な資料の散逸が目立つ状況です。そのような意味でも、本研究で取り組んだ課題は「寸分の狂いもない」時期に行うことができたといっても過言ではありません。

話を戻して、本章では、貴志さんのライフヒストリーの聞き取りから、貴志さんが同性愛プロジェクトの活動の中で問い直された3つのことを描き出したいと思います。

それは、第1に貴志さん自身の男性同性愛/同性愛者観の問い直しに関わること、第2に自分自身のセクシュアリティについて確認し、改めてシスジェンダー・ヘテロセクシュアルであることを自己の中で問うたこと、そして第3に、同性愛者当事者と関わるうちに、自分自身が重要視していた「科学」を問い直したことです。1つ目と2つ目の点は、奇しくも原田さんとも共通する点でもあります。

1　「一人前」へのプレッシャー

貴志家の人びと

貴志さんは、和歌山県立桐蔭高校に在籍していた時期に「同性愛疑惑」がある教師と関わりあいがあったのだといいます。貴志さんがこの教師と深く関わった背景には、「受験競争」が一つのキーワードとして挙げられますので、まずは貴志さんのライフヒストリーにおける「受験」について見ていきたいと思います。

1954年に東京都町田市に生まれた貴志さんは、母である壽さん（1926-1997）の離婚に伴って1956年には親戚の住む京都、そして和歌山県和歌山市へ転居しました。

貴志さんによれば、壽さんは、5人きょうだいの2番目に生まれ、長男（?-1987）、壽さん（長女：1926-1997）、次女（?-）、三女（E［聞き取りの中では「おばさん」と呼ばれる人物］：1938-）、次男（貴志の聞き取りでは「おじさん」と呼ばれる：?-）というきょうだい構成。壽さんの家系は貴志さんが高校受験に向かっていくことに関わって、重要な点ですので、次の語りを見ておきましょう。

貴志：なんたって貴志家の人びとは、結束が固くて、他の人が入り込むのが大変なんですよ。おじの結婚した相手だったり、もう一人いるおば（次女）の結婚した相手だったりとかは大変だったと思います。

きょうだいを仕切っていたのがうちの母親だったので。下のおじはどちらかと言うとみんなから甘やかされている感じ。生まれてからはずっと金銭的にはそんなに恵まれていたわけじゃないですけども、農家だったので食べるものはあったので。早くに亡くなった長男は、政治家になりたかったんです。けど40代で亡くなるんです。多分、死んでなかったら行政職か政治家かどっちか分からないけど、なりたかったんじゃないですかね。知事になりたいとかそういうことがあったんですよ。

というのもね、貴志の家っていうのは元々大地主なんです。全て長男が財産を分与されて、引き受けていて、一子相伝。その長男が、それ以外の人達に分け与えるっていう形だったんです。おじの頃までは、山があったり畑があったりとか小作の人がたくさんいたりとか、そういう時代なんですよね。で、学校の校長をやって県議会議員やって副議長やった人が、祖父なんです。（略）亡くなる直前は優しかったんですけど母親の兄、長男は怖かったですよ。ただ和歌山で国体した時の委員長やったりとかそういう風なことで活躍はしてたんですよね。長男とEは仲が悪かったですよ。長男は自民党支持だし、Eは共産党支持だし。あと、母親とかすぐ下のおばの10代のころっていう時まではいい生活をしてたはずです。[第6回]

Eさんは、保健師をしていた人物で、のちに新日本婦人の会の役職についていた方です。貴志さんいわく「きょうだいで一番勉強ができた」Eさんは、医師を目指していたものの、その頃金銭的な余裕がなかったことから看護学校へ進学することになったのだといいます。

貴志さんのライフヒストリー年表の「印象に残る出会い・活動・書物」の幼少期には「職を持つ女性の親戚たち」というように書き記されていました。Eさんはもちろん、壽さんも結婚前から事務職についており、夫との離婚後は、料理学校の教員、財団法人の会計事務、そして、和歌山県庁で事務職を勤めたのだといいます。貴志さんの周りには経済的に「自立する女性」が多かったのです。加えて、結束が強いこともあり、「ちゃんと育てている」ということをきょうだいたちに示すため、貴志さんに対して大きな期待を抱き、育て上げようとしたのではないでしょうか。

強い期待からの「回避」

幼き日の記憶として語られたのは、小学5年次（1965年）の担任についてでした。この担任による教育方針が、貴志さんがのちに和歌山大学附属中学校、そして県立桐蔭高校へ進学することにつながるのです。

> 貴志：小学校の5年生の時の教師が、競争性をクラスの中で用いたんです。それに乗っかった保護者がクラスの中に何人かいて。母もそれに乗っかったんです。結果的に受験をするって言う流れで。この教員は結局ほかの保護者からの反発もあって1年で飛ばされるんで、6年は違う担任だったんですけれども、いったん競争に火がついた保護者たちの子どもは何人か受験するんですよ。30数人しかいなかったクラスなんですけども、4人もその学校に受かるんです。自分自身がつるんでいた友達でもあるんですけれども。なので田舎の学校なんだけれども高学歴が突然出た学年なんですよ。［第6回］

小学校5年次の担任は、それまで牧歌的であった和歌山市立の小学校に、競争原理を取り入れたのだといいます。その学年は例外的に中学受験をする子どもたちが複数名誕生したのだといいますが、その一人が貴志さんだったのです。結果として1967年に和歌山大学附属中学に入学し、そこで中学時代を過ごすこととなったのですが、この時の壽さんの思いを貴志さんは次のように語りました。

> 貴志：母は教育熱心だったんです。離婚して、母親一人子ども一人で生きていく中で、この子が人生を失敗するっていう、高学歴じゃなかったら、やっぱりそういう風に見られちゃうってのと、別れた父親への対抗意識みたいなもあって。この子は必ず高学歴の人間にしたいっていうのがあったんですよね。［第6回］

壽さんにとって、子育てに「失敗できない」という思いが重くのしかかっていたのではないでしょうか。離婚した夫（貴志の父）への「対抗意識」もあったといいますが、それに加えて、きょうだいたちの目も気になっていたのではないかと推察できます。

そんな貴志さんは、壽さんからのプレッシャーのもとで生活を送っていました。1970年には、和歌山県立桐蔭高校に進学したのですが、プレッシャーを回避するように、中学時代からテニス、バスケットボールを始め、高校時代には、このバスケットボールに力を注ぎます。壽さんからの勉強に対するプレッシャーについて貴志さんは次のように語りました。

貴志：母親からの「勉強しなさい」というもの。中学校の時はど真ん中の成績。200人いて100番台ぐらいだった。高校は550人くらいいる学校なんですが、入った時に500番ぐらいだったんです。「これはやばい、行ける大学ねえ」ってので、親からかなり言われるわけですよ。「バスケやってる時間があったら勉強しなさい」って。［第6回］

自分を保つためにもバスケットボールが重要であったのは想像するに難くないことです。しかしながら、壽さんにとっては先に見たように「必ず高学歴の人間にしたい」という強い思いがあったのでしょうし、プレッシャーはより強いものへと変容していったのでした。

貴志：母からのプレッシャーは相当大きくて、あんまり高校時代はハメ外さなかった。そういうプレッシャーですよね。母親に応えたい気持ちあるけれども、とことん応えるほどの気持ちはない。これ以上母親と一緒にいたら、僕の人生は絶対母親に束縛される。それが見えてるってのもあって、独立しなきゃっていう気持ちもあって。地理的に独立するってことで東京目指したってのもありますね。かといって私立の大学に行くようなお金はないから国立の大学ってことありました。（略）僕が東京教育大学の体育学部受けるって母親に話したのは、高3の秋が終わる頃です。「もう言わなきゃしょうがねえだろう」って思ってなんだけど、それまでは一言も言ってないです。東京教育大学に行くことも一言も言わないです。その前に、「僕は文系に行きます」、「文系で大学受験します」ってのは言いました。というのも、どう考えても成績的に理系は無理だしね。

自分の中で東京教育大受けるってのは決まってたんですけど、それを言わないでね。国立どこ受けるとも言わないで。「関西の大学受けるのもいいなー」っていうのもあったんですけど、東京もいいなーっていうのもあったんです。

で、11月の終わりぐらいの頃になって、「受けるのは東京教育大ってとこなんだ」って母親に言ったんです。当時東京教育大は一期校だったんですけれども、「それがダメだったら和歌山大学に出すよ」って。地元だしお金かからないし。

それで次に、もうちょっと受験に近づいたら、「体育学部を受けるんだ」っていうのを提示するんですよ。母親は当然、「なんでそんなところを受けるの？」っていうことになるんです。それを説得して、「ダメだったら和歌山大学行くから」って説得して。というのも、僕にとってはその当時バスケットできれば良かったんですよ。東京教育大はバスケかなり強かったので。なので、実際は、和歌山大学は受ける気がなかったんです。

多分母親は、バスケが強くて東京教育大に行きたいってことに気付いていましたけれどもね。「教員なんかになったってどうすんの？」っていうのは考えていたと思いますよ。とりわけ体育の教員なんて、体が動かなくなったら使い物にならないじゃんっていう風に。だって、そういうスポーツ系の事やってる親族が誰もいないんだから、想像はつかないってことはあったでしょうね。［第6回］

壽さんからの強いプレッシャーを回避するために始めたバスケットボール。そのバスケを続けるため、そして母から物理的にも心理的にも離れなければならないと覚悟を決めて、貴志さんは1973年に東京教育大学体育学部への入学を決めたといいます。

2 問われるセクシュアリティ

見ない？　見えない？　同性愛者

母親のもとを離れるために必死に勉強をすることとなった貴志さん。そのための受験勉強に関わって、貴志さんはある「同性愛者」だと思われる教師と関わることとなったのです。


――「同性愛プロジェクト」で、同性愛者団体とかかわって、その中で勉強していく話があったと思うんですけど、それよりも前に、例えば自分の周りにいたな、みたいなのっていうのはありましたか？

貴志：ありました、といっていいかわかりませんけど。こんなことはありました。高校に入って、僕は高校3年生になったときに受験で生物が必要になったんですよ。選択で生物取ってりゃ良かったのに、そのときは取らないで、あとになってから生物を取ることにしたんですね。理科はどれでも1個だけで良かったんで。物理と化学が恐ろしくできないので、生物にしよう、と。

それで、自分の担任でもないし、高校1年のときに習ったかな？っていう生物の先生の所へ行って「先生、すいません。2カ月で成績が上がるように生物を教えてください」って言いに行ったんです。高校3年の秋ぐらいかな。当時はもう3月の一発試験だったんだけども、「成績がぐっと上がる生物を、教えてほしいんで

すけど」ってね言いに行ったの。（笑）

　そしたらプリント、その当時予備校とかそういうのが、ちゃんとしたのがなかったっていうのもあるんだけど、わざわざプリント作ってくれてね。一枚一枚やっていくと分かるようになっていくっていうやつなんだけどね。本当基本的なことだけなんだけど。

　さあ、そんな風にその「先生に教わるんだ」って言ったら、周りのみんなが、「えっ、やめなよ、襲われるぞ」って言うわけ。その先生、僕の出た東京教育大の卒業生。生物の先生で、アメリカとの大学生の交換留学、無料の交換留学生っていうのに応募して当選して、アメリカで留学して帰ってきて、だけど学校の先生になっちゃったっていう人だったんです。で、この人は男性が好きなんですよ。それはもう、みんなが知ってて。

　いや、「それより僕は勉強を教えてほしいんだ」っていう。ただただ、同性愛者を見てみたいっていう強い好奇心じゃなくて、とにかく点数を上げたいっていう強い意志のほうで、その先生んとこへ放課後出掛けてって、無理やりお願いする。それは丁寧に教えてくれたけどもね。（略）もう誰もが知ってる、その先生はゲイであるってことは。親たちも知ってるぐらいの人だったんだけどね。

――なんでそれは、いわゆる、バレてたんですか。

貴志：要するに、結婚してもうまくいかないっていうこと。それと、あとアメリカに行ったのもそういう目的があったんじゃないかとか言われてたのも。ずっとその地域に長くいる人だから言われてたんだと思うし。で、男の子にはやっぱ優しい顔していつもしゃべったっていうのがあるし、それでそういうのも言われてたんだろうと。別に本人も否定してなかったのかもしれないけど。その先生、亡くなるまでは僕も年賀状のやりとりぐらいはずっとしてたんだけどね。そんなことがあったくらい。［第1回］

　貴志さんが「ありました、といっていいかわかりませんけど。」と留保付きで話を始めたのは、貴志さん自身が他者のセクシュアリティを決めつけてはならないと思っているためでしょう。その上で語ってくださったのがこの話でした。

今日においても、同性愛に対する差別が根強いコミュニティでは、「あの人はそうかもしれない」といった類推やそれにもとづいた流言がなされることがあります。この先生自身は貴志さんの語りによれば、セクシュアリティをカミングアウトしていなかったのでしょうし、単なる「噂」であったのかもしれません。

重要なのは貴志さんが、その先生に対して「同性愛者かもしれない」という思いを抱いていたということです。「同性愛者かもしれない」先生に対してどのような感情を抱いていたのでしょうか。

――貴志さん自身は、その先生に対して嫌悪感とかっていうのはなかったんですか？　周りは、「やめろよ」みたいなふうな話をしてたけど。

貴志：そうそう。みんなは、「ええ!?　お前大丈夫なのかよ?」って言ってたけど、それよりは大学に受かりたいから、「大丈夫だよ、学校で教えてもらうんだから」、とかそういうのがあって。［第1回］

貴志さんの語りから読みとれる重要な点は、住んでいた地域にある同性愛嫌悪的な様子が浮かび上がっていることと、それらを貴志さんの周りの同級生たちが内面化していたということです。「襲われるぞ」という同級生からの「忠告」は、同性愛嫌悪を内面化させた発言であるということは明らかでしょう。

しかし、貴志さんはその先生に対して嫌悪感を抱かなかったのでした。というのは、一つには、貴志さんにとって「そんなことかまっていられない」というような、大学入試に向けた切迫した思いがあったということが推察できます。しかし、貴志さん自身が、その先生が亡くなるまで年賀状のやりとりをしたと語っているように、ここでの関係性は、表面上の付き合いというようなものだとは思い難いです。つまり、嫌悪感云々ではなく、その人の持つ指導に惹かれて関係を続けていたのではないでしょうか。そして、貴志さん自身、「同性愛者だから」というレッテル貼りをしてその人を見るという人物ではなかったのではないか、ということが推察できるかと思うのです。

ただし、その上でひとつおさえておきたいのは、このような「疑惑」のある人と接しながらも、「1980年代は」同性愛者は「周りにいなかった」と認識している点です。

貴志：大学生のとき、身近にはいなかった、いなかったっていうか明確にしてるっていう人はいなかったと思うし。1980年代は、少なくとも周りにはいなかったと思うね。あとになってから、何年かたってから団体Yの集会か何かあって、お呼ばれして行ったらそこにうちの卒業生がいて、何だよ、「ここにいたのかよ！」っていう。長く教員やってればそれはいろんなことは出てくると思うし、同性愛っていうのをオープンにしてるのもいるし、してないのもいるし。［第1回］

その当時の貴志さんが「受容」しているようで、実は「無関心」であったということの表れなのではないかと思うのです。同性愛者という言葉は聞いたことがある、周りにいることも知っている、けれど「日常」を生きる中では見ない／見えない存在にしてしまう。わたしたちの周りには「いない」あの人たち。かれらには嫌悪感も抱かない分、存在も認識しない。これは、この当時の貴志さんに限らず、マジョリティ属性を持つ自分の「特権」について考える時に同じように表れるのではないでしょうか。

日米比較のうちに

同性愛プロジェクトに参加する中で、男性同性愛／同性愛者観や、自分自身のセクシュアリティ自体を問い直したという貴志さん。そもそも、同性愛プロジェクトに関わるようになったのはなぜだったのでしょうか。

貴志：僕は積極的に同性愛について勉強していきましょうっていうことは言わなかったんですけど、「じゃあ私がやります！」って、木谷さんが手挙げて。それで、仲間を募ったときに、木谷さんから僕の名前が出てきた。

それで、それを断るっていうことはできたんだと思うけども、なぜか断わらなかったんです。

――なんで断らなかったんですかね？

貴志：なんでか断らなかったの…そもそもあんまり断るっていうのをしないからかな。「うーん、じゃあ、まあいいか」、みたいな。ものすごく積極的だったわけじゃないし、極めて消極的だったわけでもないんですけれども。［第1回］

貴志さん自身は木谷さんから声をかけられたから参加したということだったのだといいます。一方、木谷さんはというと、プロジェクトに「男性を入れておきたい」ということ、アメリカ研修時に、一緒にカストロ通りを回ったメンバーであったこと、加えて、英語力があり、学ぶこと、創ることもできるような安定感があることを理由に、貴志さんに声をかけたのだと語っていました。それぞれの思いがマッチして、貴志さんも同性愛プロジェクトに関わっていったのです。


貴志：最初のキンゼイ研究所の所、講師の先生が何言ってるか分かんねえんだよ。「何言ってんの？ この人は」って。もう眠いの、とにかく。「何を言いたいんだろう？」ってずっと思ってて。で、一番最後、本当にその人のレクチャーの最後になってから、「自分はゲイなんだ」っていうことを言うわけです。で、「自分のパートナーもこの後ろの席にいるんだよ」っていって言うんだけど、それを言いたいためにここまで引っ張ったのか！っていう。

　アメリカでも、なかなか言い出せないような話なのか？っていう風にも思ったし、もう日本では全く勉強するようなものもなかったし、自分もそこに関心を持つっていう気持ちもなかったしね。ジェンダーのことについて勉強したいなあと思ってたけども、それぐらいでしかなかったし。

　そういう感じだったんで、このことは、衝撃的かつ、びっくり。インディアナポリスからニューヨークに場所を移しても、カリフォルニアのサンフランシスコに場所を移しても、どこでも「同性愛」っていうこと

が出てくるんだよね。［第1回］

アメリカ研修の話は、木谷さんも驚きと共に語っていましたが、同様の経験を貴志さんもしていたのです。特に、ジェンダーに関わる学びの関心から、同性愛に関わる学びへの関心へと視野が広がったことがわかります。この貴志さんの語りは次のように続いています。

貴志：参加していたほとんどの教員はもう、「へえ」っていう感じでスルーしていくんだと思うんだけど、自分の中で、それまでの20何年間（筆者補足：30何年間の誤り？）生きてきた中で、同性愛者っていうのはこういう人たちとかっていう、何の根拠もない、何のベースもないんだけど、なんとなく思ってるのが頭の中にあるわけですよ。
　例えば女性のような話し方をする、当時「おかま」と呼ばれてた人たち。それと、一方で筋肉隆々にして体を鍛え上げていた男らしい男みたいな、この二つが同性愛者っていうのが、頭の中にあるわけです。今だってそういう風に思い込んでる人たちが多いと思うんだけど、いろんな同性愛者がいるってことにまず気が付かないから。［第1回］

貴志さんが男性同性愛者に対して思っていたイメージは次のようなものでした。例えば「女性のような話し方をする、当時『おかま』と呼ばれてた人」たち。一方で「筋肉隆々にして体を鍛え上げていた男らしい男」。これはいずれも私たちが「男性同性愛者」と聞いて思い浮かべるものと類似しているかもしれません。
アメリカ研修は、「同性愛者っていうのはこういう人たちとかっていう、何の根拠もない、何のベースもないんだけど、なんとなく思ってるのが頭の中にある」状態を問い直すことにつながったのでした。さまざまな同性愛者と出会ったことで、同性愛者（特に、男性同性愛者）の多様性に気づけたということでしょう。

当事者による活発な社会運動によって市民権が得られていたアメリカの状況と、同時代の日本との状況の大きな違いをアメリカ研修で気づき、そして、自分自身が同性愛者に抱いてきたイメージの偏り、また、日常的に同性愛者をとらえきれていなかったことそれ自体を問い直すこととなったのだと考えられます。

このような驚きの経験ののち、貴志さんは同性愛プロジェクトに関わっていきます。そこで今度は、自分自身のセクシュアリティの問い直しを経験することとなったのです。

「このあと同性愛者になるっていう可能性はないの？」

同性愛プロジェクトで、団体XやYに出向き、レズビアンやゲイと関わりながら学びを深めていたことはここまでで見てきた通りですが、貴志さんはあることに気が付いたといいます。

貴志：とにかく分かんないんですよ。分かんないことだらけなので、じゃあ勉強しに行かなきゃねって。一つは、その当時立ち上げたばっかりの団体Yに行って、もう一つはその当時ＩＬＧＡ日本をつくった南定四郎さんとこに行って。（略）団体Yの人たちも当時は若くて、20代前半の連中の会みたいなとこだったし、南さんは南さんで1950年代、60年代、70年代っていうのを通して生きてきて。そういうとこでの勉強ですかね。

もう大変なこともいっぱいあったけども、勉強になったんですよね。今でも何かで話すことがあるのは、例えば団体YのBさんと喋ったときに、「貴志さん、あんたは自分が同性愛者じゃないかどうかってどこで分かるの？あんたは、このあと同性愛者になるっていう可能性はないの？揺れることはないの？」って言われたんです。これを一対一で言われたのは、さすがにすごく衝撃的というか。自分の中で、自分が異性愛者って勝手に思ってる、その当時、そう思ってるのはどこで決めてるの？誰が？っていう、そういう感じ。［第1回］

南定四郎（１９３１-）は、１９９４年に日本初の同性愛者によるデモ行進「ゲイ・レズビアンパレード」を東京でおこなった人物で、なおかつＩＧＡ（International Gay Association）日本（のちのＩＬＧＡ日本）を１９８４年に設立した人物でもあります。ＩＧＡ日本の活動は、ゲイにとっての居場所づくりとして始められ、その後「被抑圧者であるゲイ」アイデンティティの形成の場として設けられていきました（堀川修平「日本のセクシュアル・マイノリティ〈運動〉における『学習会』活動の役割とその限界―南定四郎による〈運動〉の初期の理論に着目して―」（ジェンダー史学会『ジェンダー史学』12、２０１６））。

ＩＬＧＡ日本に影響を受けた団体ＹのＢさんに「同性愛プロジェクト」の活動の中で貴志さん自身のセクシュアリティを問われる機会があったというのです。同性愛者から「あなたのセクシュアリティは？」と問われ、特にここでは自分自身の性的指向について、他人事としてではなく、自分にも関わるテーマとして考えた貴志さん。

先に見た原田さんも「ドキッとした経験」として、自分自身のセクシュアリティを問われた経験を挙げていました。貴志さんの経験も原田さんの経験も、単にセクシュアリティを問われたという意味を持っているだけでなく、自分自身の異性愛者性、その異性愛者であるという立場性がもつ意味を問われたということにつながったという意味を持っていると言えないでしょうか。

3 当事者抜きの「科学」の問い直し

これらに加えて、同性愛者と関わり合うなかで貴志さんが重要視していた「科学」自体を考えなおしたことに触れておきたいと思います。貴志さんの性教育実践を支える「理論」そのものを問うことにつながっていたためです。

「科学」のあやうさ

――貴志さんにとっての、性教育の「理論」ってどういうものをさしてますか。

貴志：理論的な部分っていうのは、あの、科学で例えば立証されているものとかが、やっぱベースだと思ってるんですよ。（略）ただ、たとえ、性教協であろうと、なんであろうと、誰かがしゃべったからそれをそのまま使うっていうのは、好きじゃない。（略）性教協の実践って、エビデンスがどこにあるのって聞かれて。科学的な性教育って言いながら、科学っていうのは、いつの時代も、権力者が使う可能性がある言葉っていうのを知らなきゃいけない。19世紀は科学の時代って言ったけど、全部、科学で証明されたわけじゃないですよね。科学って言ってるのに、科学ではなくて、う̶ん、感情だったりしたものが、科学っていう名前を借りてたことがあったじゃない？ それを考えるのが、学問として研究する人たちだと思ってるけど、でも、実践する側も、いつも意識しなきゃねっていう。だから理論って言っても、うん、必ず正しい理論が一個あるっていうわけじゃないかな、と思うんですよね。（略）そこに生きる人、例えば、同性愛プロジェクトを作った時に、いろんな人に、会うことになるんですけども、そういう人たち。なんていうのかな、ズレが…ある。要するに、正しいか正しくないかみたいな形で作っちゃったものが、当事者たちのところに行くと、「正しい正しくないじゃないし、俺らここにいるし」みたいなのが出てくるじゃない？［第8回］

貴志さんにとっての「理論」とは、「科学的なもの、研究者が出しているもの、エビデンスベースであるもの」だといいますが、その「科学」や「研究者の理論」が「そこに生きる人たち」を無視してきたこと、そしてそのような「生きる人たち」との声とのズレがあることに、同性愛プロジェクトでの学びを通して気づいていったのだといいます。それはつまり、当事者性を基盤においた理論の必要性を考えるようになったということです。

このような「当事者性の重視」は、かつて貴志さんが学び、肌感覚として得ていた被差別部落に関わる差別問題にも関わるようです。

被差別部落問題を身近に感じて

先に触れたように、1973年に大学進学で東京に行くまで、貴志さんは和歌山県で生活をしていましたが、記憶に残っている出来事として「紀北人尊ゼミナール」の参加が語られていました。ここでいう「人尊」とは、人権尊重の略です。具体的に言うと、「被差別部落に関することを学ぶ」ことをさします。貴志さんの育った関西地区は、被差別部落に関する教育が盛んな地域であることはよく知られているかと思います。貴志さんは、「あくまでも噂」としながらも、高校時代に同級生が自殺したことを「ショック」であった出来事として振り返っていました。そして次のようにも語っているのです。

貴志：僕の中学の時まで住んでいたところ、おばあちゃんちの近くに被差別部落があるんですよ。大人たちとかは、「そこのところは通らないように」って言ってたなって。「あそこの道の方には行かないように」っていうのは言われてたと思います。今考えれば、あれは部落差別だったんだなって［第6回］

祖母ら周りの大人たちのなかで交わされる発言の中には明かな部落差別があり、それらを感じながら生きてきた貴志さん。元同級生の死は貴志さんにとって「ショック」だったといいますが、それは、周りの大人たちがその死の「原因」と思われる点について無視していたことがショックであったとも考えられないでしょうか。

このような経験をしていくなかで、高校3年性の夏休みに友人に誘われて「紀北人尊ゼミナール」に参加することとなったのだといいます。

貴志：高校ぐらいまでなると、部落解放同盟の本とかを読みました。けれども、あんまり深く勉強したってことはないんです。たまたま高3の時に「紀北人尊ゼミナール」っていうものがあって。高校生が100人くらいで、あとそれをサポートする社会科の教員たちがやるような学外のイベントだったんですね。学校10校ぐらいあったと思うんですけれども。僕が参加する前から毎年やってたんでしょうね。そこに、たまたま小学校一緒で、京都大学の先生になったやつがいて、「お前行かない？」って誘ってくれたんです。たまたま高3の夏で、「まあ暇っちゃ暇だしな」っていうこともあって。勉強すると言えば親も、うんって言うだろうと思って。2泊3日くらいのやつにいったんです。

そうすると、やっぱりいろいろ衝撃を受けるわけですよ。当事者である子達がいるから。その子達の発言によって、僕の自分史をひっくり返されたり、置かれている環境だったり、そういうのが出てくるわけですよね。衝撃ですよね。なんとなく知ってたぐらいの感覚で参加したんですけれども。いくつかの分科会があったり、講演会があったりそれで学んだことを発表するっていう。

うちの地元は部落解放運動が盛んな地域ですよね。こんな時代にまだこんなことでやらなきゃいけないんだっていうことは、その時感じましたね。まだまだこういうのがあるんだっていう。［第6回］

「僕の自分史をひっくり返すような」衝撃的な経験は、「当事者」の登場や、かれらによる発言によってなされていたといいます。このような「当事者」によってなされる自分史をひっくり返すような経験は、同性愛プロジェクトでも得られていました。

後に貴志さんの実践を見ていきますが、貴志さんはこのようなさまざまなマイノリティの人の共通性を根底に置いた体育理論を授業の中で取り扱おうと模索します。差別を受ける「当事者」という概念が、被差別部落問題とセクシュアリティ問題という垣根を越えて実践へと昇華していったのではないでしょうか。

「多様性の受容」にかんする肌感覚

貴志：僕の性教育実践は、たぶん僕が最初から持ってる、ずっと自分が生まれ育った中で持ってきた、格好良く言えば「多様性の受容」かもしれないんだけど、多様な人がいて成り立ってる。みんな同じ方向向いてるわけじゃないし、みんな同じこと考えてるっていうわけじゃなくて、じゃあ温度差があったり、強弱があったり、全く違う方向向いてるのもいるだろうしっていう中で授業していく。さっき言ったように性教育っていうのは、いろんな価値観がぶつかるものだと思うんです。多様な部分を受け入れる教材としてはいいんじゃないのって思ってるんですよ。［第1回］

そのような「さまざまなマイノリティ」に関して貴志さんは同性愛プロジェクトが発展解消された1991年以降、

HIV／AIDS問題に着目して活動をしていたことをここで触れておきます。貴志さんは、HIV／AIDS差別を受ける当事者を無視しない性教育実践の創造を心がけていました。先に見たように「そこに生きる人たち」をベースにした理論として考えていくこと、つまり、当事者性を基盤においた理論を重視していたのは、このようなことからも読みとれることです。そして、同性愛者を「異常視」する理由として用いられていた「科学」を問い直すことが、同性愛プロジェクトの活動で当事者と関わっていく中で起こっていったことがつかみ取れるかと思います。

貴志さんは、同性愛プロジェクト以降も、今日に続くまで自身の実践を支える理論として重要視されてきている「科学」について問い直し続けています。悩みつつもひたむきに言語化しようとする貴志さんの姿勢を全9回の聞き取りで強く感じました。

4 第2部のまとめ

第2部は「立ちあがる」というタイトルで、同性愛プロジェクトの組織化に至った過程と、同性愛プロジェクトの活動内容、そしてそれらが見直されていった「アンケート問題」について整理しました。そして、また、その整理をふまえたうえで、同性愛プロジェクトを担った3人の教師である木谷麦子さん、原田瑠美子さん、貴志泉さんのライフヒストリーに着目しながら、かれらが同性愛プロジェクトの活動を通して何を問い直したのか、その点を明らかにしました。

第2部のまとめとして、3人の共通点を示しておきたいと思います。

第1に、かれらが性教育実践を始めた背景に「女性の自立」があったということです。木谷さんと原田さんは、それぞれ「女性の自立」という点を、その成育環境において意識して育っていました。

木谷さんは、高校時代にはフェミニストであり国語科の教師であった角田洋子らと女性問題研究会「日輪草」を、大学時代には自ら同人誌『八十女』を刊行していた人物で、「フェミニスト」ではないけれど、フェミニズムについて親和性をもっていた人物であったと言えるでしょう。「同一労働同一賃金」というフェミニズムが掲げていた点を就職条件にも示しておりそれによって教職を選択していたことからもその点は指摘できます。

原田さんは、幼少期に母や周りの女性たちの姿を見て、そして、大学卒業後は元婚約者との関係性において、それぞれ肌感覚で「女性の自立」について深く考えていました。女性民教審や、フェミニズム教育雑誌『女も男も』の編集にも関わっており、そのことからもフェミニズムの影響が見て取れます。

一方、貴志さんは、自分自身が「男性」であるという自認があり、一見フェミニズムとは無縁に見えますが、母や親類の女性たちの姿を見ながら女性の自立について考えていたことは本章で見てきた通りです。

私自身、「フェミニズムとは何か」と問われた時、一番に思い浮かべるのがベル・フックスの定義です。「敵は男ではなく性差別なのだ」というベル・フックスの考え方（ベル・フックス『フェミニズムはみんなのもの』堀田碧訳、新水社、2003）からすれば、自身の活動の中でさまざまに性差別――それは、女性差別だけでなく、同性愛差別や、その後の活動で見られるHIV／AIDS患者への差別、トランスジェンダーら「同性愛プロジェクト」では十分にとらえきれていなかった性的マイノリティに対する差別――に対して抗ってきた貴志さんも木谷さんも「フェミニスト」であるといえるのではないでしょうか（もちろん、木谷さんにとっては「フェミニストではなくエゴイスト」という語りがありましたので、そちらを重視したいと思います）。

この3者は、第1部で見たJASEによって「科学的な性教育」が広がっていた時代において、女性の自立や主体性といったフェミニズムの視座による実践や、「科学」への絶対視にもとづいてなされる差別的教育への疑問視など、人権に関わる側面で性教育をとらえていたことが指摘できるでしょう。

第2に、同性愛者と非・同性愛者である「同性愛プロジェクト」のメンバーとが結び付いた背景にある、1970年代以降の国内外における同性愛運動に関わる点です。

3者のライフヒストリーに着目したことで、貴志さんは、自身の高校時代の教員が、周囲から「同性愛疑惑」を持たれていたこと。原田さんは、「てっちゃん」というゲイをカミングアウトしたシャンソン歌手が身近にいたこと。木谷さんは、早稲田大学の後輩や、ゲイバーで出会った当事者のことをそれぞれ語っていました。

しかし、3者とも、そのような同性愛者との出会いを「同性愛プロジェクト」以前の性教育では十分に生かしていなかったことも明らかになりました。木谷さんに関しては、その背景に、日本においてはカミングアウトを「してはいけない」文化がゲイ男性の中にあるのだと、身近なゲイのふるまいから認識を得ていたこともわかりました。一方で、原田さんと貴志さんは、身近にいたはずの同性愛者の存在を、教育実践の場では見落としてしまっていたといえます。

同性愛プロジェクトのメンバーが、同性愛を視野に入れた性教育を実践できていなかったことの要因の一つは、そもそも「日常」では同性愛者を認識できていなかったことが関わっていると考えられるでしょう。特に原田さんに関しては、原田さんにとっての非日常空間での出会いが関連して、また、木谷さんにとってはゲイバーという「夜の街」という、「日常」とのズレから、それぞれ切り離して考えてしまっていたのではないでしょうか。

この状況を打開するきっかけになったのが、1987年のアメリカ研修であったのです。そこでマクイーターや、カストロ通りにいた同性愛当事者と出会ったことで、同性愛/同性愛者が「日常と地続きになった」のだと木谷さんも語っています。1970年以降から活動を続けていた同性愛運動の同性愛者と、1987年以降に「眼が開いた」木谷さんたちが双方向的に結びつき、同性愛プロジェクトの活動として「立ちあがって」いったのでした。

ここまでの内容をふまえて、最後の第3部では、かれらによる性教育実践を中心に考察します。かれらが学んだことが、どのように教育実践としてまとめられていったのか。その性教育実践は、子どもたちや周りの教師たちにどのように受けとめられたのか。これらをふまえ、「同性愛プロジェクト」という活動がもつ歴史的意義を考えたいと思います。

第3部　育てる

第8章
「アンケート問題」以降における
同性愛プロジェクトの活動

教育実践のおもしろさは、実践から実践者の顔が見えることだと私は思っています。その人が「やりたい」「やらねば」と思ったのは何故か。それは第2部で見たライフヒストリーからも浮かびあがってきた通りです。

第3部「育てる」は、ここまでの総まとめとなっています。第1部では日本の性教育実践における同性愛／同性愛者の取り扱われ方の変容をみました。そして、第2部では、同性愛プロジェクトのメンバーたちがどのように同性愛／同性愛者をとらえていたのか、それがどのような経験を経て変容していったのかもライフヒストリーに着目して描いてきたところです。

第3部ではこれらをふまえたうえで、同性愛プロジェクトの活動が一区切りつく1991年の「発展解消」時期までを整理します。第8章は、1989年の「アンケート問題」から1991年の夏季セミナー後に刊行した『新しい風景』の作成時期までの活動を見ていきましょう。続く第9章では、本書のまとめとして、同性愛プロジェクトのメンバー3人がどのような性教育実践を作成したのか、それがどのような意味でクィアペダゴジーとして位置づくのかを考察していきたいと思います。

1 性教協全体を巻き込んで

「自分のセクシュアリティを問い直す」

「アンケート問題」後の、1990年7月30日から8月1日にかけておこなわれた「第9回全国夏期セミナーin岐阜」では、同性愛プロジェクトは、分科会で「同性愛と『私』――自分のセクシュアリティを問い直す」を企画しました。

この分科会のレポーターは、木谷さん。日本において性的マイノリティ運動を牽引していた団体の一つである「動くゲイとレズビアンの会」（アカー）のメンバーが報告に関わったこの分科会の時点で、同性愛プロジェクトのメンバーはそれぞれにとっての「同性愛」と「自己」との関わりを具体的に語るという方法を選択していたのです。

特筆すべきは、この分科会では、同性愛／同性愛者を問い直すのではなく、かれらをまなざす「私」自身のセクシュアリティを問い直すという内容になっているということです。この分科会内では、そのための一つの方法として、「ロールプレイ『異性愛って?』」という内容が扱われていました。これについて次のように述べられています。

感性のレベルでのセクシュアリティの見つめ直しの一方法としてロールプレイを行った。「異性愛って?」というテーマで同性愛者から異性愛者への三つの質問を行った。①どうして異性（女性）が好きなの?、②いつも受身なの?（女性に）、いつもリードする側なの?（男性に）、③異性愛って大変なんじゃないの?（避妊

ｅｔｃ)。

この質問を受けた異性愛者役の感想。「どうして女性が好きかなんて全く答えられない」「男性が好きなのがあたりまえで……自分のワクをもっているなと思った」「実際演じてみて、みんなのこと同性愛者の人たちに質問できないなと思った」

いつも異性愛者が無意識に（！）同性愛者にぶつけている質問を自分たちにかえしてみて、それがどういうことのなのか感じ取ってみようというのがこのロールプレイのねらいであった。みごとにそれが検証されていたといえる。（金子真知子「同性愛と『私』—自分のセクシュアリティを問い直す—」『月刊生徒指導』1990年11月増刊号、1990、138‐140頁）

「アンケート問題」の際は、「同性愛は性教育のタブーか—あなたは同性愛をどう語りますか—」というテーマで分科会が設定されていました。1989年時点では、他者化している同性愛／同性愛者をどのようにとらえるかという内容になっていましたし、そのような実践に見える無自覚な暴力性、権力性が団体Xから指摘されていました。

しかし、このアンケート問題を経て同性愛プロジェクトは、同性愛者を問うのではなく、かれらのことを自分たちがどのようにまなざしてきたのかという、自分自身を問う内容へと変容させて発表しているのです。たった一年での大きな変容の背景に、アンケート問題があったこと、その時のさまざまな反省を真摯に受け止めていたことがこのことからも読みとれると思います。そして、この時の分科会内容は、参加者に次のように受けとめられたのだといいます。

〈分科会のあとの参加者の声より〉

「〝私は誰？〟という問いかけが胸にひびいた」「レポーターの自己否定から肯定の過程の告白に心がうたれた。自分の性のあり方をみつめ直したい」

木谷レポートにあったようにこの分科会の参加者にとって、この日が〝私と同性愛との出会い〟の日になっ

> たと思う。それぞれが自己のそのセクシュアリティをみつめ直し深めていくという作業を通じてこそ、日本の社会に他者との豊かなかかわり、豊かな性の内実を作っていけるのではないか。（金子真知子「同性愛と『私』—自分のセクシュアリティを問い直す—」『月刊生徒指導』1990年11月増刊号、1990、140頁。）

「同性愛」を通して、誰もが「自分」を見つめることから考えていこうという趣旨のもとに進められた分科会は、間違いなくそれまでの同性愛／同性愛者のとらえ方とは一線を画しています。このような実践は、性教協だけでなくJASEも含めた性教育団体における実践史上初めてのことであったということは押さえておきたいことです。

ただし、このセミナーにおける他の模擬授業では、「もし、自分の彼女が妊娠したらどうする?」という教師役の発問が、たまたま参加していた同性愛団体のメンバーに向かってなされ、「ぼくは同性愛者だからそういうことはありません」という答えが返るという一幕もあったといいます。「常に『異性愛』を前提にして性を語られてしまうことを指摘した一件だった」と、同性愛プロジェクトのメンバーはふり返っていますが、この時点においてはまだまだ、木谷さんたちのような視点は全体で共有されていなかったことも分かります（同性愛プロジェクト『新しい風景』1991、3-4頁）。

1990年「府中青年の家事件」裁判の支援と連帯

この分科会では、アカーのメンバーが報告者として参加し、自己のセクシュアリティを語っていました。「報告者は『動くゲイとレズビアンの会』（アカー）のメンバー（略）。木谷氏の質問に答える形で少年期から現在にいたる自己のセクシュアリティへのめざめ、自己否定から自己肯定へいたる苦悩の道を語ってくれた」（金子報告、139頁）といいます。

報告者の語ったライフヒストリーの中に「小学校五年生の時、担任教師が[redacted]氏の長髪を見て『[redacted]君は同性愛じゃないからいいんだね』といったこの言葉で、逆に自分は同性愛ではないかと意識した」（金子報告、139頁）という語りもあります。これは参加していた教師たちにとっては、「自分も、そういう発言をしていたのではないか」という内省を促すこととなったのではないでしょうか。

このメンバーが参加した背景に、同年に起こった「府中青年の家事件」があったのだといいます。「府中青年の家事件（裁判）」の原告となったアカーは、同性愛プロジェクトが関わってきた同性愛団体の一つでした。

同性愛プロジェクトの活動の目的の一つとして、性教協内における同性愛団体とのパイプ役になるということがありました。性教協の夏期セミナーという教師や社会教育関係者らが多く集う場において、このような事件・裁判について広く告知すること自体、同性愛プロジェクトの活動の一つであったわけです。アカーで活動をしていた風間孝・河口和也による『同性愛と異性愛』（岩波書店、２０１０）や『ゲイ・スタディーズ』（青土社、１９９７）などには書かれてこなかったこともあり、これまでセクシュアリティ研究においても見過ごされてきたのですが、このような同性愛プロジェクトの活動を通して、「性的マジョリティ」を中心とした組織であった性教協とアカーとが連帯していったことは、マイノリティとマジョリティとの連帯を語るうえでは重要な点ですのでここに記しておきます。

自己の差別者性に無自覚な教師たちにとって、先のアカーのメンバーの語りなどが、胸に響く内容だったこと。そして、内省があったからこそ、裁判に対して団体を挙げての連帯というように舵が切られたことは見落としたくありません。一例として、「第16回〝人間と性〟教養講座」（１９９０年）では、「同性愛を拒否した都教委――同性愛者は青年の家に泊まれない！？――」という「府中青年の家事件」に関わるテーマでの学習の機会が設けられました。当時アカーのメンバーだった風間らを講師に呼び、学びを深めていたといいますが、この定例会は、「久々に多くの人達が定例会に集まった」（『会員会報〝人間と性〟』61、１９９０、４頁）とあるように、会員とって強い関心を持たれていたようです。

社会教育主事であった一人の会員は、「同性愛への性差別に『人権としての性』を考えていこうという性教協会員の共感の輪」がひろがっていたと考察していると同時に、「元社会教育職員として『施設利用の公平さ』を考えてきた一人として、利用申込書に教育長のコメントのおかしさに」怒りを感じたようでした。『『すべての国民は』といったとき、どれほど少数者のことを思いやっているか、わたしたちの一人ひとりの問題として考えたい」とも語っています（『会員会報〝人間と性〟』61、１９９０、４頁）。

1991年「第10回記念全国夏期セミナー」での報告

１９９１年8月1日から4日には「第10回記念全国夏期セミナー」が東京で行われました。性教協の設立10周年を記念した大会かつ、東京での開催ということもあり、参加者は１７００名に達したといいます（『〝人間と性〟教育研究協議会設立20周年記念誌』２０００、70頁）。この１９９１年の全国夏期セミナーの企画表である図表８‐１にも、企画時点で、すでに「同性愛」という言葉が複数個所に登場しています。

同性愛プロジェクトとしては、「ティーチイン」という企画で木谷さんが「同性愛─『わたし』からの視点」を担当し、分科会では貴志さんが「多様な性の中で共生できますか─同性愛からの視点─」をレズビアンとゲイの２人と共にレポートしていました。また、特別講座として、木谷さんとアカーのメンバーが「府中青年の家同性愛者差別事件から」という内容を報告しています。ここでも風間孝が登場し、自己のライフヒストリーと、府中青年の家事件裁判の経過報告をしました（『月刊生徒指導』１９９１年11月増刊号、１９９１、86‐91頁）。これらのほかに、定期総会の「主な情勢分析」にも「同性愛」が設立から初めて登場したということで１９９１年の夏季セミナーは重要な年でした（『月刊生徒指導』１９９１年11月増刊号、１９９１、86‐91頁、１３２‐１３４頁。１６９頁。『会員会報〝人間と性〟』69、１９９１、４頁）。定期総会の「主な情勢」は全10項目ありますが、その９番目で同性愛について語られています。

（９）東京府中青年の家で起きた同性愛者の宿泊利用差別問題はいよいよ法廷にもちこまれ論議されることとなった。私たちは研究例会で該当グループのメンバーを招いて学習したりしたが性愛をめぐる差別問題がこうした形でとりあげられるのはわが国において初めてのことである。そうした意味において「人権」の立場から大いに注目する必要がある。（『会員会報〝人間と性〟』69、１９９１、４頁）

この「情勢」は、性教協の代表幹事を務めた村瀬幸浩によって書かれたものですが、性教育実践をするうえでも、同性愛についての問題は「人権」問題として重要視されていたことが分かるでしょう。その背景には、同性愛者による活動はもちろんのこと、同性愛者とつながり、「アンケート問題」などで衝突しながらも、活動を続けてきた同性愛プロジェクトが存在してきたことは言うまでもありません。

図表８-１　「1991 年度セミナーに向けて　幹事会 1990.11.14」（貴志泉所有）の一部をトリミングした。

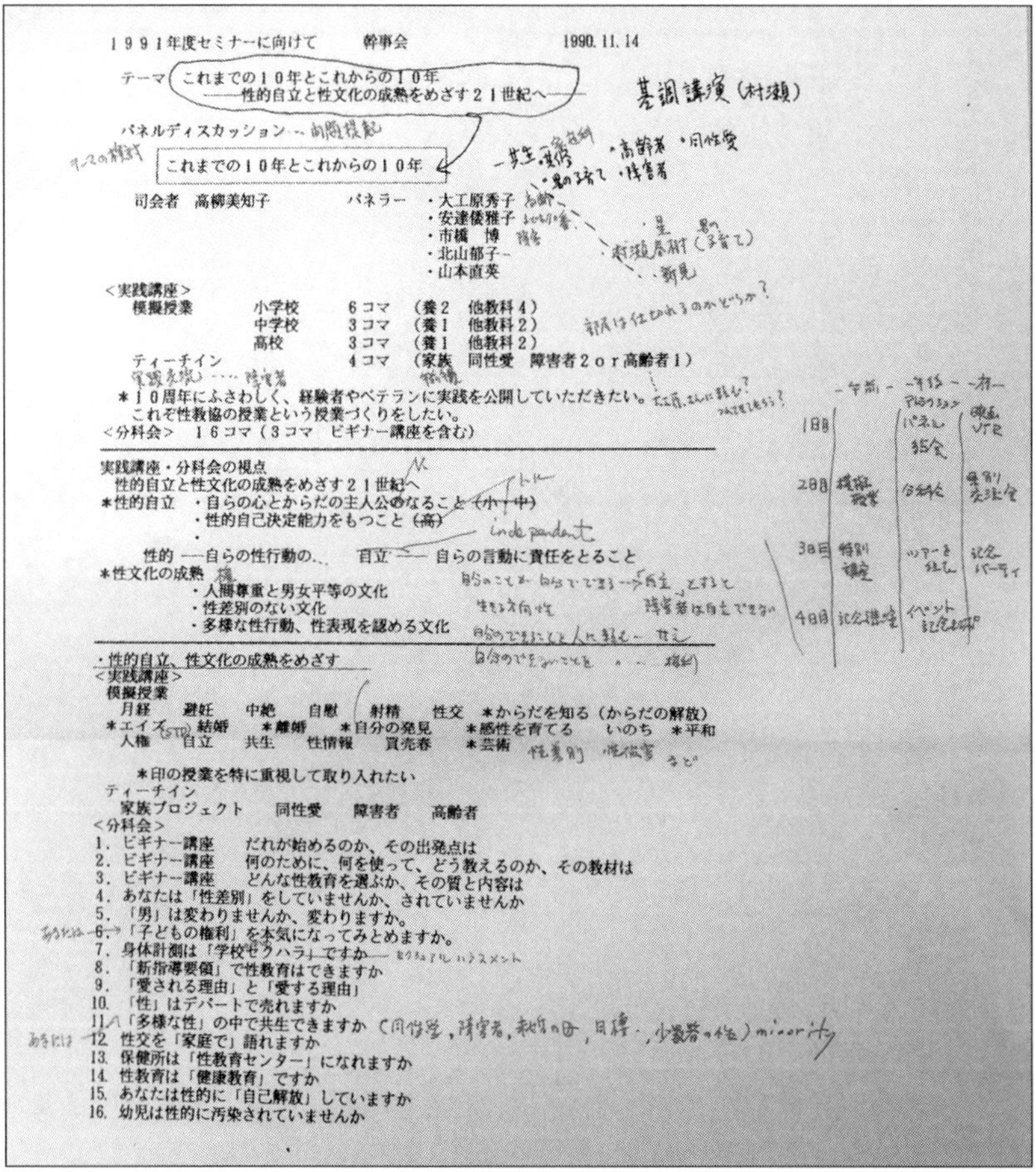

１９９１年度セミナーに向けて　　幹事会　　1990. 11. 14

テーマ　これまでの１０年とこれからの１０年
——性的自立と性文化の成熟をめざす２１世紀へ——　基調講演（村瀬）

パネルディスカッション

これまでの１０年とこれからの１０年

司会者　高柳美知子　　パネラー　・大工原秀子
・安達倭雅子
・市橋　博
・北山郁子
・山本直英

<実践講座>
模擬授業　　小学校　６コマ　（養２　他教科４）
中学校　３コマ　（養１　他教科２）
高校　３コマ　（養１　他教科２）
ティーチイン　４コマ　（家族　同性愛　障害者２ｏｒ高齢者１）
＊１０周年にふさわしく、経験者やベテランに実践を公開していただきたい。
これぞ性教協の授業という授業づくりをしたい。
<分科会>　１６コマ（３コマ　ビギナー講座を含む）

実践講座・分科会の視点
性的自立と性文化の成熟をめざす２１世紀へ
＊性的自立　・自らの心とからだの主人公のなること（小・中）
・性的自己決定能力をもつこと（高）
・
性的 ——自らの性行動の…　自立 —— 自らの言動に責任をとること　independent
＊性文化の成熟
・人間尊重と男女平等の文化
・性差別のない文化
・多様な性行動、性表現を認める文化

・性的自立、性文化の成熟をめざす
<実践講座>
模擬授業
月経　避妊　中絶　自慰　射精　性交　＊からだを知る（からだの解放）
＊エイズ（STD）　結婚　＊離婚　＊自分の発見　＊感性を育てる　いのち　＊平和
人権　自立　共生　性情報　買売春　＊芸術

＊印の授業を特に重視して取り入れたい
ティーチイン
家族プロジェクト　同性愛　障害者　高齢者
<分科会>
1．ビギナー講座　だれが始めるのか、その出発点は
2．ビギナー講座　何のために、何を使って、どう教えるのか、その教材は
3．ビギナー講座　どんな性教育を選ぶか、その質と内容は
4．あなたは「性差別」をしていませんか、されていませんか
5．「男」は変わりませんか、変わりますか。
6．「子どもの権利」を本気になってみとめますか。
7．身体計測は「学校セクハラ」ですか
8．「新指導要領」で性教育はできますか
9．「愛される理由」と「愛する理由」
10．「性」はデパートで売れますか
11．「多様な性」の中で共生できますか
12．性交を「家庭で」語れますか
13．保健所は「性教育センター」になれますか
14．性教育は「健康教育」ですか
15．あなたは性的に「自己解放」していますか
16．幼児は性的に汚染されていませんか

2　『新しい風景』という集大成

活動の成果―つながりのなかで

　ここまでで、1989年の「アンケート問題」以降の同性愛プロジェクトによる活動をみてきました。この間になされていた同性愛プロジェクトの活動は、1つ目に、同性愛に関する資料の収集ならびに、それを読んで学んでみること、そしてどのような視点でそれらの書物が執筆されているのか解題を付けることでした。

　そして2つ目に、性教協内での認知の広がりを目指すことだけでなく、性教協外における当事者（団体）と性教協の会員とのパイプになることも目指していたということです。このような同性愛プロジェクトの活動の成果は、『新しい風景―性教育と同性愛―』にまとめられ、1991年に刊行されました（図表8‐2）。この『新しい風景』は、全161ページにわたって、同性愛プロジェクトの活動がまとめられている報告書です。「虹の旗から―性教協と同性愛―」という語

図表8‐2 『新しい風景―性教育と同性愛―』表紙

りから始まっているこの冊子。ここで語られているのは、同性愛プロジェクトの活動の歩みでした。

本研究が整理して描き出してきた、1987年のアメリカ研修まで「同性愛はその、見落としてしまっていることの一つ」であったのだと気づいたこと、このアメリカ研修でのマクイーターからのレクチャーが「性教協と同性愛の『出会い』だった」ことが記されています（同性愛プロジェクト『新しい風景』1991、1頁）。また、団体XやYなどの同性愛者団体との関わりや、本研究が着目した「アンケート問題」、そしてそこで得られた「感動や善意」の問題性への気づきなども語られていました。

そして、この巻頭文「虹の旗から」の後に書かれていたのが、「同性愛者とわたし」でした。ここでは、木谷さん・貴志さん・原田さん、そしてのちに同性愛プロジェクトのメンバーとなった、金子真知子さんや宮脇美加さんが、どのように同性愛／同性愛者をとらえていたのか、そしてそれらがどのようにしてとらえ直されたのかが書かれています。本書で3者のライフヒストリーに着目できたのは、私が『新しい風景』を初めて手に取った時に、この文を目にしていたためでした。ここに書かれていた語りをライフヒストリーに着目して考察したことで、かれらのとらえ直しがより鮮明に描けたのではないかと思っています。

他にも、「とりあえずの基礎知識」という用語解説や「BOOK

図表8-3『新しい風景―性教育と同性愛―』目次・頁割

目次	頁
虹の旗から―性教協と同性愛―	1-4
同性愛とわたし	5-16
Let' s try―授業の中で―	17-50
とりあえずの基礎知識	51-55
BOOK LIST	56-70
海のむこうでは	71-80
ここにいるよ！―日本の同性愛者の現状―	81-95
GROUP	86-91
ライフヒストリー	92-158
新しい出発へ	159-160
編集後記	161

LIST」、「海のむこうでは」といった知識共有があります。これらは、かれらが同性愛者と共に活動した中で学びえた知識のまとめとなっています。

特筆すべき点は、同性愛団体XやYなどが紹介されている「GROUP」や、団体XやYなどに参加していた当事者による「ライフヒストリー」などが掲載されているということです。先に触れた『女を愛する女たちの物語』などでもレズビアンのライフヒストリーはまとめらえていたものの、1990年時点で同性愛者のライフヒストリーが複数集まった状態でまとめられているものは、数少ないといえます。

この冊子のページ数全体の3分の1以上にあたる60ページ以上にわたり、7名のレズビアン・ゲイ当事者のライフヒストリーが描かれています。日本における同性愛者のライフヒストリー研究として著名な『男性同性愛者のライフヒストリー』（1997）、『女性同性愛者のライフヒストリー』（1999）（共に矢島正見編著、学文社）と比べても、その着眼のはやさが見て取れるでしょう。

このように、『新しい風景』という冊子は、同性愛プロジェクトの活動として重視されていた同性愛／同性愛者に関する情報の収集並びにその解題付け、そして、性教育実践者と同性愛者、同性愛団体とのパイプとなるようなはたらきといった点が凝縮されたものであったのです。

レッツ・トライ！

この『新しい風景』には、もう一つ重要なことが掲載されています。それが、「Let's try ―授業の中で―」です。同性愛プロジェクトの活動の3つ目の柱であった、学びえた知見をもとにした性教育実践を創ること、それらを発表することに関わるものなのですが、次章で見ていくように、木谷さんや貴志さん、原田さんによる性教育実践が書かれていました。これらを見ていく前に、本章の最後では、『新しい風景』を作成するにあたって木谷さんから性教協の会員に向けて、会報内で次のような問い合わせがなされていたことに触れておきます。

教育実践例を紹介してください

授業で「同性愛」に取り組んだり、触れたことのある人、もしくは、ホームルームや保健室、教育相談などで「同性愛」に関わったことのある人、性教協同性愛プロジェクトに連絡をしていただけませんか。まわりにどなたか実践例をお持ちの方がいれば紹介してください。

今、プロジェクトでは実践例の掘り起こしを行なっています。ご協力をお願いします。

〈連絡先〉木谷　麦子　〒[redacted]　☎03-[redacted]

（『会員会報〝人間と性〟』66、1991、6頁。）

木谷さんたち同性愛プロジェクトのメンバーは、自分たちが作ってきた実践の他にも、「実践例の掘り起こし」をしようとしていたのです。

しかしながら、『新しい風景』には同性愛プロジェクトメンバー以外の実践は載せられていません。それは、性教協内での関心度合いを示すものであるとも読みとれるでしょう。先に見たような性教協内での関心の高まりがある一方で、自分自身の教育実践を改めることの困難さがここからも読みとれるのではないでしょうか。逆に言えば、それだけ困難性の高いことをプロジェクトのメンバーたちは行ったということです。

では、具体的にどのような実践としてまとめていったのか。それがどのような点においてクィアペダゴジーであると考察できるのか、続いて見ていきたいと思います。

第9章

子どもたちへ伝える知／子どもたちと問い直す知
――クィアペダゴジーの萌芽

本章は、実践の考察を通して、現代日本性教育史における性教育者たちの同性愛/同性愛者へのまなざしの変容が、どのような教育実践へ結実していったのかを明らかにします。到達点と残された課題を整理し、『新しい風景』が現代日本性教育史における同性愛/同性愛者のとらえ直しとしての画期かつ、クィアペダゴジーの萌芽に位置づいていることを示したいと思います。「クィアペダゴジー」とは、ヘテロノーマティブが前提となっている学校のあり方や授業、生活指導などを「それでいいの?」ととらえ直し、行動に移す教育実践(Pedagogy)です。

『新しい風景』に掲載されている性教育実践は、次の3つです。

①木谷実践「禁忌《タブー》はどこまで崩せるか」
②貴志実践「体育理論の中で同性愛を語る」(「社会的マイノリティとスポーツ」)
③原田実践「ホモって、染色体異常?」(「ホモは異常?」)

木谷さんは「国語科」、貴志さんは「保健体育科」、原田さんは「理科」と、それぞれの専門教科で授業案を作っています。木谷さんは複数回にわたる実践の中で同性愛/同性愛者を取り扱ったものを包括的にとらえて整理しています。そこでは木谷さんの実践で取り扱っていた「婚姻史」に関わる実践や、授業の導入となる「枕」、課外授業など含めて広く教育実践をまとめていました。それに対し、貴志さんは体育理論について学ぶ機会の中で、原田さんは染色体について学ぶ機会のなかで、同性愛/同性愛者を教材として取り扱っています。2人は授業案としてそれぞれ1時間の授業案として教材化しています。

1　木谷麦子実践「禁忌《タブー》はどこまで崩せるか」の意義

文化学院での教育実践

木谷さんは、高等専修学校である文化学院で教師を務めており、そこで国語科を担当していました。その中で行ったのが「禁忌はどこまで崩せるか」と称された実践となっています。

木谷：90分授業なんですよ、文化学院が。だから、〔筆者補足：同性愛プロジェクトで学んだ知識を〕15分ぐらいしゃべれるんで全然。（略）質問が多いと、30分ぐらいになっちゃったりするんですけど。
――生徒さんから食いつきがよければみたいな？
木谷：だから、クラスによってはほとんど60分ぐらいその話になっちゃったりとか、もう15分で終わったりとか。
――生徒さんの反応を生かした授業というか。食いついてくれれば、そこに深く掘っていくっていうかたちなんですね？
木谷：そうです。これは、それこそ文化学院だからできたことで、教科書選定からカリキュラムから、その授業の担当教師が決めていいんですよ。だから途中で、こういうことやりますって考えていても、ここの部分がもっと少なくなってこっちが増えますってやる分には、もう担当者の胸先三寸なので。だから生徒が興味

あったら延ばすとか、興味ないなら短くするとか全然できる。[第3回]

木谷さんが、自身の国語教育で重視していたのは、「読む、聞く、書く、話す」という4つの要素をなるべく全部入れることでした。もともと木谷さん自身が、小学校時代の熊沢先生や、豊多摩高校でのさまざまな授業で、自分の頭で「考える教育」を経験してきていたということは、先に見た通りです。木谷さんは、文化学院での教育実践だけでなく、私立Q高校時代の授業やロングホームルームでも、スピーチやディスカッション、それらに感想を書いて読み合う、そして話しあうというようなことを取り入れていたといいますが、その背景にはここにあるように「自分の頭で考える」ということを大切にしていたことがあげられるでしょう。

「その範囲であれば、何をどう扱ってもいい」という学校の方針のもとで、木谷さんの実践の年間予定は立てられていたといいます。ですから、一つの教材にかける時間は、生徒の反応次第で調整が可能であったそうです。

文化学院は、1学年1クラスで、1クラス35～40人くらいの単位が基本であったと木谷さんは言います。その中で、1・2・3年を持ちあがりで担当するという場合は、1年生（1クラス90分授業）で、後述のような「産地直送」の同性愛に関わる「雑談」をし、同性愛に対する感覚と知識をまず身につけてもらうようにしていたそうです。そして、それをふまえて、2年生（2クラスに分けて45分授業ずつ）では、次に見ていく婚姻史を題材としていたというのです。木谷さんはなぜ国語科の授業の中で、「婚姻史」を授業のテーマの一つとしてとらえていたのでしょうか？

「婚姻史」をテーマとして

「結婚」…異性と？同性と？

2学期、古典文学を読むうえで欠かせない婚姻の歴史について授業をしようと思いました。

T「まず、今の婚姻制度は知ってるよね？」
S1「男と女1人ずつ」
S2「一夫一婦」
S3「最近は男と男でもいいんだよ、外国とか」
S「えー、ほんと？」
T「うん、結婚に準じた保証《ママ》がされるようになってきている。スウェーデンなんか、異性同士でも今までの制度上の『結婚』はしない人が増えてるらしい」
S4「どうして結婚しないの？」
S5「同性同士でも結婚したいの？」
S1「同性愛のことはいいよ、おれ女が好きだから関係ない」
S3「違うからこそ知るべきだよ」
S5「男同士だけじゃなくて女同士でもいいんでしょ？」
T「うん、もちろん」
S1「同性同士が結婚してもしょうがないじゃん」
T「同性が好きな人にとってはしょうがなくないいんじゃない？」
S2「子どもできないよ」
T「子どもと『婚姻制度』の関係というのはポイントだね。でも、子どもだけが目的じゃないでしょう」
S4「私、子ども産まない」
S3「でも、子どもって大事だよ！」
T「そう、とても大事だね。だから産んで育てることを選ぶ人と、他の大切なことを選ぶ人と、いろいろいていいんじゃない？」

S2「子ども産まなくても同性同士で結婚する意味あるの？」
T『結婚』と一口に言っても、子どもの問題の他に『制度』の面と『関係』の面があって……。えーと、こうしよう、とりあえず異性愛の婚姻史から結婚の制度と関係のことを考えて、そのうえで同性愛について話そう。いい？」
S「いーよ」（同性愛プロジェクト『新しい風景』1991、24-25頁）

木谷さんによれば、婚姻史を取り扱ったのは、以下の理由によるといいます。

まず、どのような婚姻制度・社会の中から文学が生まれたかを概観する授業を2時間でする予定でした。しかし生徒たちが質問しては話を発展させるので、うれしくて一緒になって盛り上がっていたら、5時間かかりました。その流れを記しましょう。

古代のおおらかな性は「古事記」「万葉集」にうかがえます。しかし、そこにも禁じられた愛、引き裂かれる愛はあります。中古が女流文学の時代である要因は、仮名文字を作ったことと、貴族の女性の置かれていた一夫多妻の政略結婚という状況です。その中で、問いを発したのが「かげろふ日記」であり、「源氏物語」でした。中世は、「死」が愛や性にまさるテーマだった感がありますが、近世には「好色五人女」、文楽や歌舞伎に、身分や経済や婚姻に縛られながら、愛することをやめられなかった人々が描かれます。明治以降もそうです。人間社会は禁忌を作りました。しかし、否定されても、時に自ら否定してさえ、抑え切れない感情の動きが人間にはあります。そのひずみから文学が生まれ、愛と性はその情動の強さゆえに多くの禁忌をつけられ、また、だからこそ文学のテーマたり続けたのです。（同性愛プロジェクト『新しい風景』1991、25-26頁）

どのような婚姻制度・社会の中から文学が生まれたかを考えるための婚姻史。木谷さんは次のように説明を続けています。

今生まれてよかったと生徒たちは言うけれど、そうかな？「結婚」の「制度」の面は社会によって変わり、ある形を保護します。また、一方で、そのことによって他の形を保護しないものです。「結婚」の「関係」の面は個人対個人の感性からつくられるものです。そして、感情関係がなくても制度にのれば「結婚」と呼ばれ、制度に乗らないと感情関係があっても「結婚」とは呼ばれない。「今」も「タブー」はあります。「不倫」っていったい何？嫡出子・非嫡出子って？ｅｔｃ…。そして、今、こういうひずみから文学が生まれつつあるのです。生徒たちからは、たとえば「うちの親は夫婦別姓だぜ。仕事するにはその方がいいんだよ」などなど、一つひとつ自分の位置からの声があがっていました。（同性愛プロジェクト『新しい風景』１９９１、26頁）

「異性愛」を相対化すること、婚姻の歴史を考えること、それが木谷さんにとってのこだわりでした。木谷さんは古代から現代の婚姻の歴史、そして恋愛に関する道徳などを通して、異性愛とは何か、ということを生徒たちに考えてもらうきっかけを作り出していたのです［第12回］。

木谷：もともとが「ブンガク屋」なので。簡単に言ってしまうと、文学って、文学とセクシュアリティって考え方をすると、その時代に王道であるものは文学にならないんですよね。「不倫は文化」とかじゃないですけど、駄目っていわれてることが文学になっていくわけじゃないですか。（略）要するに、タブーについて語るのが文学の役割だと思うんですよね。そういう意味でいうと、それに触れていくのはごくごく普通の国語の授業。なので、あんまり違和感がないんですね［第3回］

木谷さんにとって、文学を取り扱う授業で「タブー」とされたことについて触れるのは「ごくごく普通」であったというのですが、その同時代になされていた国語教育実践において、同性愛を「普通」に取り扱ったということを私自身は聞いたことがありません。特に性教育実践として取り扱われたものはほとんどなかったのではないでしょうか。それは、第３章に登場した国語科教師であった高柳美知子が、アメリカ研修でのさまざまな気づきを、驚きをもって受け止めていたことからも考えられます。加えて、次に見る生徒の反応からも、木谷さんのような授業をしていた教師は少なかったことがうかがえます。

> 婚姻の授業の最後に、人間の関係のあり方はさまざまで、個々人が望むあり方を選びうるのが一番いい、という一応の共通認識を得ました。そのうえで、約束の同性愛の話です。「先生どうして同性愛のこと知ってるの？」という問いに答えることから始めました。(同性愛プロジェクト『新しい風景』１９９１、26頁)

「同性愛のこと知ってるの？」という問い。文化学院の教育実践は、教師の裁量に任されていたと木谷さんは語っていましたが、そのような自由度が高く、教師それぞれに任されていたからこそ、教師にとって関心の薄い、あるいは抵抗感のある内容は触れられにくかったのではないでしょうか。つまり、クィアペダゴジーを可能とするには、教師それぞれの課題意識の重要性が問われているといっても過言ではないでしょう。木谷さんの課題意識が、同性愛プロジェクトの経験を通してつくられていったのは、先に見た通りです。

「産地直送」の同性愛に関する性教育と生徒の反応

木谷さんは、「文学は禁忌を越えられるか」の実践について、次のように語る中で、この「産地直送」とは何だったのかについて説明してくださりました。

> 木谷：私がほんとに週末になるといろんなとこに行ってたので、「産地直送」型の性教育で、「このあいだの土

曜日にゲイサークルに行ってこんな話聞いたんだ」みたいな、そういうノリの話をしてるところから始まる。そのときは、私も全然アレなので、今から考えると間違いとまでは言わないけど、誤解を招くとか偏ってることもあったんですけど、とりあえずは〝ホット〟なものはお届けしていた。［第2回］

木谷さん自身の同性愛者との出会いや、同性愛／同性愛者の問い直しについて、「〝ホット〟なもの」、とって出しのような知識を生徒たちに共有したといいます。木谷さんは、このようなことを「産地直送」と呼んでいたのです。では、このような「産地直送」の性教育は、生徒たちにはどのように受けとめられていたのでしょうか。

木谷：生徒によって、もうほんとに、まず同性愛と言った段階で、「気持ち悪い」っていう子がだいたい2、3人いるんですよ。紹介しててもだいたい、レズビアンのサークルに行ってって言ったら、「ええ、レズだけで集まって何やってんの」とかっていうような子もいる。私も最初はそういう子と戦ってたんですけど（略）、生徒に当事者いるじゃないですか。その中で一人ゲイの子がいて、彼は、わりとオープンにしてた。彼は必ず、ポジティブな質問をしてくるようになったんですよ。嫌だっていうやつがいると、彼がポジティブな質問をして、私はポジティブに返す。

そりゃそうだよなと。ネガティブなことやってるよりも、ポジティブにおこなったほうがいいんだとそこで転換して、抵抗感のある人を説得する時間より、興味のある人や当事者のためになること言ったほうがいいじゃんと思って、完全に変えて。そのうち、BL的なものが好きな…当時は「やおい」ですけど、女の子たちが、きゃあと言って喜ぶようになり、それも前向きにうけとって、ポジティブな情報を出すようにした。でもやっぱり、当事者の中に入って話聞いてきて、私よかったと思うのは、もちろん全員じゃないでしょうけど、私に向かって自分のセクシュアリティを言ってくるわけ、そういう子たち。［第2回］

「産地直送」の性教育は、生徒たちの関心をひいた一方で、中には「まず同性愛と言った段階で、『気持ち悪い』という生徒もいたのだといいます。「最初はそういう子と戦ってた」木谷さんでしたが、「ネガティブなことやってるよりも、ポジティブにおこなったほうがいいんだとそこで転換して、抵抗感のある人を説得する時間より、興味のある人や当事者のためになること言ったほうがいいじゃん」と考えを改めていったのだといいます。では、どうしてそのような方針転換をしたのでしょうか。

差別がもつ「ネガティブさ」への向き合い方

――ネガティブな発言が出たときには、どう対処してましたか。

木谷：最初、戦ってました。「気持ち悪いってことないでしょう。これこれこういうことやってるんだよ。」、「ええ、そんな理屈こねてんの」って。どんどん深みにはまっていく、良くない対応をしていました。

――それが変わってくってことですよね、「最初は」ってことは。

木谷：そうですね。ただ、一つは、レズビアンのことに関して話していたときに、すごい攻撃的に言ってきたのが、隣同士で並んでる女の子二人だったんですよ。文化学院って席自由なんで。うん？と思って。

　これは要するに、当事者が「余計なところで触れてんじゃねえよ」っていう場合で言ってるのもあるなって思って。その子たちがどうだったか分かりませんけど、そういう場合もあるよなという風に思い。「出さずにやってんのに余計なことしてんなよ」って思うかもしれないよなと、ちょっと思い、ちょっとクッションを置くようにした。

――クッションを置いて対応するって、例えばどういう風に。

木谷：スルーですね。そういう人もいるよね、そう思う人もいるだろうね程度のあいづちを打って、もうどんどん話を進めてしまう。こういう話があったよ、こんなこと言ってたよとかいう大事な内容のほうに、どんどん話を進めてしまうんですね。[第3回]

ここでいう「スルー」とは、反発する子の反発を無視することではなく、「保留」することであったと木谷さんは後日改めて語っていました。「保留」には、その本人が当事者かもしれないという上記の理由に加え、「気持ち悪い」といってしまうひとも悪者にならないことを考えてのことだったというのです[第12回]。

差別をしてはいけないということは考えてほしい一方で、差別発言をした人に対して「差別者」だというレッテル貼りをしないことに細心の注意を払っていた木谷さん。その発言をした本人がかえって「意固地にならない」ためであったといいます。

第10回の聞き取りで木谷さんは、「脊髄反応で、当時同性愛って言ったら気持ち悪いって言う」人がいたことを語っていました。このことは、先に見た「アンケート問題」の質問項目にも関わる点です。その生徒たちが、そのような発言をしてしまうこと自体、「いまそういう状態にあることと理解した」うえで、それをどのように変えていくのかが、教育であるととらえているのは、「アンケート問題」に関する木谷さんの語りにも表れていました。「差別はいけない」ということを教条的に教えるということはせずに、考えてもらうこと。このことは、後に見る原田実践でも同様に苦労して考えられていた点なのだと思います。

木谷さんにとって、「脊髄反応」的な差別発言については、同性愛者以外のマイノリティにもなされた経験があったといいます。木谷さんが文化学院で教師を勤める前に在籍していたQ高校時代に次のような経験をしていたそうです。

木谷：Q高校のときに沿線に朝鮮学校があったんですよ。朝鮮学校の生徒が文化祭の案内かなんかをまきに学校に来たことがあって。かれらは多分、授業の時間使ってやってる活動だったと思うんですけど。こっちが授業やってるときに、私、そのときに校門から入ってくるのがよく見える教室で授業してたら、チマ・チョゴリの制服着た子たちが入ってきて、それを生徒が、「先生、チョンが怖いよ」って言ったんですよ。（略）「チョン」なんていう言葉は本の中でしか見たことがないから。だから私にしては、「服装の乱れは…」と同じぐらい活字でしか見たことがない言葉ですよね。それを生徒が言うんだと思って。

――そういう文化圏で育った子どもたちっていう？

木谷：そう。私が、『チョン』とかって言ってた！」って、まだそれ新任のときですよね。だから本当にびっくりして、職員室で騒いだら、そのときベテランの先生が、「うん、まあそうなんだけど、あの子たちの親って中卒で日本の中では底辺の仕事をしている人が多く、在日の中の底辺の人と仕事を奪い合ってる。だから上から見て差別してるというよりは、そういう切実な問題もあるケースが多いからね」って言われて。本当に別世界ですよね。そうだったんだって。（略）Q高校はそういう感じで、だからそういう文化圏だったんですよね。朝鮮学校近いので、[redacted]先生とかが、私が行くより前の何年か前に企画して、文化祭にその朝鮮学校の子たちの民族舞踊を招待したら、そのとき、「きれい！」って生徒たちみんな喜んで、そのときはちょっといい感じになったんだけど、また戻っちゃったねっていう話はありましたね。［第10回］

このようなQ高校時代の「チョン」という発言に関わる生徒の無自覚な差別意識と反応。無自覚な差別発言に対して、頭ごなしに「それは差別発言だ」と指摘することも可能でしょう。しかし、それでは、相手に頑なな態度をとらせたり、むしろ反発させてしまうことも予測されます。

木谷さんは、その発言をしていた当人たちの生活環境、かれらの置かれている社会構造をとらえる必然性をこの時に学び取っていたのではないでしょうか。「生徒が意固地にならない」手法の一つが「スルー」という名の「保留」と、差別発言のもつネガティブさを超えるようなポジティブな切りかえしだったと考えられます。

このような手法を用いて実践を進めた木谷さんの教育観として特筆すべきなのは、「20年後、30年後のために教育をやっている」と述べていたことです［第12回］。かれらがその時学んだことが、次の見方へとつながっていくこと、そして自分自身とその時代を問い直すことが重要であると述べていたのですが、これこそ、その世代で学びを終わらせず次世代に差別を残さないための教育的な営みであったと考えられないでしょうか。

木谷実践は「文化学院だからできた」のか？

このような木谷実践。当時は、周りの方たちから「文化学院だからできた」とも言われていたといいます。しかし、今回木谷さんからいろいろと話を伺ううちに、私は「そうともいえないのではないか？」と考えるようになりました。というのも、まず「自由度の高い」と評される文化学院であっても、その当時の管理職は、同性愛に対して「寛容」ではなかったため、同性愛者を呼ぶことができなかったと木谷さんは話していました。その理由として、木谷さんは次のように語っています。

木谷：「アンケート問題」があった頃に、文化学院でひと悶着ありまして。例えば、漢文の授業の時に、中国人を呼んできて漢文読んでもらって、それから中国の話してもらって、っていうのやったことがあるんです。それがあったので、国語の授業に団体Yのメンバー呼ぼうとして。それがダメって言われたことがあるんです。人前で話し慣れてる、話すのが上手な人だし、当時年齢もかれら若かったんです、20代前半だったんで。あの時はBさんが来てくれるって言ってて。「お話の上手なお兄さんに来てもらう」じゃないですけど…そんな風に提案したら、「ダメ」と言われてしまいました。でも、その、当時「ダメ」って言った副校長が、30年後に、「あの時どうしてダメって言ったのかしらね」って、「別によかったのにね」って言いました。

――なるほど。その時代はまだまだ、「ゲイなんて呼んで」みたいな、受け止め方だったから拒否されてしまったという感じなんですかね。

木谷：一つは、国語の授業で突然ゲイを呼ばれるといっても、ということですよね。でも私、文学というのは、基本的にその時代で、あの、タブーとされていることを描いてきたものが文学であって、その、それこそあの、婚外恋愛だったりするわけですよ。で、うちの文化学院の先生だった作家の人だって、いわゆる老いらくの恋の、不倫とかしているのを文学にしているんです。それもあったじゃないですかって言いました。でも、「それとは違うと思う」って言われて。「いや違わねーよ」って。［第10回］

ここにあるように、管理職のジェンダー・セクシュアリティ観から、同性愛者を呼ぶことは「ダメ」と言われてしまった木谷さん。確かに、条件としての「自由さ」は他の公立学校と比べて高かったかもしれませんが、「だからできる」というわけではなかったのです。

しかし、ここであきらめる木谷さんではありませんでした。学校としては、ゲストとして同性愛者を呼ぶことには拒否的であったのですが、「学外でやる分には私たちは関知しない」という管理職の言葉をふまえて、生徒たちの要望にこたえる形で、「課外授業」の形式で、同性愛者と出会い語らうきっかけを作ったのでした。

木谷：普通の学校なら、「非常勤が学外で生徒と会わないでください」っていうのが普通なのに、そう言われたんですよ。で、「そっか」とおもって。そういうことだから、「自分の時間と電車賃使って来たい人は来ていいよ」って生徒に言って。性教協の事務所に何人か来て。で、団体Yの人が二人くらい来て。

そのあと「ゲイバーいきたい！ゲイバーいきたい！」なんて言うから…。未成年だから、「ジュースだよ？絶対ジュースだからね！私もジュースだ！」って、「私のいるところで酒飲むんじゃない」って、連れて行って、ていうのをやりましたね。

――へえ～！

木谷：その後、トランスジェンダーと出会うってのもやりました、同じこと。1991年の時かは忘れたけど（略）その時は、生徒に、あの…、トランスかもしれないっていう子がいたので（略）

――ある意味、「課外授業」みたいな形でやったわけですね、その…。
木谷：もう…職員室で大きい声で「麦ちゃん、この前ゲイバー連れてってくれて」って言われて…今ここで大声で言うなよ！みたいな感じでした（笑）［第10回］

このような「課外授業」も、「文化学院だからできる」ことであったかもしれません。「その当時だから」できたことかもしれません。今日、同じようなことをしようと思っても、難しい。それは皆さんの頭にも浮かぶことなのではないでしょうか。

しかし、たとえそうだったとしても、先に述べたように、木谷さんが、生徒と向き合って機会を作ろうとしなければ、いずれにせよできなかったことです。木谷さんの課題意識や教育観がこれらを可能にした背景に大きく関わっています。クロノスや団体Yなど、木谷さんが同性愛プロジェクトのなかでつくったつながりがなければ、このような教育実践をすることは不可能であったでしょう。

今日においても、先駆的な実践に対し、このような批判がなされる場合があります。しかし、木谷さんの実践や木谷さん自身のライフヒストリーを丁寧に見ていくと、先駆的な実践の背景には、教師の課題意識が明確に存在しているということが浮かび上がってきました。

木谷さんは、現代の学校教育にさまざまに存在する「ルール」を無視したわけではありません。むしろその「ルール」を十分にとらえたうえで、その時最大限にできることを探りながら、実践に移していました。

「ヘテロノーマティブ（異性愛中心的な性規範）な教育実践や学校のあり方を改革し、ジェンダー・セクシュアリティといった〈性〉に関わる権力性を問い直す教育実践」のことをクィアペダゴジーという。本書の「はじめに」でそのように書きました。木谷実践は、学校自体のヘテロノーマティブなあり方に挑みながら、教育実践の中で、異性愛者を相対化する工夫や、「課外授業」という形や「産地直送の性教育」という方法をとり、生徒たちに〈性〉に関わる権力性を問い直させようとしていました。

このような実践を成立させたのは、繰り返しになりますが、木谷さんの課題意識とその背景にある子どもたちとのやりとり、自ら積極的に活動して作り出した同性愛団体・同性愛者とのつながりがあってこそ、だったのです。

木谷さんが、「文化学院だからできた」ではなく『文化学院だから〝より良く〟できた』ってのが正確かな」と、第12回聞き取りで評していたのは、ここまでで見てきたことを端的に示している一言でしょう。

2　貴志泉実践「体育理論の中で同性愛を語る」の意義

自己の立場性

続いて、貴志実践「体育理論の中で同性愛を語る」（「社会的マイノリティとスポーツ」）です。貴志さんは、第2章で見た朝山新一が執筆した『性教育』（中央公論社、1967）を読んで勉強していたといいます。勤務した筑波大学附属高校（筑附）で、保健体育科の教員として活躍した貴志さん。大学時代はバスケットボールに熱中していた貴志さんは、それまで性教育を「ちゃんと」学んだ機会がなかったようで、性教育の授業を担当するために猛勉強し、性教育の授業に利用できるスライドを学校で購入してもらったりと、試行錯誤をしていたといいます。

そんな貴志さんの姿を見ていたのが中村敏雄（1929-2011）でした。貴志さんの同僚であり、学校体育研究同志会に関わっていた中村から、中村の後輩にあたる村瀬幸浩が立ち上げた性教協で勉強してみるのはどうか？と勧められたのだといいます。この勧めをきっかけに、貴志さんは1984年に性教協へ入会し、入会と同時に幹事に就任することとなりました。

性教協の活動では、性教育実践の見直しにつながっただけでなく、自分自身の立場性を問い直すこととなったといいます。その一つとして、自分自身が勤めている職場環境が「恵まれている」ことに気づいた経験があったそうです。

貴志：やっぱり、筑波大学附属小学校から半分は来てるって事もあって、小学校時代からずっと知り合いっていうわけです。240人いて150人くらいは附属小学校から上がってくる。中学校から来るのと、高校から来るのが混ざるわけですけれど。そういう意味では何をやっても「5」が取れてしまうような、満点を取ってしまうような子達が当時はパラパラいてね。もちろん一方で、高校で親との関係が壊れてしまって爆発してしまったような子達もいるし色々でしたね。

僕は、皆が金持ちのお嬢ちゃんお坊ちゃんかなっていう風に思っていたけれども、クラスに一人か二人は金なくて普通の貧乏な家でした。ただ、やっぱり、家に余裕があって超金持ちかどうかは別として、いわゆる「普通」に金のある家っていうのはあった。例えば今日、「明日までに幾ら必要なんだ」って言って、100万円出てくるような家庭は少ないと思うけれども、5万円から10万円がパッと出てくるって家は多いんじゃないかな。もちろん、そんなの1ヶ月ぐらい前に言っといてくれないと。っていう家もあるんですけれども、やっぱり裕福だよね。うん、それは今も当時も変わらず。［第7回］

金銭的には恵まれている子どもたち、そして学力の高い子どもたちと接していた貴志さん。貴志さん自身も、中学受験をし、その後も進学校に進学をしてきましたので、このような性教協で活動をするまでは、自分自身が育ってきた環境を相対的に比較するという経験がなかったのかもしれません。そして、このような感覚は、周りの幹事たちの語りで問い直されたといいます。というのは、幹事たちが日常生活で接する子どもたちが、必ずしも健康ではない状況で育っていることを幹事会で知ったためでした。

貴志：幹事会とかで、自分の話をするわけじゃないですか。職場の話とか、自分の話とか。性教育の実践をしている人たち、もしくは、性に関することで、いろいろこう、問題抱えてたり、もしくは課題を持っていたりする人たちが、わーっている。そんな中にいて、「あれ？　僕は一体誰でしょう」、みたいな感じになったんですよ。

例えば、養護施設で本人が育ってててっていう話を聞くと、自分がこう…のほほんって育っているということが、すぐにこう、感じ取れるような状況になるわけじゃないですか。もしくは、今いる学校の問題っていうのがあって、そんな中で、自分だけでも頑張んなきゃってやってる人たちとか出てくる。

そうすると、僕なんかがいるとこ、僕のいた筑附なんて、家庭的に困っているおうちなんてほとんどなくて、というか、ちょっとしかいなくて、割と裕福な家庭で両親が揃っている率がすごく高くて、高学歴の両親を持ってて、とかっていうおうちだと…なんていうのかな、こういう課題だったり問題が、いまここで起こっているんですよ、っていうのがすぐには分かんなかったっていうか。よくよく探すと、そんなことはないんだけど、どこにだって起こるんですけど、そういうのがなかったので、すごく居心地悪かったですよ。（略）

――最初の数年間居心地が悪かったというお話をされていますけど、ちょうど多分最初の数年に、この、同性愛プロジェクトの活動とか、アメリカ研修であったりとかが重なるんですよね？

貴志：１９８７年がね。

――はい。
貴志：だから84年くらいからなんですけど、84年のころは、まだ自信ないな。
――同性愛プロジェクトの時はまだ自信のない頃だったんですね。
貴志：うん。自信ないし、授業研究も、ちゃんとしたことないので。（略）
――じゃあまだ、同性愛プロジェクトの『新しい風景』に載せてある実践の時くらいまでは、まだまだ実践研究としては、自分の中でこう…試行錯誤中だったたっていう感じですか？
貴志：うん。それはあると思います。性教育、「性の学習」って言いながら性教育やってて、そこに、当時でいうと同性愛の人を登場させるか、っていうのが、自分の中でなんていうのかな、出てこなくて。っていうか、いい案が出てこなくて。触れることはできるけれども、触れ方に、今でいうと違和感があるかな。自信がなかったたっていうのもある。［第8回］

マイノリティへの着目と実践の見直し

このような「自信のない」時期に創られたのが、貴志さんの実践である「社会的マイノリティとスポーツ」でした。「体育理論」という授業の中で取り扱った貴志さんは、実践の位置付けについて次のように述べています。

体育理論という通年週一時間の授業では、運動処方・スポーツ力学・スポーツ心理学等と並んで、スポーツ社会学に力点をおいている。そのスポーツ社会学の中でも「ルールとスポーツ」「アマチュア&プロフェッショナル」「女性とスポーツ」などと共に、「社会的マイノリティとスポーツ」を授業でとりあげ、その中に同性愛を位置づけている。（同性愛プロジェクト『新しい風景』1991、34頁）

図表9-1 「社会的マイノリティとスポーツ（1990年9月27日）」の授業の流れ（レジュメをもとに堀川作成）

授業展開	学習内容
スポーツを行うためには	• 本来スポーツを行っていくための第一条件は、経済的な基盤。衣食住にゆとりがない状況では、生活に追われてスポーツへの興味が持続しにくい。 • プロフェッショナルを別にすれば、スポーツや音楽などの文化活動は、経済的ゆとりの上に社会が制度として保障してくれた時、豊かな発展をする。
マジョリティとマイノリティ	• マジョリティ（多数派）とマイノリティ（少数派）が社会には存在する。 • マイノリティであるという理由で、不当に差別を受けたり、偏見をもたれたりしてきた歴史がある。 ※「マイノリティ」とは、数の多さ少なさだけでなく、多数派からの評価が低い結果抑えられてきている場合も含む。例えば、前者には「少数民族」「在日外国人」が、後者には「女性」「高齢者」「病人」「こども」があげられる。そして、「同性愛者」は両方の要因を持っている。 • 歴史的経緯も抑圧の程度も違うので、同じ土俵で語ることは難しいが、生徒には考えさせたい教材。
すべての人が快適に暮らせる社会	• 偏見や差別のない社会、経済的基盤のしっかりした社会、保障制度が確立された社会、自由を行使できる社会。マイノリティにとって快適な社会は、マジョリティにとっても同様に快適な社会。
同性愛との関わり	• 1987年アメリカ研修での出会いと気づき。 • 自己の男性同性愛者、女性同性愛者観のゆらぎ。「男性同性愛者は女性のような仕草と女ことばを使う。もしくはマッチョマン。女性同性愛者は宝塚風の男装の女性」「同性愛は後天的なもので、アメリカで多い理由は、現実からの逃避」という偏見があった。 • 同性愛プロジェクトでの学びによるゆさぶられ。
ゆさぶり	• 同性愛者との出会いによって自分が同性愛に引かれ変わっていくのではないかという不安。自己のセクシュアル・アイデンティティに関して、自分が異性愛の男であることに何の疑いも抱いたことがなかったから。「ゆさぶりをかけられた時の怖さ、自身を問い直すことへの不安を実体験として伝えたい」。

「地域スポーツの経済的基礎」を説明する際に、「本来スポーツを行っていくための第一条件は、経済的な基盤である。衣食住にゆとりがない状況では、生活に追われてスポーツへの興味が持続しにくい」という点に触れ、その上で、「プロフェッショナルを別にすれば、スポーツや音楽などの文化活動は、経済的ゆとりの上に社会が制度として保証してくれた時、豊かな発展をする」という展開となっています（『新しい風景』1991、35-36頁）。その中で、「マジョリティとマイノリティ」という点を説明する際に、同性愛者について次のように触れたのでした。

マジョリティ（多数派）とマイノリティ（少数派）が社会の中には存在する。そしてマイノリティであるという理由で、不当に差別を受けたり、偏見をもたれたりしてきた歴史がある。ここでいうマイノリティとは、数の多さ少なさだけでなく、多数派からの評価が低い結果抑えられてきている場合も含んでいる。例えば、前者には「少数民族」「在日外国人」が、後者には「女性」「高齢者」「病人」「こども」があげられる。そして、「同性愛者」は両方の要因を持っている。

しかし、歴史的経緯も抑圧の程度も違うので、同じ土俵で語ることは難しいが、生徒には考えさせたい教材である。（『新しい風景』1991、36-37頁）

貴志さんはこのように述べたうえで、「マイノリティにとって快適な社会というのは、実はマジョリティにとっても同様に快適な社会なのである」（『新しい風景』1991、37頁）というまとめに導こうと模索していたのでした。

辛口評価のそのわけ

※1991年度から「エイズと我々にできること」という単元を体育理論の前に入れられるようになったが、

それまでは体育理論に無理やり入れて語ってきたことを、最初に言わせていただきます。（同性愛プロジェクト『新しい風景』1991、34頁）

このような実践に関して辛口で評価をしていた貴志さん。実践が『新しい風景』に掲載された時点でも、この実践は「無理やり」であったと引用のように評価しています。

しかし、私はこの実践を見た時に、貴志さんがそのような評価をするほど「無理やり」であったと思えませんでした。というのも、経済的格差と差別とが結び付いているということは、同じ「性」に関わる差別問題に関していえば、第2波フェミニズムが指摘してきたことでもあり、筋の通った指摘だと思ったためです。

むしろ、この当時、同性愛者を対象としてとらえて、マイノリティとマジョリティを理論的にとらえようとしたことは、少なくとも日本においては先駆的な視点であったといえます。例えば、「日本スポーツとジェンダー学会」（2002年設立）の趣旨文を参照すると、次のように書かれています。

しかし、スポーツにおける男女平等・公平を推進する運動、それを牽引する理論構築はまだ不十分な現状にあります。わが国におけるスポーツのジェンダー研究を概観すると、体力や競技記録を性別に分析したカテゴリー的研究、メディア、コーチ・管理職、競技種目や参加に関する配分的研究が多くを占めています。スポーツのジェンダー・ポリティクスを解明するには、ジェンダーの支配構造を支え、ジェンダーの再生産装置として機能してきたスポーツの役割を明らかにする関係論的研究が必要不可欠です。これらの研究はまだ緒についたばかりであり、思想（哲学）、歴史学、社会学、文学、労働・経済、教育、芸術、メディア論等の他領域、或いは諸外国に比較すると大きな遅れをとっています。

さらに、最近のジェンダー研究は、セックスとジェンダーとセクシュアリティの不連続性、性の多様性、ジェンダーの主体性、ジェンダーの南北問題等、新たな展開をみせています。これらの知見を踏まえ、スポーツとジェンダー或いはセクシュアリティに関する研究を加速するには、この領域に関心を持つ人たちが一堂に会し論議・研究を深めることが急務です。（日本スポーツとジェンダー学会HPより引用。最終アクセス日：2020年12月6日）

学術的理論を展開していく学会で2000年代に入ってから提示されたこのような視点が、1991年当時の貴志さんにすでにあったということからも、貴志実践の先駆性がうかがえます。そのような点をふまえて考えると、貴志さんが「無理やり」だと感じたのは、その当時の理論的な枠組みから超える形、理論を問い直すような実践をしていたからだと思えてならないのです。このような理論の問い直しの背景に、さまざまなマイノリティ当事者と出会ってきたことがあったのは、第7章でも触れました。

貴志：貴志本人が思ってるって事を大切にするっていうことかな。平たい文章じゃなくて凹凸のある文章に。自分自身がこう思ったってことを伝えるっていう風に思ってるんですよ。（略）授業では、僕がその問題をどう捉えてるのかってことを話す。それを生徒さんがどう受け止めるのかっていう。

例えばインタビューでも喋ったことあると思うんだけれども、団体YのBさんと喫茶店だった時かな。一対一で話した時に、「じゃあ、あなたは自分が同性愛者でないっていうのはどうしていえるの？」っていう風に言われて。手に汗を握りながらですね、自分の思ったことを答える時に「10年後、20年後も含めて自分が同性愛者ではないっていうことは言えないかもしれない。もしかしたら。なぜかって言ったら、今まで見たことのない、自分にとっての理想って男がいたら、もしかしたら自分は変わるかもしれない。でも、今現在で考えたら、性的に考えるファンタジーの部分で男性が出てこない。よって、自分はとりあえず男性が好きってことではないんだと思う」っていう話しかできないんですよ。

短い時間なんだけども、くるくるくるくる。本当に自分の経験の中で、人と会ってきた中で、男の人好きになったことはないんだろうか…そんなことを考えるんですよ。

こういう話を授業で出すんです。それで、僕はこう思う。でも、全くあり得ないのか?って言うと分からないかもしれないと思うけれども。でも、違うと思う。色々あるんじゃないかなって思う。同性愛プロジェクトの時には、自らの考えを出すってことしてました。[第8回]

自己のセクシュアリティを問う経験の重要さから、この話は複数回にわたって伺いました。団体YのBさんは、原田さんが鼎談で出会った人物でもあります。貴志さんがBさんから問われたことに対して「手に汗を握りながら」必死で考えたことは、まさに自己のセクシュアリティの問い直しでした。そして、その経験を生徒たちに率直に話したといいます。

なによりも、ここで見た自己の表出、あるいは自分自身が抱いてきた差別に関する「肌感覚」を前面に出すということは、次に見ていくように、自分自身の考え、一歩踏み込んでいえば、貴志さん自身を開示していくことです。生徒に対して自分自身が関わった差別問題を伝えるということは、その問題における自分自身の立場性を示すことにもなります。それはつまり、差別問題に対する自分の立場性、マジョリティとしての自己の権力性を生徒に示すということです。貴志さん自身が、抑圧者《マジョリティ》であれば、そのような抑圧者性、差別者性を生徒たちにも示すことになります。それは、教師としての自己の権力性を大きく揺るがすことにもつながるでしょう。貴志さんはこの点に関して、どのようにとらえていたのでしょうか。

自己開示の恐怖と権力性の問い直し

〈ゆさぶり〉

同性愛者との出会いによって自分が同性愛に引かれ、変わっていくのではないかと不安を抱いていた。その理由は、自己のセクシュアル・アイデンティティに関して、自分が異性愛の男であることに何の疑いも抱いたことがないからである。ゆさぶりをかけられた時の怖さ、自身を問い直すことへの不安を実体験として伝えたい。（同性愛プロジェクト『新しい風景』1991、38-39頁）

貴志さんは、この「ゆさぶり」に対して怖さを抱いていたと、次のように語っていました。


――自己開示するってのは怖くないですか？

貴志：怖いよ。自分を晒すっていうのは、自分がどう見られるかってことと関わるので、それは怖いですよ。（略）例えばバスケットボールの指導をしていて、偉そうに大声出したりするわけです。そういう部分と、そうじゃない一面を見せている部分、全部をひっくるめて貴志ですよ、っていう風に言うことに自信がない。

性教育もそうだし80年代90年代の頃最初の頃までは、自分にとって最初は自信がないですから。自分に自信が出てくるのっていうのは90年代の40歳過ぎてからですよね。40くらいになってから、今だってそうだけれども自信がないわけですよ。自分に自信が出てくるのって、30代後半、40くらいからじゃないかな。性教協に入った頃は全然自信がないし、自分はなんなの？っていう［第8回］

貴志さんは「自分をさらけ出して、人から評価をもらうっていうことを訓練した」ことで、1990年代後半には人前で自分自身を晒すこと自体は怖くなくなっていったとも語っています［第8回］。ただ、ここで重要なのは、単に「慣れ」ていないことを起因とする怖さがあったということではなく、自己開示することが、教師の権力性の開示にもつながっていたことに関する怖さということです。バスケットボール部の顧問という立場で、日常的に大声を出したりする貴志さんという側面と、セクシュアリティの多様さに戸惑う、自分自身のセクシュアリティが変わっていくかもしれないという不安を抱いていたという貴志さん自身の多様な側面を示すこと。

ここからは、一つに「男らしさ」からの逸脱に対するおそれを読みとれるでしょう。「男らしく」振る舞うバスケットボール部顧問という立場にある貴志さんと、自分自身が体験した戸惑いや不安を吐露する「男らしくない」とされるような側面を持つ一人の大人としての貴志さん。

「教師も人である」というのはさまざまな所でいわれてきた言葉ですが、単なる人であるのではなくて、「特権」を持ってきた人であることを、生徒たちに開示することが大変なことだということでしょう。貴志さんの場合、異性愛男性であるということの「特権」と、教師であるという「特権」、この2つの問い直しを見せることが、実践においてなされていたと言えます。このような抑圧者としての自己開示は、非性的マイノリティ当事者である自分自身が、どのようにこの問題をとらえているのか。「手本」となる教師／おとな自身の「不完全さ」を示すものでした。

教師の「不完全さ」は、「正しさ」や「正解」を求める教育からすれば、評価されないことかもしれません。しかしながら、貴志さんは、自己の特権に自覚的になりながら、自分自身の弱さ／不完全さを晒すという向き合い方で、このような差別問題を語る方法をとっていました。そして、この方法をとったことで、次に見るような影響を生徒たちに与えることにつながっていたのです。

貴志：まず一つは、今までどこにも居ないことになっている存在の人たち、例えば、同性愛の問題だったり、HIV／AIDSの問題だったりとか。かれらが居ないんじゃなくて、見てないだけだよね。ということを取り上げることが多かったんですね。それを、自分自身の話も含めて伝えます。

そうすると、例えば、家族に、知ってる人に、知り合いの中に障害を持ってる人が、普段、僕とは全く違う意見を言う人であっても、この話に関しては共感してくれる人が多かったかなって思います。「あれ、この子こういう反応するんだ」って言う。それで、文章を書いてもらったり聞いたりすると、「実は、家に障害がある人がいて、そこの関わりで考えると貴志と同じかなっていう風に思うんですよ」って感じで。[第8回]

貴志さんが自分の言葉で、自分自身の抑圧者としての経験を含めて自己開示することで、同性愛者に対する差別問題を他のマイノリティの問題に重ね合わせながら、生徒たちが各々ひきつけて考えたのだというのです。貴志さんは、意図しておこなったわけではなかったそうですが、結果として、マイノリティに通底する問題として、生徒たちがじぶんごととして引き受けることにつながっていたのだといいます。

問われる科学観と教師の立場性

貴志：そこに生きる人、例えば、同性愛プロジェクトを作った時に、いろんな人に会うことになるんですけども、そういう人たちの、周りというか、そういう人たちがいるところの性教育みたいなものっていうことと、なんていうのかな、ズレがある。正しいか正しくないかみたいな形で作っちゃったものが、当事者たちのところに行くと、正しい正しくないじゃないし。俺らここにいるし、みたいなことが出てくるじゃない？（略）そこにいる人たちも…「も」じゃないな、そこにいる人「を」考えること、それがだんだん理論になっていったかな。［第8回］

同性愛プロジェクトの活動で、同性愛者と関わったことによって、貴志さんは、自己のセクシュアル・アイデンティティや、かれらとの権力関係が問われました。

自分自身の権力性や立場性を問い直すことなく、他人事として性の多様性を語る実践は、今日さまざまな所でみられます。そこでは、貴志さんが懸念しているような非当事者による決めつけ、勝手に「正しいか正しくないかみたいな形で作っちゃった」実践が「ＬＧＢＴ教育」という形で流行っていることは私自身大変危惧していることです。

本章で見た貴志実践からは、次のことが言えるのではないでしょうか。

それは、自己開示に「怖さ」を感じながらも授業の中で行ったこと、自己開示で表出された教師の「人間らしさ」は、意図せずにではありましたが、生徒たちが差別を考えるきっかけにつながるものとなっていたということです。

貴志さんの中では十分に納得できてはいなかったようですが、意図せずに「先駆的なとらえ直し」を行った実践であったのではないでしょうか。貴志さんがそれまでにさまざまなマイノリティ当事者と出会ったこと、特に同性愛者と出会ったこと、共に活動してきたことで、自己が問われたこと。自己が信奉してきた科学的な「理論」の問い直しも試みていたことも貴志実践の特徴の一つであると言えるでしょう。

3 原田瑠美子実践「ホモって、染色体異常?」の意義

からかわれる同性愛者

最後に見ていくのが、原田実践「ホモって、染色体異常?」(「ホモは異常?」)です。この実践は、中学2年生の理科における一つの教材で、図表9-2にあるように、性教協内でも模擬授業の検討がなされていました。

図表9-2「89年9月20日打ち合わせ　9月例会　模擬授業（案）」（貴志泉所有）

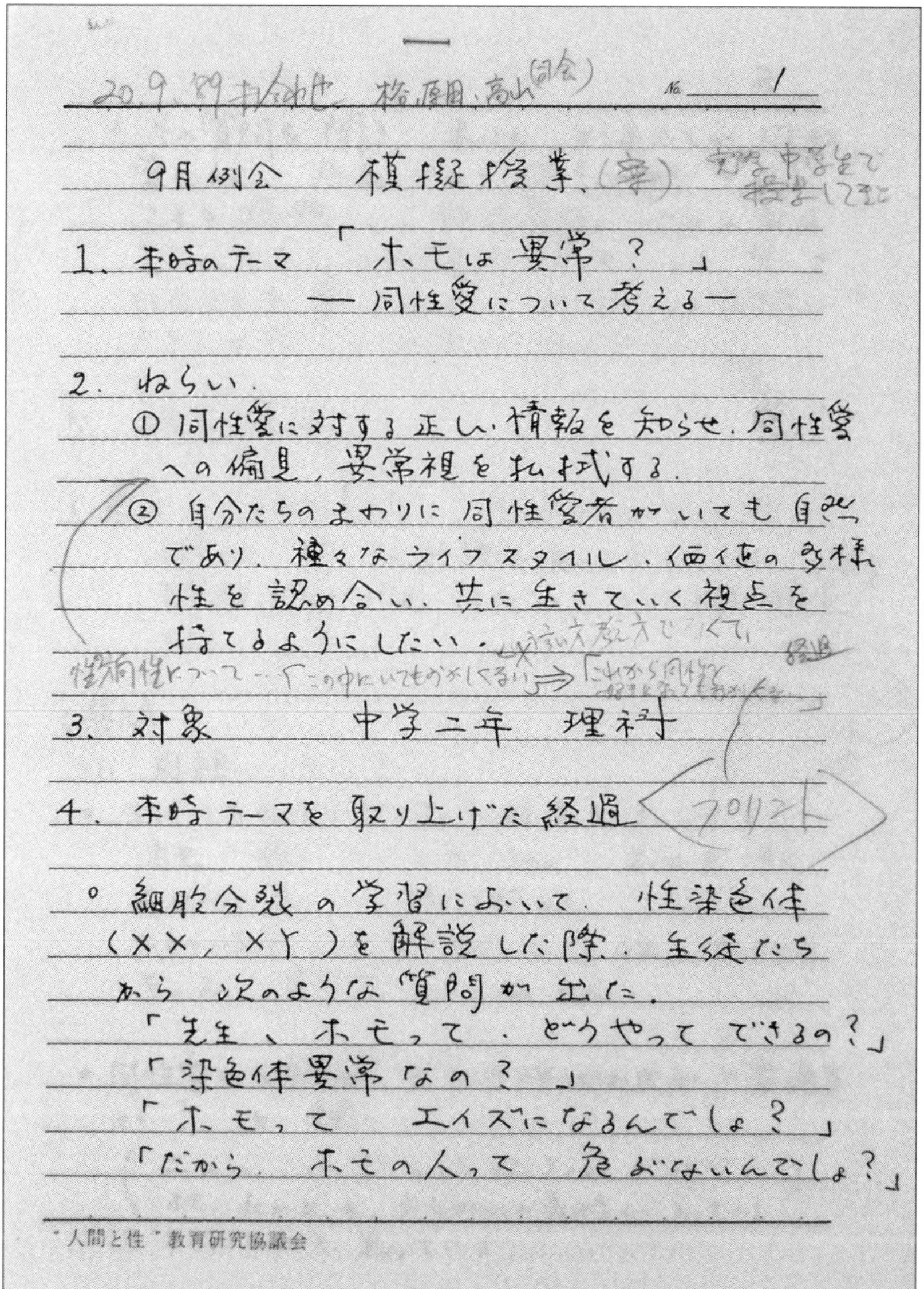

20.9.89 打合わせ　楢原、高山（司会）　No. 1

実際中学生で授業してきた
1. 本時のテーマ「ホモは異常？」
―同性愛について考える―
2. ねらい
① 同性愛に対する正しい情報を知らせ、同性愛への偏見、異常視を払拭する。
② 自分たちのまわりに同性愛者がいても自然であり、種々なライフスタイル、価値の多様性を認め合い、共に生きていく視点を持てるようにしたい。
3. 対象　中学二年　理科
4. 本時テーマを取り上げた経過
プリント
○ 細胞分裂の学習において、性染色体（XX、XY）を解説した際、生徒たちから次のような質問が出た。
「先生、ホモって、どうやってできるの？」

「染色体異常なの？」

「ホモってエイズになるんでしょ？」

「だから、ホモの人って危ないんでしょ？」

"人間と性"教育研究協議会

この教材の背景にある課題意識について原田さんは、「授業に取り組んだいきさつ」として次のようにまとめているので見ておきたいと思います。

染色体や遺伝子を学習する際、ホモ、ヘテロの組み合わせを説明するが、このホモという言葉を聞いて、クラスメートをからかったりというざわめきを理科の教師なら少なからず体験するところであろう。私も今まで何回かこうした生徒の反応を体験したが、どう対応してよいかわからず、見過ごしてきた。
ところが同性愛プロジェクトのメンバーになり、自分自身が同性愛についての誤解や偏見が少しずつ除かれるに伴い、いつかチャンスがあったら、生徒たちに同性愛を語りたいものと思っていた。（同性愛プロジェクト『新しい風景』1991、17頁）

原田さんは、子どもが置かれている社会状況を出発点にしていることがわかります。その当時の多くの子どもたちは、学校教育のカリキュラムとして扱っていなかった同性愛／同性愛者について、〝正式なカリキュラム〟としては学んでいないのに、すでに知っている。それは、子どもたちの生活空間の中で意図せずに学んできており、特に、同性愛者を「からかってよい存在」として学んできているととらえていることが読みとれるでしょう。

同性愛者に対する「からかい」は、教師による「ホモネタいじり」や、同性愛嫌悪発言などの隠れたカリキュラムを通してなされていました。また、マスメディアによる同性愛嫌悪的番組からも学ばれていたと推測されます。例えば、1988年から放映された「とんねるずのみなさんのおかげです」では、「保毛尾田保毛男（ほもおだ／ほもお）」や「保毛太郎侍」というキャラクターのコントがなされていました。このコントに関して、次のような新聞記事があります。

民放テレビでいま一番の人気バラエティー番組「とんねるずのみなさんのおかげです」（略）は、1988年10月に始まり、翌年3月30日の29・5％を最高に、常に20％台の高視聴率（ビデオ・リサーチ調べ、関東地区）

を記録してきた。主役の2人が少年時代に人気者だった仮面ライダーのパロディー「仮面ノリダー」（木梨）、その敵役で毎週キャラクターを変えて登場する「恐怖○○男」（石橋）、さらに石橋ふんする「保毛太郎侍」（桃太郎侍のパロディーで、女より男に関心を示すホモ侍）といった人気シリーズをかかえ、若者や子供たちの支持は絶大。この番組を見ないと、翌日、学校で話題についていけない、といったブーム現象を生んでいた。（朝日新聞「「とんねるずのみなさんのおかげです」半年間休養　マンネリ回避へ」1990年02月20日夕刊）

高視聴率番組においてなされる「ホモネタいじり」。子ども文化のなかには、その当時すでに男性同性愛者をからかうような差別が含まれていたことの証左です。

クラスの子どもたちの生活に結び付いた学びを

もちろん、同性愛についてそのような偏見を持っていたのは子どもだけではありません。事実、原田さん自身も、団体Yと出会うまでは、積極的に差別はしなくとも、かれらに対する偏ったイメージを持っていたのでした。

子どもたちと接する周りの大人たちも同様に偏見を持っていたことは容易に考えられます。このような子どもたちを取り巻く生活状況をもとに教材を作ろうとした原田さんにとって、次の出来事は、学びの「チャンス」となるような機会であったといいます。

1989年1学期、中学2年生の理科の授業で「細胞と生物のふえかた」の単元を学習した際、生徒から「ホモって、染色体異常なの?」という質問が出た。その1週間前の校外学習のバスレクで、ホモをからかうようなクイズをやっていたこともあり、人権問題としても看過できないと思い、同性愛の授業に取り組むことにした。
（同性愛プロジェクト『新しい風景』1991、17頁）

子どもたちが日常生活で、何気なく発するホモネタや、「ホモって、染色体異常なの?」という言葉。原田さんが、これを「人権問題としても看過できない」と思えるようになったのは、同性愛プロジェクトの活動においてさまざまな同性愛者と出会い、同性愛差別に対する感度が高まっていたためでしょう。「性を人権として語る」ということの重要性が、性教協での北欧視察によって確信につながったことも、人権問題として性について、特に同性愛を語ることにつながったのだと考えられます。

重要なのは、原田さんが常に子どもたちの生活に根付いた実践を重視し、教材の目的を学習指導要領よりも幅広くとらえるという視野を持っていたことです。その背景には、原田さん自身が中高時代にお世話になったという福田研二の教えである「生活の中での学びの重視」があったと言えます。原田さんが理科の教師を目指すことに一役買った、恩師である松本勇志も「生活衣食住に結びついた化学と関係あるんだってことでやられていたんです」[第7回]というように、生活に結び付いた学びをしていたのであって、かれらの影響は大きかったのではないかと考えます。

子どもたちの語りを丁寧に聞き取る

原田実践は第1に、子どもたちの抱いている偏見を紐解くことから始めていました。

T「今日は前の授業で『ホモって、染色体異常なの?』という質問が出たのを受けて、同性愛についてみんなで考え合うことにします。さて、みんなは同性愛についてどんな言葉を知っている?」

生徒たちからは、ホモ、レズ、おかま、おなべ、Mr.レディ、ニューハーフ、ゲイ、ゲイバー、性、セックス、キッス、男色家という言葉があげられた。(同性愛プロジェクト『新しい風景』1991、17-18頁)

子どもたちの生活からスタートする。それによって、からかいの言葉として挙げられていた「ホモ」という言葉以外にも、さまざまに可視化されます。しかし、そこで原田さんは、頭ごなしに「差別語だから使わないように」と教条的な教え込みをすることはしません。

T「ずいぶん、色々と出たけれど、同性愛の人自身は、どういう呼ばれ方をしてほしいと思う?」（同性愛プロジェクト『新しい風景』1991、18頁）

当事者はどう呼ばれたいか。この問い自体、第2章で見たような科学者たちによる一方的な決めつけを排するものになっていると考えられます。原田さんたち同性愛プロジェクトが、さまざまな当事者と出会ってきたからこそ、かれらを中心に考えてみる発問となっているのでしょう。それに対して、生徒とのやりとりが次のように続いています。

S「ニューハーフだと思う」
T「なぜ?」
S「だって、カッコ良い響きがあるもん」
T「ゲイは?」
S「ゲイバーを連想するからいやらしい感じがする」
T「そう、でもね、男性同性愛者はゲイ、女性同性愛者はレズビアンという呼び方が良いのよ」
S「えー、うそー」
T「ゲイは英語。英和辞典でＧａｙを引いてごらん」
S「『陽気な、楽しげな、はなやかな』と書いてある」
T「いやらしい意味なんてないでしょう。このゲイという言葉はアメリカで同性愛者が自分たちにも権利を主

張して立ち上がった運動の中で生まれた言葉。自分たちで選んだ言葉ということで男性同性愛者をゲイと呼ぶのがベター」（同性愛プロジェクト『新しい風景』1991、17-18頁）

原田実践は、教条的なものにならないように工夫しているだけでなく、子どもたち自身の認識を教師が知ることから始められています。そしてそれをクラス全体で共有させる。「同性愛の人自身は、どういう呼ばれ方をしてほしいと思う？」と投げかけるところから始めて、その理由を丁寧に聞き取っています。

理由を聞き取ることで、例えば、「ニューハーフ」という名称を子どもたちが差別的な意味を込めておらず、むしろ「カッコ良い響きがある」いう意味で肯定的に使っていることも分かりました。「それは差別用語です」と頭ごなしに叱ってしまっていては、このような子どもの実感を引き出すことはできなかったでしょう。むしろ、頭ごなしに叱ってしまったら、この教材によって、子どもたちは、「同性愛／同性愛者について考えることは、厄介なことである」と拒絶反応を示してしまったかもしれません。

子どもたちが「ゲイバーを連想するからいやらしい感じがする」と考えてゲイという言葉を否定的に使っていたことをとらえたうえで、原田さんは、子どもたち自身に辞書を引かせています。それによって、「いやらしい意味なんてない」という知識が伝わり、「ゲイという言葉はアメリカで同性愛者が自分たちにも権利を主張して立ち上がった運動の中で生まれた言葉」であって、「自分たちで選んだ言葉ということで男性同性愛者をゲイと呼ぶのがベター」と当事者自らが社会運動の中で獲得してきた歴史があるという知識につなげていく。

自分の手で調べ、その上で納得できるような手法をもちいることで、子どもたちは、自分たちが学びえていた同性愛者への差別の学びを、自分たち自身で学び直していることが読みとれます。「これが正解」という形ではなく、あくまでも「ベター」であるという知識を提示しているのは、何か正解が一つだけ存在しているのではなく、現時点において声を上げることができている当事者の意見であること、当事者の考えも多様であることを示しているのでしょう。

「マジョリティ」と「マイノリティ」をつなぎ合わせる

子どもの認識を把握することから始められていた原田実践。その認識の共有を前提に、核心部分へと展開されていきます。

T「では、みんなから質問が出た『ホモは、染色体異常か？』について考えてみよう。染色体数は生物の種類によって決まっていて人の場合は46本。これが少なかったり、多かったりすると異常が表われる。X染色体が1本少なく、2n＝44＋Xとなったものは、ターナー症、21番目の染色体が1本多く2n＝45＋X＋Yあるいは2n＝45＋X＋Xとなるとダウン症という病気になる。しかし同性愛は染色体異常で起こるわけではないのよ」（同性愛プロジェクト『新しい風景』1991、19頁）

性的マイノリティだけでなく、人びとの身体的性別の多様性を、染色体という点から考察して説明している原田さん。人間であるということの共通性は、他者化されがちな同性愛者を「自分と同じ人間という側面があるのだ」という点でつなぎ合わせ、他人事ではなく、じぶんごととして受けとめさせようとするものです。

同性愛は、「科学」の名のもとで「異常」性が唱えられてきました。その「科学」を専門としてきた原田さんは、これらの問題を次のような形で展開して子どもたちと考えています。

S「じゃあ、何が原因？」

T「ホルモンとか生育歴とかいろいろな研究があるけれど、まだはっきりしたことはわかっていない」

S「でも、同性愛って病気なんでしょう？」

T「そう思う？」

S「だって、男同士、女同士が愛し合うなんて気持が悪いよ」

T「本人はそれが良いのだから、まわりが気持が悪いと感じるからと言って、異常視するのもおかしくない？昔は同性愛を病気扱いして治療しようとしたけど、今はそのままが自然で直すことはないとされている」（同性愛プロジェクト『新しい風景』１９９１、19頁）

一生懸命、同性愛者になる「原因」を探っている子どもたち。そのような思考の背景に、「同性愛は病気かどうか」という疑問があるということがこのやりとりから読みとれます。同性愛者は「気持が悪い」存在であるけれど、「病気ならば仕方がない」ということで自分を納得させたいのかもしれません。

しかし、そのようなとらえ方を原田さんは見逃しません。「まわりが気持が悪いと感じるからと言って、異常視するのもおかしくない？」と、同性愛に対する異常視を正当化させない工夫をしているのです。

教師のマジョリティ性

そこで子どもたちは次のように切りかえします。それは、「そこまで先生がムキになるのは、先生が同性愛者だからなのではないか？」という疑念にもとづくものです。

S「先生は、同性愛なの？」
T「だとしたら、みんなは私のことを異常な人間だと思う？今までの私とは全く別人だと思ってしまう？」
S「ううん、そんなことは思わない」（同性愛プロジェクト『新しい風景』１９９１、19頁）

この実践は、社会的に抑圧されている人びとを対象に、かれらに対して自分たちが差別的な対応をしていないかを問題にしています。原田さんは、まず、子どもたちの問いに対して「みんなは私のことを異常な人間だと思う？今までの私とは全く別人だと思ってしまう？」と、その問いの持つ意味を問いかえしています。「異常だと思う、あるいは別人だと思う」ということが持つ意味とは何か。自分と「マイノリティの原田」との関係性が変わってしまうとしたら、同性愛者をどのようにとらえているといえるのか。子どもたちに、自分で考えるよう投げかけているのが読みとれます。このような原田さんの問いに対して、子どもたちはそう思わないと答えていました。

もちろん、ここに子どもたちによる教師の意図に添った「良い子の答え」が含まれていることも推察できます。「みんなも先生も差別なんかしない〝良い子／人〟だよね」という形で済ませることも出来てしまうかもしれません。今日なされている人権教育でも、差別をとらえた〝つもり〟になって、最終的に差別を他人事化してしまう。「差別する人なんて、ろくでもない奴に違いない」「そんな奴は自分たちの周りにはいない」という形で、です。

しかし、原田さんはそのような予想された応答を壊す発言をしています。

T「そうでしょう。私もはじめのうちは、みんなと同じように同性愛を変だなと思っていた。でも、〝性教協〟という研究会で、何人もの同性愛者と直接知りあうことによって、同性愛者も異性愛者も同じなんだなって実感したの」

S「先生、同性愛者の友だちがいるの？」

T「いるわよ。ゲイ＝女っぽいというイメージがあるけど、いろいろなタイプがいるんだよ。レズビアンの人もそう。魅力的な人がいっぱい」（同性愛プロジェクト『新しい風景』１９９１、19頁）

自分自身の認識も子どもたちと同様であったことを、あえて自己開示して伝えている原田さん。自身がマジョリティであり、過去には差別していたことを認めていること、またその上で、学んだことによって自己が変容したことを示しています。

ここでいう「同性愛者も異性愛者も同じなんだな」というのは、人間としての共通性を持っているということを意味しているのでしょう。同性愛者も異性愛者も、「人を愛する」という点においては「同じ」であるということ、また、「人間」という大きな共通性を持っており、どちらか一方が「非人間」ではないということ、そして、そのことを前提としたうえで、「いろいろなタイプがいる」という多様性があることを示している原田さん。

この短い言葉かけの中には、人びとは共通性を持ちながらも多様であるということと、そのように原田さん自身が考えられるようになったこと、また、自分自身が差別者であるということを理解できるようになったことの背景に、学びがあったこと、すなわち学びによる自己の変容を示しているといえないでしょうか。

自己批判する教師の姿

原田さんの「自己批判」。このような対応は、原田さんがそもそも管理主義的教育を疑問視していたことや、子どもたちとの関係性を良好なものにするためには、教条的な教育ではいけないということを念頭に置いていたからではないかと考察できます。

原田さんが管理主義教育を疑問視していたのは、次のような語りからも見て取れます。それは、東横中高に勤めたばかりの頃に、生徒から指摘された次のような「弱点」に関わってのことです。


生徒は担任の私に対して主に次のような不満をぶつけていた。・話すことがオーバーで理屈っぽい。・感情的でむきになる。・生徒に対しては服装のことで細々と注意するくせに、自分は教師らしくない服装をしている。

確かに、生徒の批判は私の弱点をついていた。中学校は生徒数も少なく、きめ細かな生徒指導を方針として、複数担任制をとっていた。一学年二学級を四人で担当していたが、私は他の教師の指導に疑問を感じながらも、教師集団の歩調を乱してはまずいだろうと考え、率直に教育論をたたかわせることを避けていた。教師集団の一致が大事と考えて、自分も生徒に対して、「○○としては駄目です」「○○しなさい」式の管理指導をしていた。そして、生徒の考え方を育てるつもりで、中学生の心理的発達段階や生活実感を踏まえずに観念的な説教をし

ていたのである。（原田瑠美子『十六歳の母――高校生の愛と性の記録』あいわ出版、1982、125頁）

管理的指導を見直し、自身の「今までの教育を根本から問い直し」て、「まず生徒がどう考えているかをじっくり聞くことに」する姿勢へと転換していった原田さんの教育理念には、次のような考えがあったのだといいます。

教師はとかく行動を規制しようとするが、問題を起こす背景にはかならず考え方のゆがみが存在するはずで、その考え方を指導しなければ生徒を本当にかえることはできない。自分の思考の甘さ、誤りに気づき、前向きに生きていこうという姿勢になった時、生徒は自分の行動に対しても厳しくなるものだ。

教育とは、生徒を教師が考える「良い子」になるよう操作することではない。生徒に自らの「豊かに生きる権利」に目ざめさせ、自らの人生をたくましく切り開いていく力を持った人間に育てることだろう。「性」の問題にしても、ほとんどの高校生は愛があれば性交をして良いという考え方をしている。（原田瑠美子『十六歳の母――高校生の愛と性の記録』あいわ出版、1982、126頁）

以上からは、原田さんの教育観、子ども観が見て取れます。

教師は権力を持っています。時に子どもたちを管理・監視し、「鋳型」にはめ込もうとする教化を教育と混同している教師もいます。「正しい」と思われている教師が自分自身のマジョリティ性を自己批判して、子どもたちに示すことは、権力を守ろうとする教師にはできないことですし、そのような教師は、わざわざ「高下駄を脱ぐ」ような発言をしないでしょう。このような原田実践は、授業を受けた子どもにどのようにとらえられたのでしょうか。

原田実践への反応

同性愛を授業の中で真正面から取りあげた後、マンガ、雑誌に同性愛のことがえがかれていると私の所へ見せに来る生徒が出るようになった。テレビ番組でも同性愛がテーマで取り上げられると教えてくれる。同性愛をからかいの対象にしたり、タブー視しなくなった生徒たちの反応を感じるようになった。(同性愛プロジェクト『新しい風景』1991、20‐21頁)

このような反応は、生徒たちがこれまでしてきた「からかい」が、人権侵害行為であったと生徒自身が受け止めたことの表れだと考えられます。原田さんのもとに、同性愛について描かれたものを見せに来る、情報を共有する生徒が出るようになったのは、同性愛だけではなく、性についてのタブー視の軽減につながったことの表れであるとも考察できます。もちろん1度きりの授業でしたので、十分な問い直しがなされなかった生徒もいました。例えば、「前は、理解できなかったけれど、授業のあとは、自分はかかわりたくないけれど、『同性愛』というものがあっても良いと思うようになりました」という感想には、「かかわりたくない」とはっきりと表明されていますし、「あっても良い」という、マジョリティからの「許し」に近い感情からは、自分自身がマジョリティであるという意識、マジョリティであることによる差別への加担について十分にとらえられていないことが見て取れます。

しかし、すでに見てきたように、そもそも同性愛を異常視するか、無視、あるいは軽視してきた教育実践の中で、「異常」だと思いこまれている点を生徒たちに問い直させる機会を作り出したこと、また、教師自身の自己批判を通して、誰しもが差別者になりうる、なっていても気が付きにくいのが差別問題であるということを示したこの実践の意義は大きいです。

教師の課題意識は実践を広げる

原田実践をまとめるにあたって、実践の「まとめ」を見ておきたいと思います。

原田実践は、実践のまとめとして、1989年7月7日付朝日新聞の記事、「同性でも〝結婚〟できます　サンフランシスコ35ドルの登録で夫婦待遇　市条例施行」というものを見せて、家族の多様性について触れました。

T「日本の社会では家族というと、お父さん、お母さん、子どもという構成単位をイメージするけど、家族の概念は変り始めているのよ。例えば離婚をして片親とか、再婚同士の複合家族とか、私のように結婚しても子どもを産まないとか……。これからもっと多様化していくと思う。同性同士のカップルで生活して、子どもを育てるという家族も現にいるし、今後も出てくるだろう。いろいろな生き方や家族が認められる社会になったら良いなと思う。そして、最後にもう一つみんなに言っておきたいことがある。もし自分が同性愛者かなって悩んでいる人がいたとしたら、罪悪感や劣等感を感じることはない。同性を愛することは決して悪いことではないのだから。同性にしろ異性にしろ人を愛することはすばらしいこと。自分がまず魅力ある人間にと成長し、いろいろな人々と関わり、認め合える関係を作っていってほしい。たった1時間の授業だけど、〝同性愛〟についてみんなが今までの固定的なイメージにとらわれず、いろいろなことを考えるきっかけになったら、私としても嬉しい。これから紙を配るから、感想を書いてね」（同性愛プロジェクト『新しい風景』1991、20頁）

「染色体」を教材にしながら、最後に〝家族の多様性〟でまとめているこの実践。

これは、自身が同性愛者ではない子どもにも、じぶんごととして考えさせる工夫であると考察できます。さまざまな家族の多様性の中の一つに、同性カップルが存在しているのであり、いわゆる「伝統的な家族」も多様性の中に存在しているし、ひとり親家庭や複合家族（ステップファミリー）も存在していることを並行して説明することで、さまざまな背景を持つ子どもたちが「自分たちと同じ括りに同性カップルも存在している」のだと距離感を縮めて考えることができると思ったのではないでしょうか。

繰り返しになりますが、この実践自体は、理科の単元でなされた「染色体」について扱う授業です。一般的に、染色体の授業のまとめは、原田も実践の中で途中に扱っている「XYとXX」について理解するということでしょう。しかし原田さんは、子どもたちの日常を出発点にしたことで、染色体を題材にしたものの、同性愛差別について考える教材を創ることができたわけですし、「家族」という原田さん自身にとって重要なテーマを加えながら、授業のまとめの部分で扱うという方針を立てることができたのです。

以上のような点をふまえると、この実践からは、原田さん、つまり教師自身の課題意識によって、さまざまな教材に同性愛／同性愛者を組み入れて、自分自身を問い直せるような実践を創り出せることを示せたでしょう。原田実践は、マジョリティ／マイノリティという境界線をとらえ直すこと、そして子どもたち自身に自分自身のマジョリティ性を自覚してもらうことで、差別を他者化してしまうような教育に陥らないような工夫がなされていたわけです。同性愛者が教材として登場し、異性愛者以外の人びとが存在しているということ、そしてかれらの権利保障が日本国外では進みつつある状況が子どもたちに共有されていました。これが、原田実践から読みとれる実践の意義です。

その意義をふまえたうえで、原田実践の課題を提示するとすれば、それは、同性愛者のイメージが、再度画一性を持って語られてしまっていること、同性愛者と異性愛者とを分かつ「異常」／「正常」という尺度自体は、十分に問い直されていなかったことです。

原田さんは、「普通の」同性愛者像を積極的に提示しながら、これまで子どもたちが抱いていた「異常な」同性愛者像を崩そうとしました。それによって今度は、子どもたちがとらえていたような「異常な」同性愛者といわれてきた人びとが捨象されかけています。このような背景には、原田さんが出会ってきた同性愛者たちのその当時の運動戦略が関わっていると推察できます。

先に見たように、その当時の同性愛者団体は、マスメディアに登場する際、非・同性愛者たちが若い同性愛者を見て「隣の家の子ども」のような「普通」の人間だという認識を得られるような戦略で運動を進めていました。原田さん自身も同性愛プロジェクトの中で、そのような同性愛者たちと関わってきたからこそ、そこで得た同性愛者イメージが教育実践に反映されたと考えられます。

このことに関しては、本書の初稿を原田さんに確認いただいた時に次のような指摘もされています。

「ホモは異常？」という実践を今振り返ると、同性愛プロジェクトとして何とか実践を作らなければと無理やり理科の授業に組み込んだ感が否めません。

堀川さんは、子どもたちの生活実感や認識をもとに原田自身が自己批判をする姿を開示しながら「同性愛」について問い直させる実践であったと前向きに評価してくれていますが、正直言ってまだまだ「ＬＧＢＴ」教育の域を出ていなかったと思っています。

「異常」ではない「普通」だということを強調してしまったのは、原田が出会ってきた同性愛者たちの当時の運動戦略が反映したのではとの分析ですが、なるほどと思いながらも、まだ当時の私は観念で「同性愛」を理解していました。そして私が理解した内容を子どもたちに分からせようとしていたのだと思います。もっと子どもたちの感性に響くような実践が出来たらよかったなと感じています。（原田さんから初稿原稿へのコメントより）

原田実践は、このような課題を残していたものの、当時の状況を考えても先駆的な実践をしていたことは明らかですし、教師の課題意識によって、既存の教材を多様に読み替えていくことの可能性を提示した実践であるという点は、再度強調して示したいと思います。

4　クィアペダゴジーとしての到達点と課題

教材に「自己」をすえること

3者の『新しい風景』に掲載された性教育実践をそれぞれ考察しました。それらを次のようにまとめます。

1つ目として、教師がそれぞれ自分自身について教材の中で語っていたこと、教材に自分自身を入れ込んで語っていたということがあげられます。そもそも自分自身が「オカマ」や「レズ」などという形で揶揄される同性愛者たちと深く関わっている存在であることを話すことは、どのような意味を持っていたのでしょうか。

これまで本研究が明らかにしてきたことをふまえて考えると、そもそも同性愛／同性愛者は学校教育で取り扱う内容ではない、あるいは「異常者」として取り扱うものであるととらえられてきたことがわかります。

性的マイノリティに関わる教育制度をさかのぼると、同性愛に関する記述の初出は、1979年に文部省が刊行した『生徒の問題行動に関する基礎資料』になりますが、この資料では、同性愛者は「倒錯的性非行」として扱われており、指導して改善すべき「問題行動」として位置づけられていました。この資料から、1994年に「同性愛は性非行」との記述が削除されるまで、このような認識は学校教育においても「普通」であったのであり、それに加えて、記述削除の後、特段に同性愛者に対して何らかの対応が取られることもなかったのです。

同性愛／同性愛者は「学ばなくてもよい知識」であると、子どもたちも認識してきたでしょうし、多くの教師たちも同様に考えてきていたのでしょう。学校教育の中で、「学ばなくてもよい」とされてきた対象を授業の中で取り扱うということは、それまでの認識枠組み自体をとらえ直す意味を持っていたと考えられます。

そしてそこで語られた内容自体も重要でした。原田さんは、生徒に対して、自分にも同性愛者の友人がいるということだけでなく、同性愛プロジェクトに参加するまでは「からかい」という名の差別をしている目の前の生徒と同様に、自分自身も「変だなと思っていた」という差別者性を表出していました。貴志さんも、自己の同性愛／同性愛者観の変容を生徒たちに語っていました。

自分が、社会における差別者と認識される時、人は「自分は違うけれど」と前置きをしたくなるのではないでしょうか。「私は差別者じゃない」「差別なんかと関係ない」と。自己と被差別者との距離感を示すことによって、自分自身を安寧な居場所に身を置こうとする。

しかし、かれらは、自分自身と同性愛者との距離を離して語るのではなく、むしろ、自己が「差別してきた」という形で関わってきたことを積極的に表出していたのです。教材の中で自己を語るという行為。それは、教科書にかかれているものをそのまま教えるという方法では成し得ないことです。「客観性」や「中立性」という名のもとで、教師自身の人間性、教師自身がどのように考えているのか、という点は「語らずにすむ」状況にもあります。特に自分自身の差別者性は、その名のもとで語ることを回避することだって可能です。

差別している／してしまった経験は、ネガティブに受けとめられたとしても、ポジティブにとらえられることはないと思われているのではないでしょうか。特に、「正しい」存在として子どもたちから受け止められている（とされている）教師が、人間として「誤った」行動をしていたということをさらけ出すことは、教師への信頼を揺らがすものになってしまうかもしれません。

このように同性愛者を差別的にとらえていたということを語ることは、学校内で権力を持つ教師の「弱点」を示すことにつながってしまうおそれがあります。「絶対的に正しい」存在としての教師像、「手本」の存在としての教師像を大きく揺るがすこととなるということです。しかし、原田さんや貴志さんは、そのような「教師像」を手放したことによって、むしろ子どもたちからは「信頼のおける教師」であると受け止められることにつながったのではないでしょうか。

じぶんごととして考えさせる工夫

2つ目として、差別をじぶんごととしてとらえさせるための工夫をしていたことです。木谷さんは、差別をしたものが居づらくならない場、「意固地にならない」ような工夫が必要だと考えていたと語っていました。このことと関わるのが、3者が共通して「差別はいけないものだ」ということを生徒に強制するのではなく、「なぜ同性愛を差別的にとらえてしまっているのか」「そもそも差別とはどのようなことなのか」ということを、子どもたちと共に考えようとしているということです。

このことは、「アンケート問題」での対応にも重なるところです。差別的な発言に真摯に向き合うことは重要ですが、差別者を糾弾しても分断を生むだけであるということが、それらの工夫にみられるということではないでしょうか。教育は「教化」でも「洗脳」でもなく、自分の頭で考えて主体的に行動できるように促すこと、そのための意図的な働きかけであるということを念頭に置いていたのが、3者の実践から読みとれる点であると思います。

木谷さんは、そのための工夫として、「産地直送の性教育」という形で子どもたちに自分自身が学んだこと、経験した〝ホット〟な体験を話していました。このような教師自身の学びの経験を話すこと、そして、その学びによって自分自身の差別者性に気づき、それを改めようと葛藤していること、葛藤している、あるいは狼狽えている姿を率直に見せることが、結果として、子どもたちにじぶんごととして差別をとらえさせることにつなげられていたのだと考察します。

あきらめずに、いまやれることをやっていく

3つ目に、教師の課題意識が学校教育の制度に関わる不備を乗り越えることにつながっていたということです。この同性愛プロジェクトの活動自体、これまで性教育で放置されてきた問題に着目したものだったのですが、性教育だけではなく、その当時、学校教育現場で同性愛者を権利保障の側面からとらえるという視点が欠如していたことを批判的に

とらえるということにつながっていたのです。このような点は、まさに「ヘテロノーマティブ（異性愛中心的な性規範）な教育実践や学校のあり方を改革し、ジェンダー・セクシュアリティといった〈性〉に関わる権力性を問い直す教育実践」、つまりクィアペダゴジーであったといえます。

かれらは、現状の制度から「逸脱」する形ではなく、その制度上でできる最大限の実践を、子どもたちの生活を中心に創り出し、揺らがそうとしていたことが本研究で明らかになりました。木谷さんが「文化学院だから〝より良く〟できた」と言い改めたように、そもそも教師の課題意識、目の前の子どもへのまなざし、社会へのまなざしが実践の背景になければ、「どの学校でもできない」ことも再度共有しておきます。

同性愛プロジェクトのかれらが、誰に頼まれるわけでもなく、その当時捨象されていた同性愛／同性愛者について教育実践で取り入れようとしたのは、かれらのライフヒストリーから見えた、人権意識やかれらの生きてきた社会への疑念に紐づけされた課題意識があってこそでした。

かれら「について」ではなく、かれら「から」学ぶ

そして4つ目として、かれらが同性愛／同性愛者「について」学ぶのではなく、かれら「から」、差別的にまなざしている自分たち、言い換えれば多くの異性愛者を問い直そうとしていたことです。このことに関しては、かれらの学びの成果としてまとめられた『新しい風景』にも次のように記載されています。

『新しい風景』のまとめにあたる「新しい出発へ」を最後に見ましょう。この文章は、巻末に2ページにわたって書かれている、いわばこの同性愛プロジェクトでの活動の「まとめ」にあたる文章です。少々長い引用となるものの、この活動の集大成である冊子の「まとめ」ですので、全文引用して掲示します。

新しい出発へ

この4年間にわたしたち同性愛プロジェクトが試行錯誤しながら得た知識・認識。それはとてもささやかなものですけれども、少なくとも、第一歩としてしっかりと記すことのできるものだとは思っています。3年かけて1歩を踏み出したわたしたちから、自分自身、そして、これから一歩目を踏み出そうとしている人たちへ、提言をだすならば、それはこんなことです。

◇認識の前提に◇

人は誰でも、自分なりの世界観を持っているものだし、性教育をやっている人な《マ》ば《マ》、それなりの性のとらえかたや、教育の体系を持っているでしょう。その中で、同性愛は従来見失われていたものです。そして、同性愛に関する認識を得たとき、ではこれからは同性愛を視野に入れた性教育をしよう、そういう風に考えます。これはほんとうに必要なことです。ただし、それは、いままで持っていた世界観や認識に「つけくわえる」ということではありません。異性愛を基盤に置いた従来の体系をそのままに、「同性を愛する人たちもいる」としたのでは、異性愛優位の発想に変わりはないことになります。それよりも、性—生き方・アイデンティティ・家族・社会との関わりe.t.c.—を考えていくときに、つねに異性愛と同性愛の二つの視点を平行させていくことが大切でしょう。

なぜなら、同性愛は、単に「性的嗜《マ》好《マ》」として考えることはできないからです。それは、異性愛者にとって性がそうであるのと同じく、全体としての人間性をかたちづくっている、一つの重要な要素だからです。同性愛者は教室の児童・生徒にもいれば、職場の同僚にも、います。いつもいく八百屋の店先にも、スーパーのレジにも、駅の改札口にも、近くの病院にも、市役所にも……。どこか特別の場所にいるわけではありません。日常のあらゆる場面で一緒に生活しているのです。認識しないことによって、異性愛社会がその存在を消してしまっていますけれども。だから、わたしたちが同性愛を視野に入れた性教育を、と考えたときには、日常的な前提部分から、同性愛の視点を置かなければ、意味がないのです。

そのためには、自分がいままで持っていた世界観や認識を根本的に組み直し、そのうえで教育の体系をつくらなくてはなりませんから、そう簡単な作業ではありません。けれども、真に新しいものを受け入れるということは（同性愛者自身にとっては新しくもなんともないのですが、少なくとも、異性愛者もしくは異性愛社会の観点しかなかった者、そして、性教育にとっては、まさに新しいことなので、あえてこう表現しますが）ー真に新しいものを受け入れるということは、自分自身を新しくするということなのではないでしょうか。

◇出発はいつも「わたし」◇

性教育はいつだって自己検証！そのことは実際に関わっている人ならよく知っていることです。でも、少なくとも異性愛者にとっては、異性愛原理の性教育は、自分の経験や思いと直結していることも多いはずです。同性愛というテーマは、そういう意味では従来のほかのテーマとは違っているかもしれません。前提から組み替えていくという前項とも関係しますが、自分とはなれた事象としてとらえようとするのではなく、自分のセクシュアリティを問い、自分と同性愛という一筋の関わりの道を作り、その中で考えていきたいものです。そして、できるならば何らかの機会を利用して（性教協の企画とか）、あるいは自分から機会をつくって、同性愛者と直接語り合うことはしたいものです。人権を重んじ、差別に反対していくのは大切なことですが、観念だけでは限界は目に見えています。性は個人の生き方であり、個人と個人の関係です。その中からこそ、「同性愛とわたし」を発見していけるでしょう。そして、それがすべての出発です。

性教育自体がまだまだ定着させにくい現状で、同性愛を含みこんだ体系で性教育を進めていくには、むずかしいことが多々あります。でも、異性愛の性教育ができるようになってからと後回しにはしたくはないものです。なぜかといって、同性愛者と異性愛者はいま現在、ともにこの世界に生きているのですから。

（同性愛プロジェクト『新しい風景』1991、159-160頁）

同性愛／同性愛者を性教育に組み込むこととは、「つけくわえる」ことではなく、認識の前提に置くこと、また、「真に新しいものを受け入れるということは、自分自身を新しくするということ」ということは、同性愛プロジェクトが、団体XやYで活動している同性愛者たちとの関わりの中で学んでいったことです。かれらが「アンケート問題」などで同性愛者から批判されながらも、かれらから学び、かれらと共に活動してきたからこそ得られた知見であると考えられます。

先に見た自己を中心にしてとらえていくこと、そして自分自身を問い直していくことの必要性も丁寧に説かれていました。「性教育はいつだって自己検証！」と書かれていますが、それは「自分とはなれた事象としてとらえようとするのではなく、自分のセクシュアリティを問い、自分と同性愛という一筋の関わりの道を作り、その中で考えて」いくことでしょう。つまり、じぶんごととして同性愛差別をとらえて、自分自身を問い直していくということです。

そのためには、かれらがそうしてきたように「できるならば何らかの機会を利用して（性教協の企画とか）、あるいは自分から機会をつくって、同性愛者と直接語り合うことはしたいもの」であるとも提言しています。

「観念だけでは限界は目に見えて」いるためだとしている同性愛プロジェクトのメンバー。「ただし、それは、いままで持っていた世界観や認識に『つけくわえる』ということではありません。異性愛を基盤に置いた従来の体系をそのままに、『同性を愛する人たちもいる』としたのでは、異性愛優位の発想に変わりはないことになります」という提言は、まさにかれらの活動の中で裏打ちされたこと、観念だけでは見えてこなかったことでしょう。

人は誰でも、自分なりの世界観を持っているものだし、性教育をやっている人なば《ママ》、それなりの性のとらえかたや、教育の体系を持っているでしょう。その中で、同性愛は従来見失われていたものです。そして、同性愛に関する認識を得たとき、ではこれからは同性愛を視野に入れた性教育をしよう、そういう風に考えます。これはほんとうに必要なことです。ただし、それは、いままで持っていた世界観や認識に「つけくわえる」ということではありません。異性愛を基盤に置いた従来の体系をそのままに、「同性を愛する人たちもいる」としたのでは、異性愛優位の発想に変わりはないことになります。それよりも、性—生き方・アイデンティティ・

家族・社会との関わりe．t．c．―を考えていくときに、つねに異性愛と同性愛の二つの視点を平行させていくことが大切でしょう。（同性愛プロジェクト『新しい風景』1991、159頁）

先述の『新しい風景』にあるこの一言は、今日なされている「LGBT教育」への強い批判になっていると思います。このような文章が、1991年という、今から30年ほど前にすでに提言されていたことを、私たちは知っていたでしょうか。同性愛プロジェクトは、この『新しい風景』にそれまでの成果をまとめ、1991年10月には、発展解消の意思を固めています。活動の当初から、「一定の成果」を得た時点で発展解消するという意識を持たれて立ち上げられていた同性愛プロジェクト。

「性教協内部に同性愛という言葉と問題意識をいちおう定着させた」と自己評価されており、性教協の「各サークル・会員が、自身で取り組み、同性愛者と語り合っていく時期にきている」と考えられたといいます。このような意味において、この『新しい風景』は、かれらによる活動の成果という「到達点」であり、それまでの性教育実践にかけていた視点を提示し、新たな性教育実践のステージへ向かう「出発点」でもあったのです。

おわりに　『新しい風景』の、その先へ

本書は全てのジェンダー・セクシュアリティの子どもが大切にされる学校を創るために、「日本のクィアペダゴジーはいつから、誰によって、どのような内容で始まったのか?」ということを、描き出してきました。

同性愛プロジェクトのメンバーは、それぞれに子どもたちのとらえている同性愛者イメージ、子どもたちの日常からスタートしながら教育実践を作っていました。そこで重要視されていたのは、教条的に「差別はいけない」と押し付けることではなく、マジョリティとマイノリティとの関係性、自己の抑圧者性《マジョリティ》への気づきといった、かれら自身が同性愛プロジェクトで経験したことを基にしたものでした。かれらは、自分自身も学ぶ前は、差別的な反応をとってしまっていたこと、無自覚に持っていた「特権」といった権力性を学習者である子どもたちに示していたのです。学校内で権力を持つ教師の「至らなさ」を真正面から子どもたちに示すことによる恐怖や戸惑いを感じながらも、それを示したことによって、単に教条的な教えを押し付ける以上に、子どもたちはじぶんごととしてこれらの問題をとらえようとしていた姿も見て取れました。以上、同性愛プロジェクトによる１９８８年から１９９１年までの活動に、日本のクィアペダゴジーの萌芽が見て取れるというのが、本書のまとめとなります。

同性愛プロジェクトの活動や、『新しい風景』に書かれた性教育実践が、今日においても、色あせない成果や的確な指摘を示していること。それ自体が、30年前から今日まで、教育現場で、性の多様性に関わる性教育、クィアペダゴジーが十分になされてこなかったことの証左です。かれらが危惧していたように、同性愛者ら性的マイノリティを「つけたし」した「ＬＧＢＴ教育」が跋扈している状況をみれば、後退しているとも考えられます。

最後に同性愛プロジェクトとそこで創られた教育実践の意義をふまえたうえで、学校でクィアペダゴジーを成立させるためにおさえたい点を整理します。

「普通」とは何であったか

『新しい風景』のまとめにあたる「新しい出発へ」において「同性愛者は教室の児童・生徒にもいれば、職場の同僚にも、います。いつもいく八百屋の店先にも、スーパーのレジにも、駅の改札口にも、近くの病院にも、市役所にも……。どこか特別の場所にいるわけではありません。日常のあらゆる場面で一緒に生活している」と書かれていました。この記述から、日常性との結びつきが強調されているのがわかります。それゆえに、今度は「非日常」と考えられる空間で生活している同性愛者の姿が十分に見られなくなってしまっていました。

本書でも触れた通り、当時の同性愛者による運動の戦略では「普通の同性愛者」像を押し出していくことが積極的になされていました。「普通の同性愛者」、「隣の家」にいる人のような同性愛者像を世間に浸透させる活動を戦略的に進めていた運動では、異性愛者が好き勝手に語ってきたような同性愛者イメージを排する形で活動がなされていました。

このような運動を進めてきた同性愛者たちと同性愛プロジェクトのメンバーが積極的に関わってきたからこそ、同性愛プロジェクトを担ったかれらの同性愛イメージも変化し、かれら自身における問い直しが起こってもいたのでしょうが、今度はそれまで出会ってきたはずの「非日常」で生きる同性愛者像が薄れてしまったのでしょう。

その当時の運動を担ってきた同性愛者たちが目指した「普通」に順化できる人もいたでしょうが、そうではない同性愛者も存在したことは容易に想像できます。いわば「クィア（変態）」といわれて蔑まれてきたような人びとが十分に描かれなくなってしまったこと。当事者の多様性をとらえ、それを「異常」／「正常」と線引きしている異性愛者自身の問い直しは、同性愛プロジェクトが残した課題といえます。

誰しもができる「パッケージ化された教材」など存在しない

3人の教師のライフヒストリーと教育実践を見れば、このテーマに関しては特に「パッケージ化された教材」など成立しないのは火を見るより明らかです。教育実践をする教師その人が「どうしてそのテーマを選びたいのか」「そのテーマに必要性を感じたのか」という課題意識がなければ、実践としては無味乾燥なものになってしまいます。また、そもそも教育実践は目の前の子どもたちの現実からスタートします。教師自身がその「現実」をどのように見ているかも重要な点です。

同性愛プロジェクトのメンバーたちが実践をするなかで、自分自身の立場性（例えば、教師としての、あるいは性的マジョリティとして「特権」を持つものとして）に気づくことを私たちは確認してきました。加えて、目の前にいる子どもたち自身の解像度もあがっていったことが分かりました。そして、そのような立場性の問い直しのたびに、実践が練り直されていくことも理解できましたし、それこそがクィアペダゴジーにおいて重要な点であったかと思います。

パッケージ化された教材は、多忙な現代の教師にとって重宝されるもの。特に「性について何を教えたらよいかわからないけれど、必要だと思っている」教師にとっては、です。しかし、クィアペダゴジーのように、教師自身が自己を問い直すことが核に存在する実践においては、パッケージ化された教育実践は、教師の自己教育を妨げ、空虚な実践を生む危険性をはらむものであると私は考えます。

集団における学びあいの重要性

それでは、空虚な実践にならないためにはどうしたらよいのか。その解決法の一つが集団での学びあいです。本書では、性教協という民間教育研究団体、つまり教師の学びあいの場で実践が創られたことを見てきました。民間教育研究団体では、教育実践を練り上げていくことだけでなく、実践の中での困難性を乗り越えるためにも、教師同士（仲間）のつながりが重要とされてきました。木谷さん自身が同性愛プロジェクトをやめなかった理由の一つとして、木谷さんを支えた仲間がいたことは見てきた通りです。今日、教職員組合運動や、民間教育研究団体におけるつながりは、「面倒」と思われてしまいがちですが、子どもたちによりよい教育実践をするためにも、孤立せず、支えあい切磋琢磨できる「仲間」と関わりあえる組織が重要であることは強調しておきたいことです。

民間教育研究団体の高齢化や会員減少は、団体存続のための課題として挙げられることが多いでしょう。そんないまだからこそ、自分たちが団体に入ったのはなぜか、団体で何をしたことに意義深さを感じたのか、といった「原点」に立ち返ることの大切さが、本書でみたかれらの活動とその成果から伝わればと思うばかりです。

〝マイノリティに語らせること〟の暴力性

最後に、マイノリティとマジョリティとの関係性と「教育」に関わっての指摘です。

昨今、学校教育の中でも性的マイノリティへの着目が進んできているように見えますが、私たちの実践は、『新しい風景』のまとめにある「出発はいつも『わたし』」といったものになっているでしょうか。

「自分とはなれた事象としてとらえようとするのではなく、自分のセクシュアリティを問い、自分と同性愛という一筋の関わりの道を作り、その中で考えていきたいものです」と『新しい風景』にはありましたが、むしろ「ゲスト」=「他人」としてかれらを自分たちの前に呼びつけて、語らせてはいないでしょうか。教師たち、あるいは学校にとって「都合のよいこと」だけを語らせる存在としてとらえていないでしょうか。

マイノリティは、マジョリティのための都合のよい教具・教材ではありません。木谷さんら3名は、そのことをふまえた実践をしていました。特に、木谷さんは自身のライフヒストリーの中で、「30人と私」という話もしていました。そこで語られていたのは、マイノリティ集団に、マジョリティである自分から飛び込んでいくことです。ゲストとして当事者を呼びつけ、マジョリティにとって都合のよいことを語らせることは念頭に置いていません。

3者の実践や活動からは、マジョリティの暴力性・権力性を問い直す姿も十分にみられているといって過言ではないですし、そこから学ぶことも沢山あるかと思います。

非当事者の教師がもつ可能性

一方、「ゲスト講師」として呼ばれる機会のある性的マイノリティが考えておく必要があることもあります。マイノリティはマジョリティの都合のよい教具・教材ではないといいましたが、マイノリティが好き勝手に話していいというわけでもありません。あくまで、学校での特別活動や授業は、学びを深めるための場です。「独演会」でも「ファン・ミーティング」でもありませんので、教育の「ねらい」をおさえておく必要があります。マジョリティとしての教師、あるいは、マイノリティ当事者どちらか一方の「都合」を押し通すのではなく、同性愛プロジェクトのメンバーのように、共に関わりながら、時に「衝突」することも含めて、教育実践として成立させる必要があるでしょう。

私自身、「ゲスト講師」として学校に呼ばれることがありました。ある時、事前の打ち合わせで「普通」の性的マイノリティの話は「大丈夫」だけれど、「普通じゃない」性的マイノリティの話はしてくれるなと「要望」されました。このような話は、ゲスト講師を経験したことのある当事者ならあるあるかもしれません。私は、そこであきらめず、担当の教師と話しあいながら、「普通」／「普通じゃない」という線引き自体に、差別的な視点があることを説明し、わからないことに関しては、学校での講演の前に共に学ぶ機会を作ることもしました。「ゲスト」として呼ばれる以上のことをしているかもしれませんが、「教育」としてその機会を成立させるとは、そのようなことだと思うのです。

「非日常」と「日常」をつなぎ合わせることができるのは、まぎれもなくほぼ一年間子どもたちに関わりつづける教師です。ゲストは子どもたちの日常に伴走することはできません。伴走する教師たちは、日々子どもたちと関わる中で、かれらの思考に深く関与することが可能でしょうし、ゲストの語りを定着させ、教育として成立させることができる人だと私は思っています。そのことは「ゲスト」側が忘れてはならないことでしょう。

成果と残された課題

本研究の成果は次の3点です。

第1に、現代日本性教育史を描くために選定した方法と枠組みを深めたことです。①教師たちのおかれているジェンダー・セクシュアリティ史的状況に着目すること、②そこでなされていた性教育において同性愛／同性愛者がどのようにとらえられてきたのかに着目すること、③現代日本性教育史研究で採用されていなかった、性教育実践者のライフヒストリーに着目することによって、とりわけ本研究が着目した同性愛／同性愛者という人間のセクシュアリティに関する価値観と課題意識、そして教師の／教師としての立場性が変容していくことが描き出せました。これは博士論文で私が新たに考えだしたことであり、それを本書で再度整理できました。

第2に、教育実践運動への「エール」につながる歴史的事実を描き出せたことです。本研究が着目してきた「同性愛プロジェクト」という、教師と同性愛者という性的マイノリティの関わりあいや、そこでの性教育実践、活動の成果は、研究史においてはもちろんのこと、JASEや性教協といった性教育運動団体においてもその価値が十分に評価されてこなかったことでした。本研究の成果は、性教育を担ってきた人びとが、自分たちが進めてきた活動を再確認することにつながるだけでなく、そこから学びえられる知見を今後の活動の指針を立てる上でも役立てることができると考えています。日本において性教育実践が妨害されたり、教師の性教育実践を委縮させるような性教育バッシングが複数回起こってきた歴史をふまえると、なによりも、教師の主体性が性教育の原動力となるということ、その背景にある教師の課題意識が問われることの重要さが示せたと考えています。

一歩ふみこんでいえば、現在の教員養成課程での学びにおいて、このような「教師の主体性」を重視する学びの機会が大きく欠けているのではないかとも思うのです。方法論も重要ですが、多忙で学びなおす機会が十分に取れない教師になる前こそ、「教師その人」が持つ教育観や人間観を養う機会を確保する必要があると強く感じています。本研究によって、たとえ教育実践の障壁となるようなものがあったとしても、教師が子どもたちと関わる中で、子どもたちに性差別をしない主体として育ってほしいという課題意識から、教育実践を進めていけることが示せたと考えます。

第3に、実践者を支えるための理論についてです。本研究が、同性愛者らの置かれている社会状況をとらえる際に、性的マイノリティ運動研究で得られた知見を用いたことで、性的マイノリティ運動と性教育実践運動との交差を見つけられました。

これらのことも、既存の性教育史や、性的マイノリティ研究においても、十分になし得てこなかった点です。本研究は、双方の研究領域に影響を与えるだけでなく、教育と社会運動という一見関係のない営みを、差別なき社会のための人間形成の営みの場と再認識し、両研究領域をつなぎ直す一助となると考えています。

私は今後、一研究者として、１９９１年以降の動向について、この3者に着目することはもちろん、3者以外の性教育実践者たちがどのように「性の多様性」に関わる性教育実践を引き受けていったのか、そしてクィアペダゴジーがどのように展開されていたのかを明らかにしたいと思っています。原田さんは、聞き取りの中で、性教育実践自体を所属していた東横中高では広げることができなかったことを語っていました。その要因としては、教育現場における性教育の受け止められ方や、１９９０年代、２０００年代と2度にわたるジェンダー・バッシング、性教育バッシングの影響による、「性の権利」の軽視があると考えられます。また、教職員組合の組織率の低下などによる、教研集会の高齢化、教育現場の多忙化による教材研究への時間削減なども関わると推察できます。

この社会に存在している性差別を無くすため、ジェンダー・セクシュアリティ平等な社会を構築しようと尽力してきた人びとの歴史を紡ぐこと。そして、１９８０年代から２０２０年代という今日に至るまでの現代日本性教育史における、クィアペダゴジーの展開を描き出すことは、教師の主体性を基盤に置いたクィアペダゴジーの創造といった教師・民間教育研究運動への貢献、そして、教育を通した当事者・非当事者との連帯のあり方を示すことにつながると強く思っています。

【おもな分析資料一覧・参考文献】

■ＪＡＳＥ関係資料

朝山新一『性教育─教師と両親のためのテキスト』中央公論社、１９６７。

黒川義和・藤本巌・安井庸之助『性教育学――その体系化と実践をめざして』明治図書、１９７１。

日本性教育協会（ＪＡＳＥ）編『改訂 性教育指導要項解説書』小学館、１９８４。

――『日本性教育協会月報』（『現代性教育研究月報』）１９７２-１９７６、１９８３-１９９１。

――『現代性教育研究』１９７２-１９８３。

――『日本性教育協会10年史』１９８１。

――『日本性教育協会20年史』１９９０。

――『性教育 新・指導要項解説書』１９９０。

――『わが国の性教育25年─全国性教育研究大会四半世紀の記録』１９９５。

――『日本性教育協会30年史』２０００。

■性教協関係資料

浅井春夫「山本直英の性教育論の概要」〝人間と性〟教育研究協議会『設立20周年記念誌』２００１、11-14（非公刊）。

高柳美知子「ずっしりした手ごたえのアメリカ性教育研修」、『月刊生徒指導 10月増刊号』学事出版、１９８７、１８２-１９１。

田代美江子「日本の性教育の歩み15 学校教育における性教育・純潔教育の展開（その１）」『季刊セクシュアリティ』21、エイデル研究所、２００５、１４４-１４７。

〝人間と性〟教育研究協議会編『人間と性の教育』あゆみ出版、１９８３。

――『会員会報〝人間と性〟』１９８３-（非公刊）。

――『Human Sexuality』東山書房、１９９０-１９９５。

村瀬幸浩「北欧の性教育から学ぶもの」『月刊生徒指導』学事出版、１９８３年12月増刊号、１４８-１５９。

――「２ 性教育とはなにか その理念と目標」〝人間と性〟教育研究協議会『シリーズ科学・人権・自立・共生の性教育１ 性教育――その考え方・進め方』あゆみ出版、１９９６、13-22。

――「性教協の設立趣意書が書かれた背景―科学・人権・自立・共生の性教育への道のり―」『季刊セクシュアリティ』51、エイデル研究所、2011、90-99。

――「夢うつつ、人生点描　第16幕　総合学習〝人権と生命〟の中に位置づけた〝人間と性〟」、『季刊セクシュアリティ』58、エイデル研究所、2011、130-134。

山本直英『性の人権教育論―21世紀を拓くアクティビティ―』明石書店、1998。

横山陸ら「村瀬幸浩」佐藤文香・伊藤るり編『ジェンダー研究を継承する』人文書院、2017、482-503。

■同性愛プロジェクトならびに実践関係資料

David P. McWhirter et al. Homosexuality/ Heterosexuality :concepts of Sexual Orientation, New York, Oxford University Press,1990.

David P. McWhirter and Andrew M. Mattison. The Male Couple :How Relationships Develop, United States of America,1983.

金子真知子「同性愛と『私』―自分のセクシュアリティを問い直す―」『月刊生徒指導』1990年11月増刊号、1990、138-140。

貴志泉『エイズって知ってる?:今知ってほしいエイズのすべて（性についてはなそう！7）』ポプラ社、1993。

――「エイズ学習のとらえ直し」『教育』44（6）、国土社、1994、15-23。

――「5　教科での性教育――こうして、ここをおさえて（2）保健体育科（高校）」性教協編『シリーズ科学・人権・自立・共生の性教育1　性教育――その考え方・進め方』あゆみ出版、1996、51-55。

――「性教育をはじめる人に深めたい人に薦めたい本」『季刊セクシュアリティ』14、エイデル研究所、2004、108-111。

――「HIV／AIDSと性感染症」『季刊セクシュアリティ』19、エイデル研究所、2005、24-27。

木谷麦子『わたしひとりのからだとこころ:性の心理学』ポプラ社、1991。

――「『わたしはだれ?』同性愛と性教育」『imago』2-2、青土社、1991、222-229。

――『性ってな〜んだ:身近な性のギモンにこたえる』ポプラ社、1993。

――『6人のともだち:それぞれの性・それぞれの人生』ポプラ社、1993。

――『家族ってなに?:家族のつながりを考える』ポプラ社、1993。

――「塔のある風景―〈ヘテロセクシュアル〉を巡る私論」クィア・スタディーズ編集委員会『クィア・スタディーズ'97』七つ森書館、1997、209-223。

――『ある日ぼくは「AIDS」と出会った:シミズくんのエイズ・サポートグループ設立記』ポプラ社、1998。

関修・木谷麦子編著『知った気でいるあなたのためのセクシュアリティ入門』夏目書房、1999。

俵萌子「天下国家の臨教審を向こうにまわして」『ひと』太郎次郎社、1987、1・6。

同性愛プロジェクト『新しい風景―性教育と同性愛』1991（非公刊）。

東横学園教職員組合『50周年記念誌　櫂』1997。

原田瑠美子『十六歳の母――高校生の愛と性の記録』あいわ出版、1982。

――『理科、だいすき！：ルミ子先生のわくわく授業』労働教育センター、1984。

――『少女たちと学ぶセクシュアル・ライツ』柘植書房新社、1997。

――『学んでみよう！セクシュアル・ライツ：〈女と男〉ステキなおとなになるために』十月舎、2000。

原田瑠美子・石井和彦「絶えず創造的に生きる：『どこまで自由に生きられるか』に挑戦」『女も男も』81、1999、40・43。

■その他資料

アカー『同性愛報道の手引き』1993。

――『同性愛者と人権教育のための国連10年』1998。

大島清「AASECTハワイ会議参加報告　真摯にセクシュアリティーを追求するアメリカの人々」『現代性教育研究月報』1（6）、1983、1・4。

クィア・スタディーズ編集委員会『クィア・スタディーズ'96』、七つ森書館、1996。

沢部ひとみ「『女と寝る女』から『女と生きる女』へ」『BEYOND』2019、13。

パフスクール『日本Lばなし―日本のレズビアンの過去・現在・未来をつなぐ』2017。

広沢有美（沢辺ひとみ）『女を愛する女たちの物語』別冊宝島64、1987。

プロジェクトG『オトコノコのためのボーイフレンド』雪渓書房、1986。

南定四郎「日本のレズビアン／ゲイ・ムーブメントの歴史と戦略」クィア・スタディーズ編集委員会編『クィア・スタディーズ'96』七つ森書館、1996。

――『同性愛学』2002（未公刊）。

――『同性愛を生きる』、TYPISA RECORD、2014。

――「性的少数者の「共同幻想」についての小論」『小文芸誌　霓iii』TYPISA RECORD、2014。

文部科学省『性同一性障害や性的指向・性自認に係る、児童生徒に対するきめ細かな対応等の実施について（教職員向け）』2016。

文部省社会教育局『社会教育における純潔教育の概況』1967。

吉田和子『フェミニズム教育実践の創造――〈家族〉への自由』青木書店、１９９７。

■参考文献

Freire, P, 1970, Pedagodia do Oprimido, Akishobo Co.（三砂ちづる訳『新訳 被抑圧者の教育学』亜紀書房、２０１１）

Goodson, I, Life histories and the study of schooling, Interchange, 11(4), 1981, 62-75。

Jonathan Zimmerman, Too Hot to Handle: A Global History of Sex Education, Princeton University Press, 2015.

アイヴァー・グッドソン（藤井泰・山田浩之編訳）『教師のライフヒストリー：「実践」から「生活」の研究へ』晃洋書房、２００１。

アイヴァー・グッドソン、パット・サイクス（高井良健一ら訳）『ライフヒストリーの教育学――実践から方法論まで』昭和堂、２００６。

浅井春夫『ジェンダーフリー・性教育バッシング ここが知りたい50のQ＆A』大月書店、２００３。

荒川章二「『１９６８』大学闘争が問うたもの：日大闘争の事例に即して」法政大学大原社会問題研究所『大原社会問題研究所雑誌』６９８、２０１６、１-24。

飯野由里子『レズビアンである〈わたしたち〉のストーリー』生活書院、２００８。

石田仁「安全な自由：ハッテン場に夢を託した時代における」北海道大学大学院文学研究科応用倫理研究教育センター『公開シンポジウム「『ＬＧＢＴ』はどうつながってきたのか?」』２０１９、23-31。

――「出会いは求めるが『ゲイリブ』は求めない」『ＢＥＹＯＮＤ』２０１９、13。

井田真木子『同性愛者たち』文藝春秋、１９９４。

伊藤修毅・朴恵貞「日本の障害児・者に対するセクシュアリティ教育：20年の変遷」日本福祉大学子ども発達学部『日本福祉大学子ども発達学論集』９、２０１７、57-62。

井上輝子ら「ウーマンリブの思想と運動―関連資料の基礎的研究」和光大学総合文化研究所『東西南北：和光大学総合文化研究所年報』２００６年号、２００６、１３４-１５８。

及川英二郎「戦後日本における性教育実践の社会運動史研究ノート」東京学芸大学『東京学芸大学紀要人文社会科学系Ⅱ』70、23-35。

風間孝・河口和也『同性愛と異性愛』岩波書店、２０１０。

河口和也『クィア・スタディーズ』岩波書店、２００９。

キース・ヴィンセント・風間孝・河口和也『ゲイ・スタディーズ』、青土社、１９９７。

桜井厚『ライフストーリー論』弘文堂、２０１２、６-９。

佐藤隆「教師の成長と民間教育研究運動」日本教師教育学会『日本教師教育学会年報』14、２００５、41-47。

鹿間久美子「L・A・カーケンダールの性教育思想の研究」新潟大学『現代社会文化研究』(34)、2005、91-106。

新ヶ江章友『日本の「ゲイ」とエイズ：コミュニティ・国家・アイデンティティ』青弓社、2013。

杉浦郁子「日本におけるレズビアン・フェミニズムの活動－1970年代後半の黎明期における」東海ジェンダー研究所『ジェンダー研究』(11)、2008、143-170。

――「日本におけるレズビアン・ミニコミ誌の言説分析：1970年代から1980年代前半まで」和光大学現代人間学部『和光大学現代人間学部紀要』(10)、2017、159-178。

ダイアン・J・グッドマン（出口真紀子監訳）2017『真のダイバーシティを目指して――特権に無自覚なマジョリティのための社会的公正教育』上智大学出版。

高井良健一『教師のライフストーリー：高校教師の中年期の危機と再生』勁草書房、2015。

田嶋一ほか『新版　やさしい教育原理』有斐閣、2007。

田代美江子「近代日本における産児制限運動と性教育――1920～30年代を中心に」教育史学会紀要『日本の教育史学』36、1993、109-123。

――「アジア・太平洋戦争期における廃娼運動と性教育：日本キリスト教婦人矯風会を中心に」女子栄養大学『教育学研究室紀要「教育とジェンダー」研究創刊号』1998、2-18。

――「十五年戦争期における廃娼運動と教育――日本キリスト教婦人矯風会を中心に」松浦勉・渡辺かよ子編著『差別と戦争――人間形成史の陥穽』明石書店、1999、115-148。

――「戦後における『純潔教育』実践の展開――第1回全国純潔教育研究集会を中心に――」女子栄養大学『教育学研究室紀要：「教育とジェンダー」研究』4、2001、86-93。

――「性差と教育」歴史学研究会編集『歴史学研究』2002、15-24。

――「日本教育史における『セクシュアリティと教育』研究の課題と展望」日本教育史研究会『日本教育史研究』23、2004、69-88。

――「近代日本における性教育論の諸相とその特徴：1910～30年代における翻訳性教育論を中心に」教育史学会『日本の教育史学』52、2009、17-29。

――「『子どもの権利条約』と性の教育」『季刊セクシュアリティ』53、エイデル研究所、2011、25-31。

――「敗戦後日本における『純潔教育』克服の課題―未だなされていない『性教育』への転換」同時代史学会『同時代史研究』11、2018、35-51。

田中耕治編著『時代を拓いた教師たち――戦後教育実践からのメッセージ』日本標準、2005。

――編著『時代を拓いた教師たちⅡ――実践から教育を問い直す』日本標準、2009。

寺町晋哉「『ジェンダー教育実践』が生み出す葛藤と変容：教師へのインタビュー調査から」日本教育学会『教育学研究』81（3）、2014、14-25。

野々垣務編『ある教師の戦後史――戦後派教師の実践に学ぶ』本の泉社、2012。

広瀬裕子『イギリスの性教育政策史――自由化の影と国家「介入」』勁草書房、2009。

――「学校の性教育に対する近年日本における批判動向：「性教育バッシング」に対する政府対応」専修大学社会科学研究所『社会科学年報』(48)、2014、193-211。

――「戦後日本の性教育主流言説の形成における『現代性教育研究』の役割」日本教育学会『日本教育学会大會研究発表要項』74、2015、260-261。

――「一部の「過激」な性教育ではなく主流言説をターゲットとした2000年代性教育批判の構図：『現代性教育研究』による性教育主流言説の形成を手掛かりとして」専修大学社会科学研究所『社会科学年報』(50)、2016、303-314。

ベル・フックス（堀田碧訳）『フェミニズムはみんなのもの』新水社、2003。

堀川修平「日本のセクシュアル・マイノリティ運動の変遷からみる運動の今日的課題――デモとしての「パレード」から祭りとしての「パレード」へ――」日本女性学会『女性学』23、2015、64-85。

――「日本のセクシュアル・マイノリティ〈運動〉における『学習会』活動の役割とその限界――南定四郎による〈運動〉の初期の理論に着目して――」ジェンダー史学会『ジェンダー史学』12、2016、51-68。

――「セクシュアル・マイノリティ運動論における《デモ／祭》枠組みの再考――砂川秀樹による『00年パレード』の理論に着目して――」広島県部落解放研究所『部落解放研究』24、2017、111-131。

――「〝人間と性〟教育研究協議会における教育者の同性愛者観の変容：『同性愛プロジェクト』を中心に」同時代史学会『同時代史研究』11、2018、22-33。

――「性の多様性を前提とした教育のありかた」さいたま教育文化研究所『さいたまの教育と文化』89、2019、24-27。

――「じぶんごととしての包括的性教育へ：『国際セクシュアリティ教育ガイダンス』から学ぶ日本の性教育の課題」季刊「女も男も」編集委員会『女も男も』134、労働教育センター、2019、4-10。

――「〈声明〉が出されるとき、わたしたちは：〝人間と性〟教育研究協議会40周年史年表にみる『性と人権』」『季刊セクシュアリティ』101、エイデル研究所、2021、92-113。

――「性の多様性―LGBTとSOGIE」『季刊セクシュアリティ』103、エイデル研究所、2021、38-39。

堀川修平・杉田真衣「『性の多様性』を通じて自分を問い、社会を問う」『季刊セクシュアリティ』96、エイデル研究所、2020、74-85。

堀川修平・冨永貴公「パートナーシップを鍛える性の多様性教育実践の視点：同性間のパートナーシップ制度をもつ自治体の社会教育・生涯学習政策の検討から」都留文科大学『都留文科大学研究紀要』89、2019、109-133。

堀川祐里・堀川修平「アメリカの性教育と『包括的性教育のためのガイドライン』」『季刊セクシュアリティ』65、エイデル研究所、2014、79-91。

本郷正武『HIV／AIDSをめぐる集合行為の社会学』ミネルヴァ書房、2007。

前川直哉『〈男性同性愛者〉の社会史――アイデンティティの受容／クローゼットへの解放』作品社、2017。

間宮武「性教育」小学館『現代性科学・教育事典』、1995、254。

水田珠枝『女性解放思想史』筑摩書房、1979。

水田洋『社会科学の考え方』講談社、1975。

宮地尚子『環状島 トラウマの地政学』みすず書房、2007。

――『トラウマ』岩波書店、2013。

茂木輝順「戦後日本における性教育の手引き類および実践計画の変遷に関する研究：性教育学習指導案データベースを通して」女子栄養大学『教育学研究室紀要：「教育とジェンダー」研究』7、2007、47-56。

――「1960年代後半から1970年代前半における純潔教育・性教育実践～札幌市立柏中学校を例として～」女子栄養大学『教育学研究室紀要：「教育とジェンダー」研究』8、2010、43-50。

――「純潔教育及び性教育の手引き・実践報告書等文献目録（1948～1980年まで）」女子栄養大学『教育学研究室紀要：「教育とジェンダー」研究』9、2011、71-80。

矢島正見編著『男性同性愛者のライフヒストリー』学文社、1997。

安川寿之輔・安川悦子『女性差別の社会思想史：増補・民主主義と差別のダイナミズム』、明石書店、1993。

渡辺大輔「学校教育をクィアする教育実践への投企」『現代思想』2015、青土社、210-217。

――「性の多様性と教育の課題：子どもの現実からはじまる学び」愛知教育大学男女共同参画委員会編『ジェンダー教育の未来を拓く』2018、91-100。

――「教育実践学としてのクィア・ペダゴジーの意義」菊池夏野ら編著『クィア・スタディーズをひらく1』2019、晃洋書房、134-165。

巻末資料　3 人への聞き取りの概要

(1) 木谷麦子さん

回数	日時	場所	内容
1	20190905	下北沢	自身の生い立ちと文化学院、現在お勤めの日本語学校での活動 （木谷さん主宰「セクシュアリティ・トーク」への参加）
2	20190910	新宿	同性愛プロジェクトの設立と設立に至るまで、 同性愛プロジェクトと性的マイノリティとの関わり
3	20190915	初台	『新しい風景』キーワードの「じぶん・わたし」についてと掲載された実践、当事者団体への「アンケート事件」
4	20191022	新宿	1987 年アメリカ性教育研修旅行と『新しい風景』掲載実践（貴志・原田・木谷合同。原田第 4 回、貴志第 5 回インタビューにあたる）
5	20200213	下北沢	同性愛プロジェクトに関わる史料の譲渡・史料 （木谷さん主宰「セクシュアリティ・トーク」への参加）
6	20200519	Zoom	木谷さんから堀川への聞き取り
7	20200526	Zoom	自身のライフヒストリー（家族の話ならびに、中学入学まで、恩師）
8	20200707	Zoom	自身のライフヒストリー（1970 年代～ 1980 年代）
9	20200721	Zoom	自身のライフヒストリー（1980 年代の私立 Q 高校勤務時代）
10	20200901	Zoom	同性愛プロジェクトでの活動と HIV ／ AIDS
11	20201117	Zoom	博士論文初稿の確認①ライフヒストリー・実践内容に関して
12	20201124	Zoom	博士論文初稿の確認②実践について

(2) 貴志泉さん

回数	日時	場所	内容
1	20180714	初台	自身の生い立ちと性教育実践について
2	20190507	茗荷谷	史料の譲渡・自身の実践① HIV ／ AIDS への関心
3	20190509	茗荷谷	自身の実践②生徒との関係性、性的マイノリティのとらえ直し
4	20190906	新宿	同性愛プロジェクトの設立と、その設立に至るまで （貴志・原田合同。原田にとって第 3 回インタビューにあたる）
5	20191022	新宿	1987 年アメリカ性教育研修旅行と『新しい風景』掲載実践について
6	20200319	護国寺	自身のライフヒストリー（生誕から 1980 年初まで）
7	20200512	Zoom	自身のライフヒストリー（性教協入会（1983 年）前後）
8	20200903	Zoom	同性愛プロジェクトでの活動と HIV ／ AIDS との関わりについて
9	20201120	電話	博士論文初稿の確認

(3) 原田瑠美子さん

回数	日時	場所	内容
1	20180615	初台	自身の生い立ちと性教育実践
2	20190514	新宿	性的マイノリティをとらえ直す性教育実践の創造に関して
3	20190906	新宿	同性愛プロジェクトの設立と設立に至るまで
4	20191022	新宿	1987 年アメリカ性教育研修旅行と『新しい風景』掲載実践
5	20200525	Zoom	ライフヒストリー・研究の位置づけの再説明
6	20200608	Zoom	ライフヒストリー 1940 ～ 60 年代（家族の話ならびに、高校まで）
7	20200615	Zoom	ライフヒストリー 1960 ～ 80 年代 （恩師、大学時代と私立■高校、元婚約者との関係性）
8	20200622	Zoom	ライフヒストリー 1980 ～ 90 年代 （女性民教審、「てっちゃん」の話、HIV ／ AIDS）
9	20201106	メール	博士論文初稿の確認

あとがき

――教師や学生たちが、自分たちの（あるいは先達の）性教育実践の軌跡をたどれるような研究がしたい。

本書は、博士論文「日本の性教育実践における同性愛／同性愛者のとらえなおし――〝人間と性〟教育研究協議会『同性愛プロジェクト』（１９８８‐１９９１）を担った教師たちのライフヒストリーに着目して――」（東京学芸大学）をもとにして、大幅に加筆修正を加えたものですが、博士論文を書いている時も、この思いを念頭に置いていました。

性教育実践が性教育バッシングによって続けられなくなった、自分が積み重ねてきた性教育実践のバトンを次世代の教師たちに渡すことが十分にできなかった、そして、自分自身のやってきた実践を振り返る機会を持てず退職してしまった。そのように振り返る方たちのお話を、これまでさまざまな所で伺ってきました。

そんなことも知らなかった自分が悔しくて、情けなくて。お話を伺うたび、私が研究者としてできること、やりたいことは、これまでなされてきた性教育実践をしっかりと残していくことだと思いました。加えて、実践を残す際に、その実践をどうしてやりたいと思ったのか、実践する必要があると思ったのかという、教師その人の思想を同時に残していかねばならないとも思いました。

本書の背景にはこのような経緯がありましたので、おこがましいかも知れませんが、教育現場で日々奮闘されている教師／されていた元教師や、教師を目指す学生たちに手に取ってもらえるような形での出版を目指しました。

このような願いをかなえてくださったのが、エイデル研究所と、編集者の熊谷耕さん、岩浪帆乃さんでした。エイデル研究所は、私が対象とした一般社団法人〝人間と性〟教育研究協議会（以下「性教協」）の機関誌である『季刊セクシュアリティ』の出版社です。私自身が学部時代から同誌の愛読者であったということもありますし、なによりも性教育実践者の多くが手に取る同誌を出版しているエイデル研究所から本書を出版することが、博士論文で得られた知見を多くの方、とくに性教育に関わってこられた方たちに還元することに直結すると考えたため、熊谷さんにわがままを申し上げた次第でした。万全のサポートをしてくださった熊谷さんに厚く御礼申し上げますと同時に、最終稿をくまなくチェックしてくださった、田代美江子ゼミの後輩でもある岩浪さんにも深く感謝申し上げます。

また、書籍化にあたって、竹村和子フェミニズム基金から出版助成していただけたことが大きかったことは言うまでもありません。「ジェンダー平等・正義の一日も早い達成に向けて、フェミニズム／ジェンダー研究、または女性のエンパワメントや女性のサポートの視点で実施される活動に資する研究・調査」に対しての助成をしている竹村和子フェミニズム基金に助成いただいたこと自体、ジェンダー・セクシュアリティといった〈性〉に関わる研究・実践をしている私にとって大変光栄なことです。本書がこのような竹村さんの遺志を継いだものになっているかどうかは、読者の皆さんに判断を委ねたいと思います。

＊　＊　＊

本書執筆にあたり、ご協力をいただいたすべての方に感謝を申し上げます。貴志泉さん、木谷麦子さん、原田瑠美子さんには、今後も引き続きお話を伺いたいと強く思っています。かれらの担ってきた活動を記述していくことは、私にとってのライフワークの一つとなると確信しています。それほどまでにかれらの活動は、私にとって魅力的ですし、その活動をしていた人を描くという研究方法を選びたいと思ったのは、かれらとの出会いがあってこそでした。また、かれら以外からもお話を伺いましたが、本書の対象とする時代が焦点化されるなかで、語っていただいた内容について考察することができなかった方が複数存在しています。その方たちにこの場を借りてお詫びを申し上げますと共に、今後の研究で考察を深めたいと思っていることを表明します。

本研究がこのような、多数の協力者のおかげで成立しているという意味において、『新しい風景』について紹介くださった渡辺大輔さんと、原田さんをご紹介いただいた性教協の金子由美子さんにも感謝申し上げます。とりわけ、都留文科大学在籍時代からお世話になりっぱなしの渡辺さんには、今後も引き続きお世話になるかと思いますが、研究成果をもって御礼させていただきたいと思っていますし、金子さんや性教協の皆さんには、本研究の成果を実践へ還元し続けるということで「恩返し」したいと思っています。

研究することの面白さを教えてくれた、主指導教員の安藤聡彦さん、副指導教員の一人である加藤千香子さん、修士時代からお世話になっている田代美江子さん。ことあるごとに気にかけてくださっている山口和孝さん、杉田真衣さん、石田仁さん、堀あきこさん。横浜国立大学加藤ゼミで議論を交わした、山根俊彦さん、梅野りんこさん、上田誠二さん、鄧婉瑩さん、真辺駿さん。博士論文を審査してくださった、堀田香織さん、山中冴子さん、杉森伸吉さん、片岡洋子さん、そして渋谷英章さん。皆さんからの鋭く、そして愛にあふれたコメントは私の宝物です。ありがとうございました。

そして、日ごろから側で支えてくれている古堂達也さん、三好雄也さん、数少ない友人たち、大切な母、きょうだい。私が研究を続けることができているのは、お名前をあげることのできなかった方を含めて、「仲間」たちが伴走してくださったことによります。これからもよろしくお願いします。

＊＊＊

2015年4月に博士課程に入学してから2021年3月まで、丸6年かけてようやく完成した博士論文。

6年という時間がかかった一つの理由に、父である堀川清の存在が大きく関わっています。幼い頃から私が興味を持ったことに対して全力で応援してくれた父。小学生時代の夏・冬休みの自由研究に対して、テーマ選択からその手法にまで、あれやこれやと口をはさみ、私以上に全力であった父。私に降りかかるハプニングに対しては、私以上に一喜一憂し、共に憤慨してくれた父。私がお世話になった人たちに対し、父自身が当人かのように深く感謝していた父。エネルギーの塊のような人で、いつも家族や知人たちを振り回すようなパワーを持っていた父。

その父が病に倒れ、私自身研究を続けられる心的状況でなくなったこともあり、途中、休学を数回選択しました。

父は、父が自分のこと以上に大切にしていた私の母や姉、弟、伯父一家に見送られ、2020年夏にこの世を去りました。生前、父は「自分の子どもが頑張ったものには興味があるけれど、研究書は難しいからなあ」とよく言っていました。「じゃあ、お父さんでも読めるようなものにするから待っててね」と軽口をたたいたのですが、結局父には本書はおろか、博士論文も手渡しすることができませんでした。休学せずに進められていたらと、悔やむばかりです。

父とは生前に次のような約束を交わしました。「修平がやっていることは、社会貢献だ。修平が傷ついたこと、それを繰り返さないためにやる社会貢献だ。お父さんは、自分の子どもだけが幸せになることを願ってるんじゃなく、子どもたちが社会貢献することのために子育てしてきた。社会貢献のために自分を大切にして生きなさい」。

最後に父と直接対面できたのは、亡くなる直前の6月でした。このタイミングを逃したら…と一泊二日で北海道に帰省しましたが、その時に父からは「今やるべきことは、博士論文を完成させることだろう。そのために、北海道に帰ってこなくてよいから、埼玉でちゃんと仕事しなさい」と先の約束に重ねるように念を押されました。

父がこの時、どのように考えていたのかはわかりません。帰省するたび、仕事を無理してでも新千歳空港に迎えに来てくれた父。「もう少し長く帰ってこれないもんか」と毎度寂しそうに話していた父でしたので、本当は帰ってきてほしかったかもしれません。

「親の死に目にあえない」という迷信から、私が夜に爪を切ることを本気で怒っていた父でしたが、結局父の死に目には会えませんでした。会えなかったのはコロナ禍に拠るところもありますが、何よりも父と交わしたこの「最後の約束」を果たさねばと思ったところが大きいです。研究としては「時宜にかなった」ものであったと本書でも書いたのですが、唯一、この点に関していえば「時機を逸した」ものになってしまいました。ただ、それでも最後に交わした約束を一つ果たせたことは、父にも胸を張って報告できるかなと思っています。

＊＊＊

父との約束はあまりにも大きなものです。無論、父との約束を果たすためだけに生きているわけではありませんが、私の大切な人が大切にしていたことを心に留めて生きていきたい。「私自身が傷ついたことを繰り返さないための社会貢献」。大切な人の伝えたかったことの本意とは何であったのかを考えながら、研究を続けて行きたいと思います。

本研究は、ＪＳＰＳ科研費ＪＰ２１Ｋ２０２６１の助成を受けたものです。

二〇二二年四月　父の三回忌をまえに

堀川　修平

●著者紹介

堀川 修平（ほりかわ しゅうへい）

1990年北海道江別市生まれ。東京学芸大学大学院連合学校教育学研究科博士課程修了。博士（教育学）。専門は、日本の性教育実践と実践者の歴史・性的マイノリティ運動の歴史。埼玉大学、立教大学ほか非常勤講師。一般社団法人“人間と性”教育研究協議会幹事。『季刊セクシュアリティ』編集委員、日本子どもを守る会『子ども白書』編集委員。
主な論文として、「日本のセクシュアル・マイノリティ運動の変遷からみる運動の今日的課題―デモとしての『パレード』から祭りとしての『パレード』へ―」（日本女性学会『女性学』23、2015）、「“人間と性”教育研究協議会における性の多様性に関する実践史―教育者の同性愛観に着目して―」（同時代史学会『同時代史研究』11、2018）。

気づく 立ちあがる 育てる
―日本の性教育史におけるクィアペダゴジー―

2022年6月1日　初刷発行
2024年2月1日　第2刷発行

著　者■堀川　修平
発行者■大塚　孝喜
発行所■株式会社 エイデル研究所
〒102-0073　東京都千代田区九段北4-1-9
TEL. 03-3234-4641／FAX.03-3234-4644
装丁デザイン■有限会社ソースボックス
本文DTP■大倉　充博
印刷・製本■中央精版印刷株式会社

Printed in Japan ISBN978-4-87168-680-8 C3037
（定価はカバーに表示してあります）